本书内容基于中国家庭教育学会科研课题（2016—2020 年）立项课题"家庭教育中的儿童权利保护"（一般课题，Y20170902）、2019—2020 年上海市家庭文明建设重点立项课题"儿童友好型家庭指标体系研究——从儿童友好视角看家庭亲子关系"以及上海市妇女儿童发展研究中心的系列立项课题。

创建儿童友好型家庭
基于上海探索研究的案例

何彩平·著

图书在版编目(CIP)数据

创建儿童友好型家庭：基于上海探索研究的案例 / 何彩平著 .— 上海：上海社会科学院出版社，2023
ISBN 978 - 7 - 5520 - 4073 - 9

Ⅰ.①创… Ⅱ.①何… Ⅲ.①家庭关系—研究—中国 Ⅳ.①D669.1

中国国家版本馆 CIP 数据核字(2023)第 042091 号

创建儿童友好型家庭
——基于上海探索研究的案例

著　　者：何彩平
责任编辑：杜颖颖　赵秋蕙
封面设计：黄婧昉
出版发行：上海社会科学院出版社
　　　　　上海顺昌路 622 号　邮编 200025
　　　　　电话总机 021 - 63315947　销售热线 021 - 53063735
　　　　　http://www.sassp.cn　E-mail：sassp@sassp.cn
排　　版：南京展望文化发展有限公司
印　　刷：上海景条印刷有限公司
开　　本：710 毫米×1010 毫米　1/16
印　　张：17
字　　数：280 千
版　　次：2023 年 6 月第 1 版　2023 年 6 月第 1 次印刷

ISBN 978 - 7 - 5520 - 4073 - 9/D · 676　　　　定价：85.00 元

版权所有　翻印必究

序

党的十八大以来，我国的儿童保护和儿童事业取得了历史性的成就，儿童优先发展原则贯穿在政府的儿童工作目标与工作机制中，目标是让每一个儿童都能健康成长。随着经济社会的不断发展，儿童的健康成长与国家可持续发展、中华民族伟大复兴紧密相连。在新发展阶段，我国对儿童工作提出了更高要求，家庭也对儿童发展有着更高期待。

"十四五"时期将是推进我国未成年人保护工作的重大历史机遇期，也是开启儿童福利事业新格局的重要窗口期。满足儿童需要、保障儿童权利、改善儿童生活质量是所有儿童工作的出发点与落脚点。为促进儿童健康成长，我国从家庭保护、学校保护、社会保护、网络保护、政府保护和司法保护六个领域全方位构筑保障儿童合法权益的防线。其中，家庭保护是所有保护中的重中之重，也是儿童发展之基。在2021年修订的《中华人民共和国未成年人保护法》《中华人民共和国预防未成年人犯罪法》，以及2022年颁布的《中华人民共和国家庭教育促进法》中都明确规定了家庭是儿童保护和教育的首要场所，父母（或其他监护人）是儿童保护、家庭教育的第一责任人；同时，为保障儿童合法权益，国家确立"国家亲权"以帮助、监督和指导家庭保护和教育责任的落实，并呼吁全社会协同，共同支持家庭，促进家庭的健康发展。

家庭对儿童权益的侵害，父母不同程度地对儿童生而不养、养而不教、教而不当现象的频发，其根源在于对儿童权利和家庭责任的无知或漠视。2021年10月颁布的《关于推进儿童友好城市建设的指导意见》从社会建设的视角提出，创建儿童友好城市，让儿童友好成为全社会的共同理念，切实保障儿童的生存权、发展权、受保护权和参与权，为儿童成长发展提供适宜的政策条件、环境和服务。家庭建设是良好社会秩序形成的基础，儿童友好型家庭的创建是儿童友好城市建设的重要内容和基础工作。构建儿童友好家庭，要把现代儿童观的建立、儿童需求的满足、儿童权利的保障落在实处，把儿童对美好家庭的殷切期待切实融入社会治理、家庭日常生活建设和家庭环境的营造中。

在现代儿童观中，儿童不再仅仅被视为不成熟的、需要被教导和训诫的个体，而是独立自主的、能动的社会文化建构者。因此，在家庭建设中，儿童也是重要参与者。"儿童参与"是儿童的一项基本权利，也是儿童实现自我价值的重要途径。在参与有意义的社会生活中与他人和社会联结，发展出丰富而多元的生命体验，顺应儿童成长的需要，也是致力于帮助儿童找到更好自己的必然选择。本书所介绍的系列研究秉承和贯穿了儿童参与的理念。儿童与研究者一起讨论儿童的需要和权利，描述自己对儿童友好型家庭的理解，表达对家庭及父母的内心期盼，充分展现了儿童自身的主体性，证明了儿童是有想法、有能力的个体。在家庭建设和家庭教育中，尊重儿童，信任儿童，给予儿童足够的表达空间是必要的，对儿童的社会化发展也是至关重要的。

"儿童友好"的实质是儿童优先，保障儿童的权利，满足儿童的需要，增进儿童的福祉。实现儿童友好，给儿童一个更美好的未来，需要家庭、政府与全社会的共同努力，期待每一个儿童都被看见、被尊重、被关怀、被成就。

复旦大学社会工作学系　赵芳

2022年9月

前 言
家庭教育与儿童友好型家庭

儿童是祖国和民族的未来与希望。为儿童创造友好的成长环境是国家和家庭的义务，也是儿童的权利。《中华人民共和国国民经济和社会发展第十四个五年规划和2035年远景目标纲要》将促进儿童发展放在优先位置，切实贯彻党的二十大精神落地，"增进民生福祉，提高人民生活品质"，"优化儿童发展环境"，将建设100个儿童友好城市作为国家发展规划的重要着力点之一。在城市建设中，儿童友好城市、儿童友好社区的基本构成单元是一个个对儿童友好的家庭。

家庭对儿童个体的发展影响深远。习近平总书记在《习近平谈治国理政》第二卷中重点论述了家庭教育的深刻含义和作用。他指出："无论时代如何变化，无论经济社会如何发展，对一个社会来说，家庭的生活依托都不可替代，家庭的社会功能都不可替代，家庭的文明作用都不可替代。"从个体发展的生态系统理论来看，儿童个体嵌套于直接环境（如家庭）到间接环境（如文化、社会）的若干层环境系统中。每个环境与个体的交互作用，影响着儿童的发展。从儿童友好城市建设到儿童友好社区推广，再聚焦到儿童友好家庭，契合儿童发展的生态系统理论。家庭教育责任凸显。《民法典》中明晰了父母子女之间的权利义务关系，强化了父母责任。新修订的《中华人民共和国未成年人保护法》（以下简称《未成年人保护法》）构建了"以家庭监护为主，以监护支持、监督和干预为保障，以国家监护为兜底"的未成年人监护制度体系，未成年人父母或者其他监护人应当创造良好、和睦、文明的家庭环境。

家庭教育这个亘古不变、历久弥新的话题，解密的钥匙就在父母的学习与成长。人类的生命轨迹不可避免地循着出生、成长、衰老与死亡的过程。每一个为人父母的人，都在重复承担着与自己父母、父母的父母同样的家庭教育责任。面对每一个独特的新生命，每对父母都是第一次学着做这个新生命的父母。没有人天生会做父母。每个人都是从孩子成长过来，但因为各自的经历不同、所处的位置不同、所要考虑的问题不同，家庭教育中经常会出现各种状况，面临各种各样的教育问题。父母觉得孩子不听话，孩子觉得父母无法沟通，父母希望孩子努力上进，孩子觉得父母只看重成绩，父母感觉自己很爱孩子，孩子觉得父母看不到自己的努力……经过一段时间的实践，有些父母会总结出自己的育儿之道，有些父母则一直找不到解决孩子教育问题的方向，更有甚者，有些父母都没有意识到自己的家庭教育有问题。孩子通过学习不断成长，而作为父母，也需要通过学习，成长为更好的父母。但往往，我们总是将"学习"狭义地定义为是孩子的任务，一些作为成人的父母觉得自己的生活已如此，再也没有"学习"的必要，希望就在孩子的身上。同时，不少父母对"学习"采取工具主义或功利主义的态度，会把"学习"看作是一件痛苦的事情，却不明白"学海无涯苦作舟"。有些父母直到孩子的问题实在难以解决处理时，才会努力去学习如何开展家庭教育，如何与孩子沟通。

尊重儿童权利，是家庭教育有效开展的新视角。家庭教育最能体现因材施教的精髓，既具有共性的部分，也具有个性的内容。家庭教育的一部分经验，经过了历史的沉淀和积累，成了代代传承的家庭教育经典，如孟母三迁、断机教子；而有一些，则在社会发展进程中，随着人类文明的不断进步，在不断地发生着变化。我国历来注重家庭教育和家庭建设，沉淀了众多著名的家训文化，这是中华民族的文化瑰宝。随着社会文化的发展进步，现代科学的教育学、心理学等将儿童视为一个独立的主体，有着所处成长阶段的独特心理发展规律及情感需求。在这种观点下，儿童不再被视为父母成人的附属物，儿童拥有和成年人同等的权利，成人也需要尊重儿童的感受、选择、观点、愿望，这是我国家庭教育中最大的改变。2021年10月23日十三届全国人大常委会第三十一次会议通过了《中华人民共和国家庭教育促进法》（以下简称《家庭教育促进法》），立法的目的除了发扬中华民族重视家庭教育的优良传统，引导全社会，尤其是未成年人家庭注重家庭、家教和家风，增进家庭的幸福和社会的和谐；更是从未成年人保护工作的视角，为家庭教育立规矩、划方圆，解决家庭教育实践工作开展中缺乏上位法的关键问题。家庭教育不再是由着父母或监护人的性子想怎么管教就怎么管教，想逃避责任就能无所作为的了。现代的家庭教育需要我们从父母的视角、从儿童是被教育的对象，转变为从儿童发展需求的视角，引导儿童成为构建其学习生活的主观能动者。

儿童友好,需要从家庭环境和氛围等客观条件上做到对儿童友好、符合儿童最佳利益,还需要从态度上尊重儿童、情感上让儿童感受到友好。本书中,我们从儿童视角下儿童友好型家庭需要具备的核心要素,从普通的家庭教育案例出发,探讨家庭教育中需要父母关注的、区别于学校教育、立足于儿童整体发展的问题。同时,从父母最为关心的学习问题入手,重新反思学习的范畴以及对儿童成长的真正价值,在家庭教育中,引导儿童学会做人、学会学习、学会生活。鉴古知今,需要每一位父母去学习和思考自己的育儿问题,实现传承与超越。

本书的视角更多从儿童立场出发,是以告知父母及其他成人,儿童友好,需要尊重儿童的感知、尊重儿童的权利、尊重儿童的决策,这不再是一个可选项,而是家庭教育立法中的法律原则。儿童的事情,应当聆听儿童的意见,家庭是否儿童友好,也需要由儿童来评判;儿童友好型家庭建设,更是离不开儿童的参与。

本书立足于家庭微观环境营造与儿童成长的研究,更偏重儿童视角,聚焦家庭内儿童友好的评估、提升与完善,故在宏观的社会资源与社会支持等的考量上有所偏弱,这将是未来研究中应予以涉及并纳入的内容。

本书的写作参考了众多国内外学者的论著与研究成果,尽可能地对所引用部分进行了标注。限于作者的能力与水平,书中难免出现疏漏与不当之处,敬请研究者海涵和读者朋友赐教。本书的撰写也得到了作者单位上海市妇女儿童发展研究中心的鼎力支持,是多年探索儿童友好环境和家庭建设工作的总结和心得。

2022 年 9 月 18 日
于上海

目 录

序 ··· 1

前言 家庭教育与儿童友好型家庭 ·· 1

第一章 绪论 ··· 1
    第一节 研究背景 ·· 1
    第二节 家庭和家庭建设的概念 ·· 9
    第三节 新时代家庭建设的挑战 ·· 11
    第四节 理论基础与研究方法 ·· 25
    第五节 研究现状述评 ·· 32

第二章 家庭建设与儿童友好型家庭的源起 ······································ 47
    第一节 儿童权利观下的儿童与家庭 ·· 47
    第二节 "儿童友好"的相关研究 ··· 56
    第三节 "儿童友好型家庭"的相关研究 ··································· 62

第三章 儿童权利保护之家庭力量 ·· 68
    第一节 儿童权利的家庭保护现状 ··· 68
    第二节 父母养育与儿童自主、权利意识的发展 ························· 81
    第三节 父母教养方式对儿童参与的影响 ·································· 96
    第四节 父母在儿童社会参与中的积极作用
           ——以儿童议事会为例 ··· 106

第四章　儿童友好型家庭创建 ·················· 125
第一节　儿童友好城市中的友好家庭营造 ·················· 125
第二节　儿童视角下的儿童友好型家庭特征 ·················· 137
第三节　从儿童友好看上海儿童家庭的环境营造 ·················· 150
第四节　儿童友好型家庭指标体系的建构 ·················· 166

第五章　儿童友好型家庭创建之实录分析
　　　　——基于24个案例资料内容的分析 ·················· 185
第一节　家庭环境的挑战与路径 ·················· 185
第二节　儿童—家庭互动的挑战与路径 ·················· 207
第三节　儿童发展的挑战与路径 ·················· 227
第四节　新时代家庭建设高质量发展：儿童友好 ·················· 244

附录 ·················· 251
附录1　家庭儿童友好度自评量表（儿童视角） ·················· 251
附录2　儿童友好型家庭指标体系（专家视角） ·················· 253
附录3　儿童家庭风险因素排查表（负向视角） ·················· 256

后记 ·················· 258

第一章 绪 论

第一节 研究背景

"大国之大,也有大国之重。千头万绪的事,说到底是千家万户的事。"而千家万户最看重的就是家庭。习近平总书记将家庭视为国家发展、民族进步、社会和谐的重要基点,多次就家庭、家教、家风发表重要讲话,将个人发展与家庭前途、国家民族命运的前途紧密联系,将家庭建设上升到国家治理的高度,逐渐勾勒出新时代家庭建设的理论体系,形成推进新时代家庭建设实践工作的指导思想。

一、新时代家庭建设是国家发展的时代命题

1. 世界大变局的时代需求

从人类可持续发展的角度,世界各国都处于百年未有之大变局中。人类物质生产快速发展,物质生活日益丰富;但同时,由于历史、文化、制度、发展阶段等的多种因素,加上全球经济疲弱、不平等加剧以及世界力量平衡发生转变,全球化和谐发展进程遭受重创,国家、民族间的矛盾冲突日益尖锐和激化,直接挑战着各国的治理体系和治理能力。世界各国都面临着物质基础和上层建筑的协同发展问题,既要追求物质生产的快速发展,科学技术的突破创新,又要确保道德文化的持续复兴以及价值共识和价值追求。从历史发展来看,人们普遍追求的幸福生活与国家的前途命运紧密相连。

不管时代如何变迁,对幸福家庭的追求是亘古不变的。家庭是社会上最古老、最有弹性的最小单元。虽然世界各地的家庭结构有所不同,但对家庭价值的重视得到了普遍认同。家庭是我们最亲密的社会环境,尤其对儿童而言,

家庭是儿童最初进行社交学习的重要地方。家庭生活可以带给我们极大的快乐,也可以带来极度的痛苦,这取决于家庭关系的好坏。健康的婚姻、和美的家庭可以为我们抵挡生活带来的各种挫折与磨难,而不健康的、失衡的家庭关系则会造成严重的问题,进而持续影响到下一代的生活。

2. 国家发展的战略需求

家庭建设与国家的社会经济、战略发展等均有着关联。推进中国特色社会主义的家庭建设,亦是中国持久发展的百年大计。随着中国特色社会主义进入新时代,市场化、全球化和网络化进程带来我国家庭价值取向和家庭结构变化等新问题,对家庭内部关系、家庭社会作用以及家庭形态特征等产生了重大冲击[1]。习近平总书记提出需要立足新的发展阶段和发展格局,探索创新发展、价值指引和道德追求的新发展理念,要回答"培养什么人、怎样培养人、为谁培养人"这一关乎国家发展、民族振兴的根本问题,强调"要以培养担当民族复兴大任的时代新人为着眼点,把社会主义核心价值观融入社会发展各方面,转化为人们的情感认同和行为习惯。从家庭做起,从娃娃抓起[2]"。

北大中文系钱理群教授曾说,我们"正在培养一些'精致的利己主义者'",追求个人及其家庭的美好物质生活,忘却了将人民利益与国家前途命运等相联系。虽然他把矛头指向了学校,但若从根源上分析,造成"精致的利己主义者"的家庭因素会更深刻些。现代的家庭教育,因一味追求学业成就,家庭将所能调用的资源都用在儿童身上,也将家庭教育的焦点放在了成绩提高上。可以说,家庭教育中,我们忽略了"教育",强调了"学业学习",培养出利己主义、唯利是图的社会人。

"培养好少年儿童是一项战略任务,事关长远。"家庭教育从儿童个体出生时已开始,家人的影响深远。除随时随地、润物细无声的影响外,更在于家长是否在平常给儿童灌输正确的观念。

3. 治国理政的社会治理需求

习近平总书记从党和国家事业发展全局、促进人的全面发展目标出发,传承并创新了中华民族文化中的治国理政思想。近年来,西方自由主义的普遍主义一元论、以英美为主导的个人自由式的价值观成为世界主流,加上近百年来西方紧握话语霸权,使得多元化文化理念受到了冲击,加剧了全球社会环境的风险。文化的多样性应该是世界文化的本质特征,"文明具有多样性,就如同自然界物种的多样性一样,一同构成我们这个星球的生命本源"[3],是人类社会可持续发展的源泉。

我国以家族为纽带的传统伦理结构几近瓦解,传统乡土社会治理模式优势不再,亟须推动国家治理现代化,完善社会伦理结构[4]。习近平注重"家庭、家教、家训"的重要论述汇编在《习近平谈治国理政》中,强调家庭建设要从个人发展、社会发展和治国理政的三个维度来思考,是对我国传统家国同构、天下大同等哲学思想的扬弃。家庭建设成为建构国家治理能力现代化体系的逻辑起点[5]。家庭建设的好坏关乎人民能否安居乐业、国家社会能否稳定发展。

4. 家庭建设的中国方案需求

在民族文化多元发展受到冲击的国际背景下,我国强调文化自信既是文化多样性发展的科学道路,也是重新审视我国家庭和谐发展、社会永续发展的路径问题,找到家庭建设的中国方案,为世界提供中国智慧。"几千年历史中创造和延续的中华优秀传统文化,是中华民族的根和魂。"[6]文化自信来源于中华历史文化、红色文化和中国特色社会主义的先进文化。其中"家文化"延续千百年、从未中断,始终践行"天下之本在国,国之本在家,家之本在身(《孟子·离娄上》)"。百善孝为先的孝文化、家和万事兴的和文化、勤俭持家的节俭文化、知书达理的礼仪文化、耕读传家的治家之道、言传身教的家教之法、精忠报国的家国情怀、天下兴亡匹夫有责的担当自觉等,在全球化、现代化发展背景下,仍有着其弥足珍贵的民族特色和文化生命力。

中国共产党以"维护国家长治久安、实现民族复兴伟业、追求人民幸福"的中国梦为自身历史使命,是对人民群众美好生活期盼和需求的积极回应,也是向世界阐释,中国追求天下太平、共享大同的"中国梦"。家庭教育中,需要给每个儿童内心播下一颗种子,那就是如何实现和践行中国梦,从小树立远大梦想,真正了解国家好、大家才会好的道理,星星火炬需要传承才能实现美丽中国梦。

二、新时代家庭建设需要从长远计议

1. 促进社会的可持续发展

20世纪60年代之后,联合国提出单纯的经济增长不等于发展,物质的丰富、经济的增长也不等同于幸福感或获得感,因此提出可持续发展之路,强调人类与环境和谐发展的理念。中共"十八大"以来我国坚定不移走生态优先绿色发展之路,"五位一体"总体布局中首次把"美丽中国"作为宏伟目标。"绿水青山既是自然财富,又是社会财富、经济财富。"可持续发展的社会生活环境,不仅事关人类未来,更重要的是关乎当下人民的生活质量。

可持续发展不仅是生态的可持续,也是家庭的可持续发展。法国经济学家弗朗斯瓦·魁奈(Francois Quesnay)在其人口理论中认为,不管是什么地方,只要能够让人们通过自身劳动和精力获得财富,过上富足的生活,他们就会安逸地在那里聚居,并不断地繁衍。人们对社会生活质量的需求与追求趋同。每年全球有不同的研究机构会调查全球人才竞争力指数或者全球宜居指数,良好的社会经济环境、安全的治安人文、便捷的基础设施、优质的教育资源等,都是吸引人才、留住人才安居乐业的有利条件。习近平总书记指出:"牢记和践行为中国人民谋幸福、为中华民族谋复兴的初心使命,是贯穿我们党百年奋斗史的一条红线。"一切为了人民、一切依靠人民,始终把人民放在心中最高位置,把人民对美好生活的向往作为"国之大者"。与西方的个人本位文化不同,我国的文化本质上仍以家族本位为主,美好生活之根在家庭。这也是为何我国把推进家庭工作作为一项长期任务。《关于推进儿童友好城市建设的指导意见》中指出,建设儿童友好城市,寄托着人民对美好生活的向往,事关广大儿童的成长发展和美好未来。家庭和睦则社会安定,家庭幸福则社会祥和,家庭文明则社会文明。推进儿童友好理念融入城市规划建设,为政府实施可持续发展战略,也为社会和谐安定发展提供间接支持,全面关注和解决地方上有关儿童及家庭健康福祉的各类问题(见表1-1-1)。

表1-1-1　儿童友好城市目标与可持续发展目标的联系[7—8]

维度	中国儿童友好城市建设	全球儿童友好城市目标	可持续发展目标
政策友好	1. 推进社会政策友好,推动全社会践行儿童友好理念	1. 每个儿童和青年都应该在各自的社区中,受到地方政府的重视、尊重和平等对待	5. 实现性别平等,增强所有妇女和女童的权能 10. 减少国家内部和国家之间的不平等 11. 建设包容、安全、有抵御灾害能力和可持续的城市

续表

维度	中国儿童友好城市建设	全球儿童友好城市目标	可持续发展目标
福利服务	2. 推进权利保障友好，完善公益普惠儿童福利体系 3. 推进公共服务友好，充分满足儿童成长发展需要	2. 每个儿童和青年都有权表达自己的意见、需求和优先事项，任何影响到他们本人的公共法律（如适用）、政策、预算、程序以及决策，需充分考虑这些意见、需求和优先事项	16. 创建公正、和平、包容的社会
		3. 每个儿童和青年都能获取优质的基本社会服务	1. 消除一切形式的贫困 2. 消除饥饿 3. 确保健康的生活方式，促进各年龄段人群的福祉 4. 确保全民享有包容的优质教育
成长空间	4. 推进成长空间友好，提升城市空间品质和服务效能	4. 每个儿童和青年都能生活在安全、可靠、清洁的环境中	6. 确保为所有人提供水和环境卫生 11. 建设包容、安全、有抵御灾害能力和可持续的城市 16. 创建公正、和平、包容的社会
发展环境	5. 推进发展环境友好，优化儿童健康成长社会环境	5. 每个儿童和青年都有机会与家人在一起，享受游戏和娱乐	无相关内容

现有家庭的建设形塑着儿童未来的家庭观念，从而影响着未来群体的家庭观。儿童作为核心小家庭的重要一员，早期的亲子关系对儿童的身心成长、对其成年后的行为等影响深远。对丁克现象社会化的研究发现，未成年时期产生丁克想法主要源自原生家庭，并受到家庭育儿压力的隐忧。可以说家庭在儿童个体成长的过程中扮演着重要的社会化角色，家庭的情感功能对社会化儿童具有重要意义[9]。因此，家庭的儿童友好环境创设有着深远的意义与价值。

2. 推进新时代家庭建设高质量发展

西方希冀理性的公民个体建构民主法治的公共理性，但现实是个体与国家的关系中过度强化个体自由和政治解放。与之不同，我国的传统文化历来专注于个人道德修身以及"家—国—天下"的伦理秩序。党的"十八大"提出，"倡导富强、民主、文明、和谐，倡导自由、平等、公正、法治，倡导爱国、敬业、诚信、友善"的社会主义核心价值观，充分融合中华优秀传统文化中的思想观念、人文精神、道德规范，又结合了时代的特征与中国共产党在社会主义建设实践中形成的价值共识。人的发展是社会和国家发展的基础，也是社会与国家发展的目的。社会主义核心价值观从国家、社会和公民的三个层面明确了不同的价值要求，向上溯源至人类价值追求的源头，最终落实在每一个公民个体的人生价值取向上。社会主义核心价值观是百年来实践中淬炼出的中国特色的核心价值体系，也是中国人民的理想追求和行为准则。以人的自由发展为目标，开展公民意识教育，培养社会主义公民，是中国特色社会主义建设的现实需要，也是马克思主义中国道路成功的必然要求。

新时代的家庭建设思想继承了马克思主义家庭观的历史唯物主义立场，把家庭作为社会的基本构成要素，将家庭建设建立在社会实践发展中，强调主观能动地实现人的全面发展和自由。同时，融合中华优秀传统的家国文化和家国情怀、以民为本的治国思想，家庭建设的重要论述立足于现阶段中国社会转型期出现的家庭问题，提出具有中国特色的家庭建设方案。家庭建设重在文化建设。中华民族有着深厚的传统文化，历来又善于总结经验和反思历史教训，经过几千年的积累形成了富有特色的智慧体系和理性思辨。以史为鉴，学古为今，习近平采用马克思主义唯物辩证的科学方法正确对待并对中华传统家庭道德加以扬弃，创造性转化并提出了坚定文化自信。"一个国家、一个民族的强盛，总是以文化兴盛为支撑的，中华民族伟大复兴需要以中华文化发展繁荣为条件。"[10]

家庭建设的重点在家庭教育，其重点内容在德，重点对象是青少年。家庭教育中，要发挥利用好家庭教育对人的引导作用，尤其要强化思想品德教育的作用。习近平总书记多次强调教育的首要任务是"立德树人"。"君子挟才以为善，小人挟才以为恶"。道德观决定着个体发展的目标追求和价值取向。对处于世界观、人生观、价值观形成之关键时期的青少年而言，强调家庭教育德育为先有其必要性和紧迫性。《家庭教育促进法》中虽将家庭教育界定为狭义的概念，但其教育内容的范畴和要求却融合了中华民族优秀传统文化、革命文化、社会主义先进文化，强调立德树人为根本，教育未成年人家国情怀、尊老爱幼等家庭美德、社会公德、个人品德和法治意识、正确的成才观、价值观和劳动观。

3. 实现终身树人的家庭教育目标

早在先秦时期，管子就提出了"一年之计，莫如树谷；十年之计，莫如树木；终身之计，莫如树人"。终身之计中，没有比培养人才更重要的了，既告知世人人才培养是长久之计，也让人明白培养人才的不易。"古之君子，学以为己。"我国古代教育或学习目的强调追求个人的道德生命的完美，儒家重视"学"，并不局限于知识的学习，更强调成人、成德、成就知行一致的人格。这与世界各国对未来人才的需求是相似的。我们需要把儿童培养成为一个完善的人，一个在体力、智力、情绪、伦理各方面综合发展的个体，能够兼具自身发展、社会责任与奉献精神的个体。

但在现在的家庭教育中，太多的家长第一专注儿童的学业学习，也将教育和学习的定义狭隘地理解为学校教育和应试学习。即便家长已有意识抽时间来陪儿童聊天或聆听心事，学习成绩以及儿童的学习状态可能仍是家长关注的重点。但事实上，家庭教育中除了补充学校学习之外，还承担着更多育儿树人的责任，培养对国家、对人民、对社会、更是对家庭有用的人。

习近平总书记在强调家风时，说的是"小家"，但着眼的是"大家"。我国古代也宣扬"先天下之忧而忧，后天下之乐而乐"的强烈社会责任感，为国为民为天下的集体主义思想。但受到西方文化中个体主义、经济化等的经济主导主义影响，个人主义思潮容易被接受。"每个人都有相同的体力，智力和平等自由，每个人都能按自己的意愿生活，不受任何权威限制地享有一定的绝对自由。"但现实并非如此。此次新冠疫情各国的应对政策中，我们不得不承认，自由与责任、个人进步与社会团结之间，我们需要取得适当的平衡。一味地追求个人的权利和利益，可能无法走到最后。

在新时代背景下出台《家庭教育促进法》，使得家庭教育具有双重属性，既是关乎个人和家庭福祉的家事，也是关乎国家和民族发展的国事。同时，高度重视并引导全社会注重家庭家教家风建设，重视家庭教育在个体成长过程中的作用发挥，将家庭教育从学校教育的附庸地位转为平等合作的地位，重塑家庭教育的深刻内涵与积极作用。从"家事"上升为"国事"，目的很明确，压实家庭教育主体责任，明确根本任务，家庭教育需要培育和践行社会主义核心价值观，以立德树人为根本任务，以培养全面发展的、身心健康的社会主义建设者和接班人。国之根本在于民,立国之本在于教育,个人教育的根本与源头在于家庭。

4. 坚持儿童发展之根本要义

新时代家庭发展理念以家庭为基、以儿童为本[11]。作为儿童出生之后最先接触的、影响最为深远的环境系统,家庭是城市建设和社会发展宏伟工程的一块块砖石。我国历来重视家庭,也重视儿童发展,"集中体现在理论与实践中的'修身—齐家—治国—平天下之间双向循环,目标自洽,逻辑自洽'"[12]。即使建党百年,我国对儿童教育的"国家立场"的培养理念保持"不变"[13]。很长一段时间里,儿童被视为成人或家庭的附属,例如我国"五好文明家庭""和谐家庭""学习型家庭""最美家庭"等评选宣传过程中,家庭教育、育子有方、尊老爱幼等都仅是家庭评选标准之一小点。但随着社会时代变迁,以人民为中心的、促进人的全面发展的新时代发展理念引领下,"以儿童为本"的政策精神凸显。从立法层面,《家庭教育促进法》于2022年1月1日正式施行,对儿童及家庭的重视程度不仅涉及父母权利义务,还包括对家庭教育能力、家庭环境、家庭教育指导服务供给、儿童全面发展目标等以家庭为基、以儿童为本的全面规划。从社会意识层面,注重家庭、注重家教、注重家风的新时代家庭建设与国家和民族的命运相联系,营造良好家庭环境以促进儿童健康成长。从城市建设的实践层面,将儿童友好型城市建设列入国家政策以影响到我国政治、文化、经济等各方面,要求将儿童为本的儿童观和家庭观宣传推广至全社会以改变民众意识形态中的儿童观。

构建儿童友好型的家庭,遵循儿童为本的原则,更契合我国家庭建设的新时代要求,把儿童福祉融入社会发展和城市治理,更旨在满足人民对美好生活的最大心愿。作为天然和基本的社会单元[14],家庭对儿童个体发展的重要性更是毋庸置疑。儿童友好型城市的综合环境中包含了和谐幸福的家庭环境,家长如何认识并看待儿童的各项权利将决定了其如何去保护和实践儿童的权利,也将影响到其育儿方式与育儿行为,继而影响到儿童全面发展的实现。关颖曾总结中国家庭养育教育最根本的问题归为两个基本点:"一是漠视孩子的权利,二是家长教育素质的欠缺。"[15]聚焦促进家庭发展将更有利于儿童利益最大化,也是推动中国特色儿童友好型城市的根本要义。

第二节 家庭和家庭建设的概念

一、家庭的概念

家庭一般是指一组以血缘关系(通过出生)或亲缘关系(通过婚姻或其他关系)为主要纽带的人类社会生活基本单元[16],这也是联合国在《人口普查指南》上提供的家庭参考定义。

在不同时代、不同地域、不同文化中,家庭的定义和内涵会有所不同。从历史发展沿革来看,大致可以分为广义的家庭和狭义的家庭。广义的家庭属于传统家庭、家族概念,包括宗亲亲属等在内的家族群体。狭义的家庭则是包含基于自然或者婚姻等法律规定的情境下组成的多个人,包括家父、家母、子女以及之后的孙辈等。现代家庭的定义更偏向狭义定义。也有人类学家将家庭分为母系组织(母亲与孩子)、夫妻组成的核心家庭(夫妻、子女)以及血亲组成的大家庭,包括父母、子女及父母一方家庭的其他成员。我国的《民法典》中首次界定了家庭成员为配偶、父母、子女和其他共同生活的近亲属。

美国社会学家古德(W. J. Goode)归纳了现代家庭的特点,分别是:(1)家庭婚姻中的择偶从家族安排和以家庭利益为目标,转向自由恋爱和以爱情为基础;(2)家族的利益被淡化,亲属关系削弱,个体的幸福受到重视,两性间的平等增强;(3)从以代际关系为主轴的家庭关系转变为以夫妻关系为中心,单系制度式微转向双系制度发展。这就形成了以核心家庭为主的家庭结构,"典型的'现代'家庭被定义为核心家庭、儿童中心、私密性……"[17]。虽然我国家庭的变化略晚于西方,但发展趋势趋同。20世纪70年代后,西方迎来了第二次人口转变,其核心是家庭的转变,家庭模式让位于"个人主义家庭模式",原本少数的家庭形态成为相对普遍的现象,如同居家庭、继亲家庭、单亲家庭、单身家庭等等。婚姻、性别和父母身份被分开,"婚姻作为一种提供经济保障的制度,作为一种旨在生育和抚养孩子的基本永久安排,已经不再被普遍认为是必要的。[18]"有研究者认为,我国已经发生第二次人口转变[19]。但受传统家庭文化的影响,我国的家庭仍是以婚姻家庭、以儿童为中心的家庭文化为主流,婚前同居现象虽增多,但大多是先同居后结婚,且大多数会步入婚姻;婚前生育比例并不高,即使是婚前生育,绝大部分也是暂时的;晚婚晚育、"向上婚姻"或教育同质结婚等,较大的缘由仍是为了生育、为养育子女做好准备。因此,我国的家庭是传统与现代并存,"子女中心主义依然存在,唯一不同的是,过去是'重男',现在不仅是儿子,女儿也很重要。[20]"

在我国,谈论家庭时,仍会从家庭结构、家庭关系和家庭功能的三要素去界定和讨论。人们仍然把家庭作为依恋、养育和社会化的主要场所。家庭的基本功能是为家庭成员生理、心理、社会性等方面的健康发展提供一定的环境条件[21]。人口科学辞典上将家庭功能细分为生产职能、生育职能、生活职能、感情交往职能、扶养和赡养职能、教育职能和娱乐职能等[22]。受传统家庭功能与儒家文化的影响,对我国育有子女的家庭来说,家庭的核心内容和目标仍是养育子女。对儿童来说,他可以在家庭中获得照顾和养育,也受到权利义务的司法保护,与其父母有着天然的道德和情感纽带。因此,本书所讨论的家庭聚焦于现代核心家庭,同时探讨在无论何种缘故导致婚姻无法维系的情况下,以儿童利益最大化原则为核心讨论父母身份分离于婚姻的安排。

二、我国的家庭建设

在我国的家庭建设过程中,更为关注和凸显中国传统文化与美德的家庭建设宣传活动。例如20世纪50年代起,全国妇女联合会在城乡开展评选"五好家庭"活动,通过开展丰富多彩的家庭文化活动,在全社会宣扬和倡导尊老爱幼、男女平等、夫妻和睦、勤俭持家、邻里团结的文明风尚。2007年"五好家庭"在北京更名为"和谐家庭",指标体系包括家庭内部和谐、家庭与社会和谐、家庭与自然和谐三方面内容。2009年,"五好家庭"又调整评选条件,改为"五好文明家庭",要求爱国守法、明礼诚信,夫妻和睦,孝老爱亲,学习进取,科学教子,邻里融洽,友爱互助,低碳生活,热心公益[23]。2014年调整为"最美家庭"评选,在社会生活中树标杆、挖典型,探寻用优良家风践行社会主义核心价值观、传承弘扬中华民族传统美德的优秀家庭。"和谐家庭""最美家庭"等家庭建设工作更多从家庭与社会、家庭与文化等宏观角度来看待家庭内人与人的关系;"纵向——长幼共融,代际和谐;横向——男女平等,性别和谐……不仅仅是指家庭本身的和谐,而是一个家庭'同心圆结构'的和谐。"在这过程中,家庭教育是三注重中的重要一环,也是以儿童为中心的家庭建设的重要环节,更是家庭、家风、国家可持续发展的重要环节。为此,从"九五"开始,我国每5年出台家庭教育工作规划,以推动家庭建设高质量发展。

"学习型家庭"的理念源自"学习型社会",这是美国学者罗伯特·赫钦斯在《学习型社会》一书中提出的概念,并为联合国教科文组织国际教育发展委员会推广,将终身教育和学习型社会的概念推向国际社会。党的"十六大"报告提出把建设学习型社会作为全面建成小康社会的重要目标,多次突出强调其国家重大战略决策地位。之所以获得如此重视,源于国际社会及国内教育发展的过程中,人们发现学校教育体制的育人功能并不能满足社会经济、科学技术的可持续发展需求,教育需要扩展到社会生活的各个领域,需要贯穿个人发展的终身。这一共识为世界各国、各地区所接纳,成为社会发展和社会进步追求的一个重要目标。因此,学习型组织、学习型企业、学习型社区,乃至学习型家庭的建设发展理念为社会大众所接受,学习型家庭对儿童的教育功能则更为凸显。教育研究者认为,学习型家庭应树立正确的家庭教育目标导向,培养有责任意识的社会青少年;发挥家庭的榜样示范功能,优化学习环境;转变教养方式,激发儿童身心健康成长和学习的情感[24]。也有研究提出学习型家庭的创建途径可采用家校合作、结合社区教育或者家庭成员的非学历教育相结合[25],这与目前提倡的家庭教育建设殊途同归。

第三节 新时代家庭建设的挑战

当家庭问题从个别走向普遍就成为社会问题,就会成为社会治理需要有效化解和改善的要点,也是儿童友好型城市应当去解决面对的重点,以切实保障家庭中儿童的合法权益。社会转型过程中,我国家庭面临着老龄化、少子化、不婚化、城市集群化等困境与趋势,同时受民主理念、道德滑坡、制度政策制约等影响出现了各类家庭问题和问题家庭,成为新时代家庭建设的新挑战。

一、社会转型期中的家庭式微

受到全球化和西方社会的影响,我们的社会逐渐走向个体化进程。家庭的核心化、小型化,到个体的事业发展,"为了经济生存的目的,个体被迫使自己成为生活规划和行为的中心。[26]"目前,家庭结构正在发生巨大变化,越来越复杂,虽然核心家庭仍为主流,但社会对单亲家庭、未婚同居、离婚、复杂的大家庭关系、单身家庭等的接受度越来越高。家庭结构的改变,是传统的婚姻、家庭制度、性别观念等社会文化习俗等日渐式微的结果。西方社会中,婚姻不再是为了经济、社会或政治利益而安排,人们更倾向根据爱等情感需求来选择伴侣;孩子不再被期望为家庭收入做出贡献,也不再成为必须传宗接代的理由,或者不再是维系传统婚姻形式的根由。社会转向有利于家庭内部的情感满足和自主权追求,这种转变必然会削弱传统的家庭制度。这些现象也同样影响到相对传统的东方儒家国家。

即便目前我国传统文化中有着家庭提供的支持网络,但个体化进程并未减弱,从《民法典》颁布后就家务劳动的经济补偿引发热议现象中可见一斑。随之而来的,家庭传统的两性关系开始崩溃,传统的共同性、角色分派、情感支持等都因为性别平等化、个别化而出现了各种变化。这时候,家庭教育职能的承担成了父母间或是两代人之间的博弈。世界格局和社会文明似乎印证着熵增定律,变得不确定,面对未来会如何,我们很多人都有着很大的不确定感,加上个体化进程加剧,很容易造成家庭成员间的焦虑。

家庭结构与社会生活变化也导致了种种家庭问题。随着经济价值取向、追求自我等文化影响因素的转变,我国的家庭结构发生了多元化发展趋势,单亲家庭、流动家庭、留守家庭等趋势显现。婚姻家庭理念的转变、家庭结构的多元化,似乎是成年人理性选择、尊重自身意愿的结果。但事实表明,并不是所有的成年人都考虑好了结果与风险,家庭的重塑让处于家庭弱势地位的儿童不得不与成人一起面对各类社会问题。

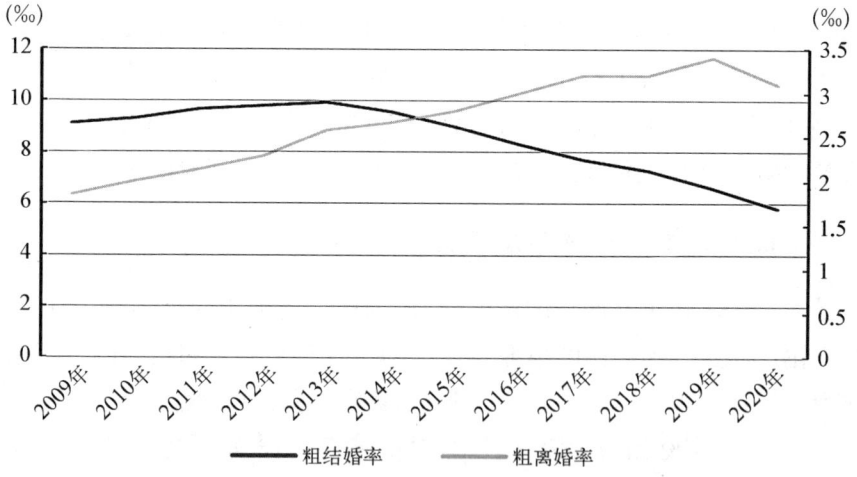

图1-3-1 2009—2020年我国粗结婚率与粗离婚率

注:数据来自历年民政事业发展统计公报。

以逐年增高的离婚率来举例,离婚年龄段在下降,由1982年的45岁以上降至2015年的35—39岁[27],即家庭内有着低龄未成年人子女的离异家庭在增多。虽然研究表明,与不幸的婚姻关系相比,父母离异不一定带给儿童更大的伤害。但现实问题是,我国的离异过程中,更多关注夫妻双方的权责利等的分配与处置,对儿童权益的保护较为忽视。

《民法典》中规定:"离婚后,父母对于子女仍有抚养、教育、保护的权利和义务。"对未成年人子女来说,父母营造良好的家庭氛围,共同承担抚育责任,是最有利于其健康成长的。离婚后,未成年人子女失去完整的家庭,其健康成长所需的物质条件和精神支持都会受到影响。但现实生活中,事实单亲(丧偶式育儿)、隔代照料的情况不在少数,离婚后不承担直接抚养的一方无视子女养育教育的情况也非常多。2013年至2017年,全国法院共依法审理涉未成年人权益保护案件49万件,抚养扶养关系纠纷、抚育费纠纷、监护权纠纷、探视子女权纠纷等民事案件占比达94.54%[28]。上海某区法院2018—2019年度受理的离婚纠纷案件中,67.1%的案例涉及未成年人子女抚养纠纷。审理案件的难点主要有:(1)双方均主张未成年人子女抚养权而导致矛盾升级,将子女夹在中间造成子女压力;(2)双方均拒绝抚养子女导致即便判决,子女的后续境遇也不容乐观;(3)两地婚姻现象增多,此类婚姻解体后引发未成年人子女生活学习环境的不确定性增强;(4)离婚纠纷导致的探视权矛盾升级,个别父母将子女作为发泄愤怒、报复对方的手段;(5)因同居关系或其他因素产生的子女抚养纠纷。可以说,协议离婚或诉讼离婚中,对子女抚育、教育和探视等事宜基本以"自治"为原则,往往成为夫妻双方意愿的体现和较量;目前司法中主要也就未成年人子女的监护权、抚养费、探视权等较为客观的内容进行判决,法官也表示审理宣判后往往难以确保未成年人子女利益的落实情况。

二、家庭功能的弱化与博弈

家庭肩负着多项功能,如生产、生育、生活、感情交往、扶养和赡养、教育和娱乐功能等。社会在不断发展,家庭结构逐渐缩小,家庭功能也在不断弱化中。相对而言,我国的家庭承载了比西方更多的职责,家庭需要照顾养育未成年人,还有责任照顾老人,有时候在完成自身家庭的责任之后,还需要帮助照顾新组建的小家庭。在家庭小型化的影响叠加下,家庭教育中存在教育缺位、亲情缺失、管教无力、监护不当等问题,对儿童的成长进程造成了不同程度的影响。

　　家庭教育的职责，无论从法律层面，还是从我国的道德文化分析，已是无需讨论的、义不容辞的义务。但因为牵扯的时间和精力过多，成为家庭成员间或博弈或商讨或道德绑架的重要议题。随着现代家庭对儿童教育的重视以及对父母教育参与重要性的凸显，家庭教育呈现密集型育儿的发展趋势，在中产阶级家庭中尤为显现，出现"以儿童为中心、依赖专家指导、高情绪投入、劳力密集、高消费的精英主义育儿"，又带动了跨阶层参与的"结构性养育焦虑[29]"。家庭教育不再是一个简单的家庭内部问题，而是上升为社会和公共政策问题。

　　当家庭关系融洽、孩子按照我们所认为的成功成才路径发展时，或许家庭教育问题不成为问题。但往往，在个体本位主义为特点的大环境下，当个人利益、个人追求与家庭其他成员不再一致时，家庭教育问题就会增添很多变数和冲突。在二孩、三孩政策下，家庭成员角色，尤其是母亲角色，将不得不面对现实的职场发展与家庭建设的平衡问题。双职工父母更多争议的是谁承担了更多的育儿工作，以及因为孩子带来的其他家庭事务。当育儿出现瓶颈或问题时，原本不太插手的一方就不得不卷入来解决问题，而承担更多的一方往往受到较多责备而非体谅。

　　当一方选择全职，虽然有了时间和精力专注孩子的教育问题，但如果失去对经济权掌控，不少全职妈妈（或爸爸）会陷入一种不安全的状态。"全职妈妈其实并不像想象的那么美好。生了二娃后，考虑到想好好育儿，我选择放弃就业回家专心照料两个孩子。伸手问丈夫要钱，一次两次感觉没问题，但时间久了，当丈夫特别忙碌你又不得不盯着他要钱时，那种无力掌控感非常糟糕，特别是当丈夫有意无意流露出是'我在赚钱养家'的时候，难道我的付出没有价值吗？有时候还会胡思乱想，万一哪天丈夫变心了，我除了两个孩子，我啥都没有啊！"（全职妈妈，硕士，43岁）

　　甩手掌柜型的父母不直接育儿但也有着明确的目标与追求。当发现祖辈的带教没有达到自己想要的效果，孩子反而出现各类品行、学习习惯问题时，父母不满意，祖辈也不乐意。"如果知道孩子会有这么多坏习惯，当初还不如自己带养呢！"（孩子交给祖辈带养的妈妈，31岁）

　　对离异父母来说，尤其是重组家庭之后，孩子的教育问题成了需要商量甚至推诿的事情。目前的离婚家庭往往会采取判给谁，谁来负责其日常的教养职责，从而规避双方间的矛盾。也有家庭会出现各自责任逃避，将监护职责转嫁到祖辈等第三方。

　　古人云：二人同心，其利断金。家庭的稳定依赖于夫妻双方的互补、分工和信任等。我们需要理性地看待职场、育儿与家庭的关系，作为有责任心的父母和个体，不管男性还是女性，都要承担相应角色的职责。我们需要对不同的角色定位做出自己能够接受的比重安排，也需要承受这种选择可能带来的后果。我们能做的，就是与家庭内的其他成员共同沟通，合理分工，考虑并接纳自己的选择，尽量做到共赢。

三、风险社会中被裹挟的家庭

　　《风险社会》是德国著名社会学家乌尔里希·贝克所写的一本书，他介绍了风险社会的形成，以及其对社会稳定和社会秩序造成的危害。他把我们当前的社会形态命名为"风险社会"。风险是历史的产物，"是人类活动及其疏忽的反映，是生产力高度发达的表现"[30]。但凡风险使人忧虑的地方，危险的根源不是在外部，不是在非人之物；相反，危险来自人在历史中获得的能力，人对地球上一切生命的再生产条件的改变、塑造或毁灭。随着人口增长减缓、气候变化加剧、能源资源枯竭，世界各国不得不思考可持续性发展和代际永续传承的问题。科学技术的日新月异，带来了机遇与改变，也带来了挑战和影响。机器替代了很多低技术的工种，增加了企业的效益，也带来了低技术行业的没落，带来新兴就业行业与现有技术人力的供需不匹配。当高考的学生与父母商量考什么大学、什么专业时，或许需要前瞻性地预估哪些专业在不久的将来会被替代而消失。

　　此外，随着全球化和数字技术的普及，对我们的经济、社会结构乃至政治策略等也产生了破坏性的影响。全球化带来了逐渐扩大的风险和财富资本的不平等，带来了新的社会阶层和社会地位。第三世界国家和人民为吸纳资本、发展经济，也承担了更多无形的风险，例如化学废料、糟糕的生存环境等。特别是2020年新冠疫情暴发，世界各国政府乃至人民都开始反思和怀疑全球化、多元化等的价值观取向，转而向内关注，民粹的思想在不同的国家滋生——希望自己的国家、自己的民族强盛，获得更多资源。单边主义、贸易保护主义抬头，甚至出现了不少阴谋论和反智思潮。社会变得不稳定，未来变得不确定。原本资源配置优化，市场范围拓宽，产业链不断升级，全球社会2030年可持续发展的共享繁荣计划面临严峻挑战，反全球化思潮泛起。这看起来似乎与家庭教育不甚相关,但现实是直接影响到了各国的教育。在追求科学技术的求知道路上,我们将遭受到更多政治、文化、社会等各方面的挑战。"500多名中国留学生被拒签"[31]"对于亚裔群体的恶意伤害屡见不鲜,事件剧烈增长","人人生而平等"似乎只是口号而非现实,科技竞争、产业竞争、国力竞争,归根到底是人才竞争。教育将成为各国必争的高地。有竞争,有压力,必然会有内卷。

中国、日本、韩国、新加坡等受儒家传统思想影响的东南亚地区,历来重视儿童教育,受私塾等传统教育方式的影响,更信任专业力量对儿童教育的促进作用,故而学校教育背后如影随形的私人补习(影子教育)[32]成为家庭教育热捧的对象。根据马克·贝磊、张薇等多年的研究,影子教育市场的规模在世界范围内壮大,关注度越来越高,而家庭参与影子教育消费的比例也在上升。东南亚地区的影子教育的消费显著高于西方国家①,中国香港由父母付费的课外课程占比30.4%,韩国占比47.5%,远高于西方国家20—30个百分点。

一项针对跨国影子教育成效的元分析研究[33],对父母教育、收入、影子教育和学生的学业成绩进行了相关性研究。结果表明父母的受教育程度本身增加了投资影子教育的可能性,而父母的社会经济地位直接正向影响着学业成绩,尤其是父母的受教育程度,但并未发现影子教育在提高学业成就中起到的普遍作用。所以或许拼爹、拼妈的说法有一定的道理。研究者总结了影子教育的负面影响:对个体及其家庭来说,增加家庭经济负担,激化竞争和焦虑,加重学习强度,导致消极学习态度,限制创造力和高维度思维能力;对社会来说,会因为财富的再生产而导致教育和社会不平等,削弱学校教师的动力等[34]。

教育压力或者教养焦虑在中国已不再是一个新鲜词,似乎每一个父母或即将成为父母的个体,都或多或少被裹挟在子女教育投入的洪流中。2021年"两会"热搜,"学生学业重""父母陪学苦""教育内卷化"更成了当下流行词。

虽然一直呼吁减负,但很难看到减负的实效。即便学校内课业压力有所减轻,家长们的教育焦虑反而更甚,既然学校内不能学到更多,那就在校外补足。可以说校外补习成了大部分学生的日常任务。学习的时间延长,不仅表现在课外学习时间延长,补习的年龄也在不断提前。从幼儿园阶段起,即便规

---

① 数据来源:PISA2003,PISA2012。

定园内不得有小学化的教育内容,但园外的各类补习课程百花齐放。学习内容超前补习,不少学生在进入初中或高中前,已经提前学习了该阶段一两年的课程,不少家长认为这样才能让孩子具有竞争的优势。温故而知新,这样的举措还受到不少老师的认可。

学习的"专业化"发展加剧了家长的不安。为了提升竞争力、应对目前的考核评价体系,学习任何技能都要找"专业人士"教授,家长们总觉得"专业"的才是最好的,通过考核评价才是最重要的。等考核通过,"专业"训练也就无用武之地了。对孩子而言,学习,包括非认知学习(如音乐、运动等),有些也不是出于兴趣爱好,或许是为了强身健体、陶冶情操,根本目的是为了通过考核,拿到不可丢失的哪怕一分。

根据韦森教授[35]、郭继强[36]等由康德的《判断力批判》及格尔茨的《农业的内卷化》中对"内卷"的解析,认为内卷是一种发展的路径,是"人类通过智慧自我战胜、自我升级,通过日益精进的技术实现了在有限的条件下创造奇迹并获得幸福的演化过程",是"系统在外部扩张条件受到严格限定的条件下,内部不断精细化和复杂化的过程"[37]。所以这种解释下的"内卷化"相对来说是正向的,起码不是一个贬义词。

黄宗智的《华北的小农经济与社会变迁》《长江三角洲的小农家庭与乡村发展》等书中将"内卷化"解释为"在有限的地上投入大量的劳动力来获得增长的方式"[38],因为"不可能得到相应收益的增加"[39],而产生了"劳动(力)的边际报酬递减"[40]。后续不少研究者延续了黄宗智对"内卷化"概念的阐释。如范志海、陈坚等将"内卷化"的定义延展到经济内卷化、国家或政权内卷化、文化内卷化以及教育内卷化,表现为"没有实际发展的增长,经济与社会发展出现停滞的趋势",略带有贬义意味,说明发展没有突破,是在不断复制或精细化但约束定格在某种秩序中[41]。

家长们感受颇深的教育"内卷化"表现在"面对快速递增的竞争人数和伴之而来的递减机会[42]",学校通过让学生投入大量应试学习来提高学校的平均分,使得"应试教育体系更加高度内卷化"。为应对教育内卷,家长们通过购买学区房、创造条件让孩子参加各类知名的补习班、一对一私教、抑或从幼儿园甚至刚出生起就提前规划学习内容以参加"学历军备竞赛"。学习已不单单是孩子的事情,读书成了一家人甚至三代家庭的事情。对孩子而言,从小无形中承受着众所周知的升学压力,随之而来的是学习时间的不断延长和提前,表现为基础教育中学习时效的内卷化。网络上有不少描述这一现象的段子，如"只要学不死，就往死里学""孩子，我宁愿欠你一个疯狂的青春期，也不愿看到你卑微的成年期"……

"内卷化"的学术定义指向的是在某种状态下停滞不前、难以转化为另一种高级的或创新的现象，或者是高投入却较难有较高产能，没有发展的增进。被裹挟着进入内卷化的教育，有多少家长对孩子有着清醒的认知、对采取的教育投资抉择有着明确的目标？又有多少孩子能够在如此高强度、周而复始的学习中，能够保持强烈的求知欲、对学习保持热情？

内卷带来了家庭教育资源投入的功利化倾向，重经济投入，轻情感/时间投入。中国的家长是最乐意投资于子女教育的家长，家庭教育资源投入位于79个参测国家的第18位，显著高于OECD国家（平均）、美国、东亚等诸多国家。但相较于物质投入，我国家长在家庭教育的情感/时间投入相对不足，情感支持指数位于79个参测国家的第44位，略低于OECD国家平均值，显著低于美国、英国和韩国等[43]，即较少花时间陪伴或给予儿童情感支持，而尽可能提供各种教育资源来支持儿童的兴趣爱好等。同时，家庭教育投入上显著受到家庭收入水平的影响，从而导致家长在教育投入上存在功利化倾向，当发现家庭投入和子女的努力无法实现阶层跨越，或者成就预期（如考上大学）不可能实现时，弱势阶层家庭往往选择放弃继续投入。

近年来，国家也关注到了补习内卷、择校难题，为了降温，减少家庭的精神压力和经济负担，国家也在不断采取各种政策举措来促进教育公平，办好家门口的学校，推行"双减"政策全面落地。胡咏梅等人认为：小学阶段来自家庭的投入更重要，这里的家庭投入不仅仅指教育投入，而更多的是指父母的参与（培养学习习惯、亲子互动等）、父母的教育期望等，初中阶段则来自学校的相关投入更为重要[44]。从这里可以看出，孩子学习的发展主要还是由家庭教育来打基础，家庭教育成为其未来求学道路是否顺利的关键。人之所以焦虑，往往是出于不确定。中国人民大学新闻学院陈阳副教授表示，无论是相对于个体而言，还是相对于整个社会来说，面对"内卷"都是一项挑战。"学生自己需要想明白'我希望成为怎样的人'；而教育政策的制定者和执行者，以及学生家长，需要想清楚'我们的教育目标是为了培养怎样的人才''我们希望看到孩子成为怎样的人。'"[45]作为一个家长，面对"内卷"，我们仍需回到最初的问题上，厘清自己对孩子最终的培养目标——我们想要培养孩子成为一个怎样的人，如何帮助儿童在家庭教育中获得人生的助力，仍需要家长审时度势，理性选择。

四、教育成为未来的一种可能投资

联合国教科文组织国际教育发展委员会总结了教育的当代特征：（1）人类历史上第一次，教育在世界发展中优先于经济的发展。（2）历史上第一次，教育在为一个尚未存在的社会培养新人。（3）也是第一次，社会拒绝使用学校的毕业生。因为知识数量以前所未有的速度激增，教育体系变得过时了。[46]这是各国政府及其教育体系面临的变化。而对家庭来说，身处其中，无法逃脱。重视教育，知识改变命运，这样的理念深入人心。这也是家庭愿意将家庭收入投资教育甚至贷款也要让孩子接受教育的原因。

贝克在《风险社会》中提到，教育、流动和竞争是劳动力市场的三个维度。而这三个方面的影响已慢慢下延至处于学习阶段的儿童。"现在的孩子竞争越来越激烈。""今天的努力学习，是为了明天的更多可能（竞争选择）。"家长都期望自己的孩子可以获得大学的正规教育，因为教育可以提供个人通向劳动市场就业的文凭资格。同时教育也是实现个体"向上流动"或社会上层防止向下流动的手段。教育与未来紧密相关、教育投入与阶层间的关系，不仅家长了解，连孩子也已明了。2017年，记者采访北京的高考状元熊轩昂，熊轩昂说"像我这种属于中产阶级家庭的孩子，衣食无忧，家长都是知识分子，出生在北京这种教育资源得天独厚的大城市，从而在学习的时候比外地和农村孩子有捷径。"

教育是一种对未来的投资，但必须认识到，投资有风险。有娃的家长都会笑称家里有台"碎钞机"。不少中产阶级家长不愿意生育二胎的主要原因是，需要给到孩子有质量的生活和教育。网上盛传我国城市养娃成本排行榜，北上广等都以200万—300万位列前茅。相信很多家长都愿意在孩子的教育上投入，因为现实和观念告诉我们，投资教育是对孩子的未来投资。但不是所有的家长都能够投入如此多的资本，也不是投入巨资就有收获的。有人说不少优秀学生的学习状态是天资＋自身努力＋重点中学＋课外补课，但事实上，天资和自身努力是关键。孩子的学习不是电脑输入，教育也不仅仅是传授一些明确的知识或答案，这些通过网络检索就可以获得；教育更应该是激发孩子好奇心，鼓励其探究体验，赋能其思考表达，培养孩子从失败中学习，成为主动的学习者。在此前提下,投资教育,提供孩子更好的教育环境,将更大程度地激发孩子的潜能。但当孩子的学习热情并未被激发,课外补习反而容易导致逆反心理。

教育对孩子来说,真的是一种投资。2021年诺贝尔经济学奖获得者计算出了普遍规律,即每多上一年学,对一个人日后的收入水平有着正向影响,而这一影响不是任何其他因素造成,而是教育带来的回报[47]。两位教授从大数据分析获得,对个体的实际影响仍要看多方因素。教育投资,不是家长期待的高学历、好工作、优渥的经济产出,因为这不是百分百能获得的结果。接受教育,学会学习,对孩子个体的未来发展将百利而无一害。会学习(广义)的孩子,他能跟得上发展的趋势,敏锐地感知外部世界的信息变化;他也会自己去钻研喜欢的事物,在平凡的生活中找到自己的快乐。教育也能够带给个体清晰的自我认知、变通的能力以应对困境、调整心态,学会适应新环境。国内有"英语最好的摩的司机",名校硕士毕业,在培训行业失业后当摩的司机[48];国外有阿富汗前部长在德国送外卖[49]。他们认为靠自己的劳动并不丢人,对他们来说,这只是人生中的阶段性过程,最终他们仍将选择他们认为更适合自己的工作来继续生活。

未来需要的人才,必备的能力是终身学习。信息科技发展迅速,学校内的学习只是帮助孩子掌握最基本的知识,学会思考、学会学习才是最重要的。很可惜,仍有不少家长对教育有着狭隘的认识,读书的目的就是考大学。"如果孩子是读书的料,我们会努力供他学习。如果不是,还不如早点打工赚钱。"不少学生在义务教育后,考大学无望,就放弃读书外出打工;也有学生在考上职业技术学校之后,感觉读出来文凭无用,也就辍学不读了。走上工作的道路,每日做着繁重的工作,他们更缺少学习的动力;之后结婚生子,把读书改变命运的希望寄托在下一代身上。这样的家长并不少见,他们忙于应付生活中的种种,早已放弃了学习和改变。他们不会想到,接受教育能帮助个体开阔思路和眼界,知道得越多,也会对自己未来该如何生存与发展形成思考与计划;抑或了解世界和社会的变化,接受各种信息来充实自己的认知世界,不被社会淘汰,避免成为孩子眼中"没有共同语言"的家长。

合理的教育投资才是明智的选择。在高风险考试为主导的国家中,家庭会选择更多投资教育以获得或维持较高的竞争优势。研究和现实生活中发现,社会经济地位较高的家庭反而会更多为孩子的课外补习买单。现在我们的家长很舍得给孩子花钱。在"双减"政策出台之前,家长们花钱送孩子上课外辅导班成为大部分家庭的标配,不舍得给孩子报辅导班反而成为另类。利用双休日、假期充电,因为自己无法辅导,花钱请人辅导。但学习是一个主动的吸收过程,报班多、花钱多,不一定能够得到相应的回报。教育的成功不在于花最多的钱,而取决于如何花钱。投资教育,不一定就是投资到各类辅导班中。根据孩子的兴趣和能力,舍得给孩子买书,让孩子爱上阅读;对孩子特别感兴趣的内容,即便不是学科类的学习,也愿意投入金钱和时间去帮助孩子继续发展其兴趣;在假期等时间,挤出时间带孩子外出拓宽视野,走更远的地方,见识更多的文化……

在任何时候,不要轻易让孩子放弃接受教育。如果孩子不喜欢读书,分析问题的根源。基础弱的问题,帮他补足能力;教育方式方法的问题,选择更合适的老师启发引导;实在厌恶学习,选择他感兴趣的领域,投资去学习一门技术或本领。

教育不应仅限于学校,学习不应仅限于应试的内容,教育投资也不应仅限于上补习班或学区房。接受教育的目的也不仅仅限于学历文凭,而是要学会思考、学会学习、学会自我成长。

五、不容忽视的来自家庭的伤害

儿童教育家陈鹤琴曾在《家庭教育与父母教育》一书中,梳理了我国家长最常犯的错误。其一,把儿童当成一个小人,认为孩子小不懂事,所以很多家庭决策、重要事情甚至涉及儿童自身的事项等都不与儿童沟通,以儿童责任人的姿态做出抉择;其二把儿童看作父母的财产,这一点在离婚案件中争夺子女直接抚养权时尤为明显;其三就是认为家长总是对的,家长懂的比儿童多,而儿童则容易犯错。这些习惯性的思维主要来自对儿童权益的漠视,并未把儿童真正看作独立的个体来对待。

1. 家庭忽视导致的儿童伤害事件

儿童伤害是全球重要的公共卫生问题,在我国也不例外。2009年联合国儿童基金会和《中国妇女报》报道了我国儿童意外伤害已成为1—14岁儿童的第一位死因,其中,溺水、交通事故是我国儿童意外伤亡的两大原因,每年有超过1.85万名14岁以下儿童死于道路交通事故,儿童因交通事故的死亡率是欧洲的2.5倍,美国的2.6倍[50]。2018年全国伤害监测系统(NISS)以医院门急诊数据开展分析,发现儿童意外伤害发生地点主要为家中(65.70%)、公共居住场所(13.06%)以及公路/街道(10.94%)[51]。《2022中国青少年防溺水大数据报告》指出,我国0—17岁儿童因为溺水死亡的比例占据首位,高达33%,0—14岁溺水事故的比例超过40%。每年暑假期间,溺水伤害报道层出不穷,反映了家长及社会防范意识的不足,防溺水教育的宣传教育不够到位[52]。

家长是儿童安全和儿童保护的第一责任人,应当担负起教育儿童学会自我保护、掌握安全知识和技能的责任,但我国的意外伤害数据及调查研究显示,我国儿童的安全自护教育相对缺乏,易发地主要在家庭环境中,同时部分家长的保护责任意识、遵纪守规的榜样意识淡薄也是重要原因之一。

2. 家庭教育导致的儿童身心健康问题

家庭教育目标价值取向单一,教育"高期望"。受儒家文化熏陶与现代家庭教育理念影响,家长普遍重视儿童的学业教育。重智育、轻德育,重应试、轻生活的倾向一直存在。我国基础教育的成效走在世界的前列,有着中国的成功经验;但不得不承认,我们的儿童面临着较高的学业压力。我国学生PISA成绩名列前茅,但学生中厌学的比例在上升,儿童的心理问题也不容忽视。

"双减"政策的出台层次之高、力度之大、影响范围之广是我国教育改革政策前所未有的,希冀通过政策改革,能给内卷的儿童教育降温,能够让错位的家庭教育恢复其本质,希望家长能够确立正确的家庭教育目的观,重新审视家庭中的亲子关系与父母角色定位。

不可否认,"双减"政策带来了新气象,但在短期内很难减缓家庭教育的焦虑与压力。家长看重学业成绩、繁重的学业压力、升学的竞争压力、后疫情时代的社会发展和生活压力等,都给到家庭成员,尤其是儿童不同程度的紧张、焦虑和心理压力。调查数据表明,我国城镇居民中,73.6%的人处于心理亚健康状态,16.1%的人存在不同程度心理问题[53]。《2009年和2020年青少年心理健康状况的年际演变》比较数据显示,2020年青少年抑郁检出率为24.6%。随着年级增长,抑郁检出率呈现上升趋势。小学阶段抑郁检出率为一成左右,其中重度抑郁检出率约为1.9%—3.3%;初中阶段抑郁检出率约为三成,重度抑郁检出率为7.6%—8.6%;高中阶段抑郁检出率接近四成,其中重度抑郁检出率为10.9%—12.5%。抑郁检出率与十余年前相比保持平稳。《全国中小学生心理发展报告》(2019)显示,约四成中小学生存在心理适应不良,中小心理症状影响最大的是抑郁倾向和强迫倾向。《中国青年发展报告》显示,中国17岁以下儿童青少年中,有约3 000万人受到各种情绪和行为问题的困扰,儿童青少年抑郁症状的发生率上升到26.3%,非自杀性自伤、自杀行为在青少年中屡见不鲜[54]。根据上海市精神卫生中心统计数据显示,该院儿少精神科门诊量2006年在2.6万余人,2020年达到了5万余人[55]。在心身问题上影响最大的是睡眠不足问题[56],且该问题日趋严重:95.5%的小学生睡眠不足10小时,90.8%的初中生睡眠不足9小时,84.1%的高中生睡眠不足8小时。即便进入大学后,情绪健康问题、睡眠问题仍会持续影响到个体的生活[57]。

3. 家庭教育文化理念的冲突

除了心理健康问题,数字时代带给儿童及其家庭除现实生活、内心世界之外的第三个空间领域中的挑战与冲突。未成年人网络成瘾、手机使用问题等成为当代家庭教育中的新困局。有研究证实,家庭关系质量是导致青少年手机成瘾的重要因素,如父母冲突、亲子关系不佳、家庭陪伴缺少等。消极的家庭关系会让未成年人更倾向于在数字世界中消磨时光,并试图逃避现实,在虚拟世界中寻找情感的寄托。很多时候,家长并未意识到这些问题,而更多将矛头指向手机或儿童自身的控制力[58]。

权利视角下儿童地位的转变改变了传统的亲子关系。与传统文化中"幼吾幼"、儿童是弱小的等视角不同,在儿童心理学、社会学等学科发展中,儿童观发生了转变,儿童不再仅仅是被保护的弱者,而被视为有能力的人,是其社会、文化等的主动建构者,具有与成人相近的权利。从而,亲子互动关系从原有不对等逐渐转向更为平等的地位,家长的权威得到了挑战,甚至是挑衅。当家长对儿童的观念仍停留于传统教育观中,很容易导致育儿冲突,有时甚至出现违法侵权行为。

社会转型期,我国家庭教育遭遇诸多问题,存在诸多挑战,究其原因是多方面的。传统与现代的家庭教育文化理念存在对立冲突,尚未统一融合。我国传统家庭教育中比较强调顺从,而现代教育理念中强调独立自主;传统文化中偏向长远利益与全局利益,但现代更倾向自我的价值追求;传统家庭关系中强调血缘责任,而现在追求权责对等。家长在传统与现代理念中摇摆时,儿童已经在信息化、全球化的文化交流中接受了更多元的理念。传统与现代、情感与理性、权利与责任等交织在一起,家庭成员间统一的价值取向与信仰尚未形成。

六、"双减"政策下,家庭教育的回归

"减负"政策自改革开放以来,一直贯穿在我国的教育领域中,但实施的效果并不理想,给到家长的感觉是"越减越负"。培训机构"高烧"不减,是因为考试的评价机制不变,考试人数不减,考试难度反增;对家庭和孩子来说,是否能够考上好学校的竞争压力也没有减,因此选择培训机构补足学校教育的"减负"成为绝大部分家庭的选择。

2017年中国教育财政家庭调查显示,2016年下学期和2017年上学期,全国学前和基础教育阶段家庭教育支出总体规模约19 042.6亿,总量上相当于财政性教育经费的60%。在不同年龄段,学生家庭均在教育上积极投入,希望能够得到更多教育机会和教育资源。其中,81.3%—87.3%的教育支出为课外培训类支出,即家庭很大一部分教育支出都是花在校外教育上面。这样的支持是家庭"愿意"但又"无奈"的选择,因为对低收入家庭来说,校外教育支出是一笔不小的投入。若按照家庭消费水平从低到高分组,最低组的家庭,教育消费支出负担率从幼儿园时期的16.6%增至高中时期的42.1%,而高家庭消费水平的家庭,其教育消费支出负担率从幼儿园时期的8.8%增至高中的22.1%[59]。两者间的差距说明了教育投入对家庭经济状况的影响程度,同时也能预见,校外教育无限扩张可能会加剧教育的不公平,加重家庭负担,尤其是低收入家庭的负担。

习近平主席希望学生"既要把学习搞得好好的,又把身体搞得棒棒的。",他在2018年全国教育大会上说:"要深化教育体制改革,健全立德树人落实机制,扭转不科学的教育评价导向,坚决克服唯分数、唯升学、唯文凭、唯论文、唯帽子的顽瘴痼疾,从根本上解决教育评价指挥棒问题。"

2021年7月,减轻义务教育阶段学生过重作业负担和校外培训负担政策(简称"双减"政策)正式出台落地,并对名盛一时的辅导机构进行全面整顿,制定了严格的"三限""三严""三管""三提",以真正实现减少学业负担的效果。同时应儿童家庭的需求,在全国学校系统内推行利用课后时间提供丰富多彩的服务内容,并根据学校实际情况提供晚托服务以解决"三点半"的接送问题。应该说,此次"双减"政策是我国政府对校外培训机构受资本化影响后,回应了社会家庭关切,切实思考并实现教育着眼儿童的身心健康发展,让教育回归育人本位,让儿童感受学习的快乐,减轻家长负担,缓解家庭的焦虑情绪,为教育

的可持续发展奠定良好的基础。

"双减"政策出台之后,却是几家欢喜几家愁。原本被课外补习潮流裹挟的家长们感受到了解脱,原本持反对态度但又经不住攀比的家长总算可以让自己理直气壮地贯彻减压策略。但对课外补习持积极推崇的家长就无法开心起来。辅导机构纷纷应声倒下,想找家教都无法找到。对已经适应补习班的学生和家长来说,一下子无法适应。对于坚信辅导班可以给孩子增加获胜概率的家长来说,"双减"或许能让天赋型学生脱颖而出,自己的孩子就会被超越,教育的焦虑感不降反升。双休日不用赶着去上各种学科辅导班了,周一到周五晚上的补习也有时间限制了,原本被挤占满满的生活中,突然多出了不少的空白时间,家长们又开始头疼,如何既能保持或增加孩子未来的竞争力,又能跟孩子共度这么多家庭时间呢?

改革开放以来,我国在家庭教育阶段性研究、中西方家庭教育文化碰撞、家庭教育指导工作的推动等领域做了众多努力,也取得了不小的进展。但家庭教育问题仍未形成深入人心的本土理论,也未给出系统化的解决之道。

习近平总书记指出:"要注重家庭、注重家教、注重家风,认真研究家庭领域出现的新情况新问题,把推进家庭工作作为一项长期任务抓实抓牢。"[60]当家庭问题成为社会问题,治家就需要放在社会治理的重要位置。家庭向何处去?从社会建设层面、宏观层面来说,家庭建设需要从体制机制、文化建设、家国同构、道德传承等多路径巩固家庭、变革家庭;需要解决好国际化发展、中国传统传承、贫富差距下的共同发展问题[61]。从家庭微观层面,个体需要处理好个人利益与家庭利益、妇女发展与家庭建设、家庭前途与国家命运的关系问题。而对家有儿女的家庭来说,家庭建设的重点则在家庭教育。

第四节 理论基础与研究方法

一、理论基础

(一)东西方传统文化与理念的交融影响

Educate 来自拉丁语 educare 的过去式 educatus,educare 意思是养育、抚养、训练、塑造或滋养;英文中,rear(养育)更多指的是身体照料或支持,而 educare 则更多指思想等方面的教育塑造。

而在中文中,"教育"两字是会意字,"教"字从攴(pū)从孝,"攴"的篆体字形是用手持杖或执鞭。"育"字在甲骨文字形里像妇女生孩子,上为"母"字及头上的装饰,下为倒着的"子"字。造字之初便说明了教育是一种具有强制或引导性的,使得人们符合社会规范的过程。

相较于学校教育以智育为目标的教育行为不同,家庭教育更接近于中西文化中"教育"的原意,即引导并促进个体发展和社会发展之功能。家长是家庭教育的主体,在提供物质和教育条件的基础上,更需要发挥以身作则的榜样作用,从思想、精神以及心理层面对儿童加以引导培育。

孔子在我国的传统文化中被奉为"至圣",其许多教育理念影响至今。孔子在教育方法上提出了"因材施教""有教无类",主张知行合一、学以致用和实事求是等。儒家思想虽有不同派别,但都一致同意教育的目的是帮助个体明德、协助个体自我提升并推广到治理天下的方法。因其政治理念强调社会秩序、德治与礼治等而为统治阶级所推崇,儒家讲学之地有书院、私塾、经筵讲座等,将儒家的经典书籍、重要思想等面向社会大众进行讲学,即在教学方式上更偏向大班授课。但孔子也注意因材施教,根据学生的资质与个性等进行恰当地教导,"不愤不启,不悱不发。举一隅不以三隅反则不复也。"因此,我国传统的教育理念中,相对于"学",教育方式上会更强调"教"。

与东方文化不同,西方的思想更受到苏格拉底、柏拉图等的哲学思想和教育思想的影响。尤其是苏格拉底教学法或诘问法。苏格拉底式提问关注自我导向、有结构的问题,以引导个体追求真理和意义。苏格拉底式教育家倾听学生的观点,并考虑替代观点,引导学生筛选信息,形成与先前知识的联系,以一种深思熟虑的方式将信息转化为新知识。受其影响,柏拉图主张透过教育的过程,培养孩子的知识和能力,观察并依照其能力使之接受最多的教育。卢梭在《爱弥儿》一书中,认为人有与生俱来的学习能力,教育的过程应该以孩子为中心,从旁协助他对世界的主动探索,而不是由成人来主导一切。

相对而言,东方儒家的教育中更强调师道,采用"教"的方式,相对消极地等待"来学",认为"只闻来学,未闻往教"。苏格拉底则主动采取诘问等方式让对方愿意学习和被教。当教师在教学中使用苏格拉底式提问,目的是探究学生的思维,确定学生在某个特定主题、问题的知识程度,给学生营造了创造思辨和质疑的环境,强调在学习中提问的重要性。孔子的教育方法中也有启发式的"扣竭法",与苏格拉底的"产婆术"可以相应,即要求求学者从不同角度发问,从而获得全面辩证的思考进而悟得答案。但东方文化中总体发展更强调社会秩序、尊卑有别。

随着东西方文化的交流与互动,教育方式上的差异逐渐被相互理解和融合。但因东西方文化和理念的差异,我们在学校的教学方式上仍略有不同,而这也影响着我们的家庭教育。

(二) 儿童观的变迁

东西方对儿童的基本看法,都经历了一个逐步被发现的过程,从远古时代的"成人本位"发展到后期的"国家本位",直至近现代的"儿童本位",儿童与成人、儿童与家庭之间的关系也逐渐从从属性向平等互动转变。儿童观的嬗变也从思想道德、教育理念、文化哲学等方面发展演变,直至目前确立了社会法律层面的儿童观。

表 1-4-1　　　　　　　东西方儿童观的变化对比

		西方		东方
古代	远古时代	儿童是氏族或父母的公共财产,可以任意处置	先秦	贤哲有对童蒙主动性极其生动且尊重的论述;(后有儿童主动性与儿童本身被遮蔽的现象)儿童可受教可塑的儿童观流传下来
	公元前5—6世纪(古希腊/罗马)	儿童是父母的私有财产,生杀予夺之权悉操于父亲之手亚里士多德、柏拉图等关注到童年期的重要性;柏拉图称"城邦的儿童"		儒学兴盛,孝悌忠信、礼义廉耻的礼仪秩序逐步建立起来,儿童天性被遮蔽
	公元5世纪后期—15世纪	"原罪说"和"预成论",儿童生来本性倾向邪恶,故须严加管束;儿童与成人仅有尺寸大小、知识多寡的区别,像对待成人一样对待儿童	西汉	"三纲五常说"和"正义明道论"以来,"长者强权、老者为尊,幼者遵从、少者孝敬"的人伦关系准则就在中国社会中占据主流地位
	14—16世纪(文艺复兴及宗教改革)	人文主义,儿童是自由而具有发展可能性的存在;但人们"并未把儿童本身看作是有个性价值的存在"也未否定儿童对于双亲的绝对服从关系	明朝	心学大家王阳明肯定"童子之情",视之为教育教化的内在依据。教育目的是"致良知,明人伦"

续表

		西 方		东 方
近现代	17—18世纪（启蒙运动）	约翰·洛克(John Locke)认为儿童出生时的思想是一块"白板" 让-雅克·卢梭(Jean-Jaques Rousseau)以儿童为本位的"哥白尼式的革命"		
	19世纪	"教育心理学化"运动 "虽然欧洲关于'人'的真理的发展较早，但女人与小儿的发现却迟至19世纪才有萌芽。"	晚清民国	卢梭、福禄贝尔、杜威等人的儿童教育思想影响到中国，鲁迅、"活教育"创始人陈鹤琴等，吸纳了近代西方的新儿童观，又与先秦儿童观之本源相辉映
现代	20世纪上半叶	"儿童中心主义"，杜威创立了现代教育理论；同时期还涌现了蒙台梭利、德可乐利、罗素等教育家；进步主义教育运动将儿童放在教育的中心	新文化运动	陶行知主张成人不要小看儿童
	20世纪下半叶	新传统教育派认为儿童是不成熟的人，"必须加强对其严格训练"，应把教师而不是儿童放在教育宇宙的中心 皮亚杰、弗洛伊德、斯金纳、马斯洛为代表的心理学家影响了现代儿童观的走向	新中国成立	基于革命现实需要和国家未来发展之期望的历史时期"国家本位"的儿童观
	1989年11月20日	联合国《儿童权利公约》通过，现代儿童观	1992年4月2日	《儿童权利公约》在中国生效

随着儿童观的历史演变，家庭内儿童的角色地位也有发展：远古时代儿童被视为父亲的私产，可以自由决定甚至有生杀大权；之后，儿童成为被驯服的对象，儿童与妇女在家庭中处于从属地位，为了更好地驯化儿童可以施以体罚；17—18世纪后，儿童被视为家庭的负担，不少儿童很早就参与劳动，作为学徒来减轻家庭的负担；近现代，儿童被视为能动的社会主体。从此，儿童成为家庭中独立的一分子，确认了儿童在家庭中和社会中的优先地位[62]。

(三) 儿童社会性发展的心理学观

发展心理学中,对儿童社会性和社会化发展的研究受到重视,相关理论也影响到了成人社会对儿童的看法与态度。如埃里克森的社会心理发展理论,侧重于社会经验在塑造儿童心理成长方面的重要性;皮亚杰的认知发展理论则提出了儿童在积极地构建他们对世界的知识和理解;班杜拉的社会学习理论考虑到社会体验对儿童学习和成长的强大影响,他将个人定义为自我组织、主动、有自我反思和自我调节能力,确定了人类行为、环境因素与个人因素(如认知、情感等)之间的联系[63]。

其中影响深远的还有布朗芬布伦纳(Urie Bronfenbrenner)的人类发展生态学理论,他把人类发展置于一个嵌套的系统中展开阐述,涉及文化、社会、经济和政治因素。生态系统理论提出四种类型的嵌套环境系统,在系统内部和系统之间具有双向影响。这四个系统分别是微观系统、中层系统、外层系统和

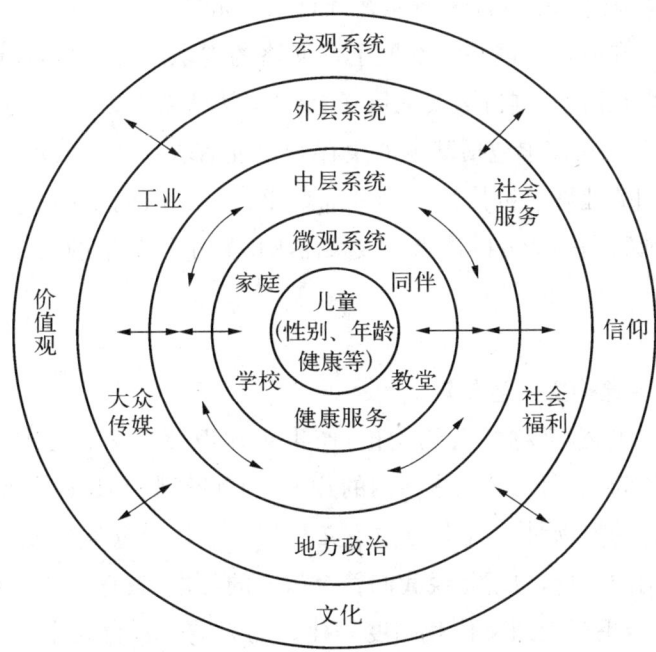

图 1-4-1　生态系统理论的第二次修订

注：图片来自 VÉLEZ-AGOSTO N M, SOTO-CRESPO J G, VIZCARRONDO-OPPENHEIMER, et al. Bronfenbrenner's bioecological theory revision: moving culture from the macro into the micro[J]. Perspectives on psychological science, 2017, 12(5).

宏观系统。每个系统都包含可以有力塑造个体发展的角色、规范和规则。微观系统是我们生活中的直接环境，例如我们的家庭和学校。中层系统包括儿童微观系统之间的相互作用，例如儿童父母与老师之间的相互作用，学校同龄人与兄弟姐妹之间的相互作用。外层系统包含了其他正式和非正式的社会结构。而宏观系统是指社会的文化价值、习俗和规律。在1999年，他又增加了时间系统。基于这一理论，人们第一次关注到儿童发展与儿童政策之间的相互影响。至此，从家庭到经济和政治结构已被视为从童年到成年的生命历程的一部分[64]。

（四）人本主义需要理论

马斯洛在人类动机理论中提出了需求层次理论，以反映人们以社会普遍需求为基础，进而发展至后天的情感需求等。20世纪70年代，在马斯洛需求层次理论的基础上，克雷顿·奥尔德弗（Clayton Alderfer）提出了ERG理论（存在、相关性和成长），进一步发展了马斯洛的需求层次，包括提供人类基本物质需要的存在需求、维持重要人际关系的相关性需求以及关注个人发展的成长需要[65]。存在需求包括基本的生存和生理需求，如空气、水、衣、安全、亲密感情等。相关性需求包括社会和外部尊重，与家人、朋友和其他人的关系，被视为群体或家庭一部分的需求。成长需求解释了马斯洛的内在自尊和自我实现的需求。

（五）社会建构主义童年观

社会建构主义，又称社会建构论，产生于知识社会学和心理学等多个领域。该理论认为包括科技、技术在内的几乎所有的事物都是社会实践、社会制度和社会文化的产物[66]。社会建构主义童年观即认为童年、儿童的观念亦是一种社会建构的产物，也就是说我们养育孩子的习惯、教育理念、亲子关系、传统家庭伦理等，更多受到文化和制度等建构的影响。融合儿童社会性发展的心理学以及人权理论等的理念，社会建构主义童年观的核心概念是："儿童作为社会的能动成员，完全能够通过积极参与社会活动获得成长，并对社会的发展作出自己的贡献[67]"，进而儿童可以通过自己的行动颠覆传统的成人与儿童的关系框架。

二、研究方法

本书所介绍的系列研究主要采用理论与文献研究、问卷调查、Delphi 法和案例研究相结合的方法。

（一）理论研究与文献研究

理论研究是指对社会现象、社会生活的内在联系及规律的研究。研究者采用理论研究的方法，对儿童权利、儿童友好、家庭建设等问题进行理论分析，同时采用文献研究法梳理研究的发展趋势与核心重点。相关研究发展趋势及研究重点等主要采用 CiteSpace，这是美国雷德塞尔大学（Drexel University）的陈超美教授开发的应用程序，主要基于"共现聚类"思想，对相关研究领域文献的信息单元进行提取，通过信息单元间的联系类型和强度进行重构，分析研究发展趋势及阶段性研究重点等。在 CiteSpace 文献综述的基础上，重点分析"儿童友好""家庭建设"的研究现状，从而为建构儿童友好型家庭指标体系提供理论依据与支撑。

（二）问卷调查法

问卷法是社会调查中较为广泛使用的一种方法，研究者通过研究目标设计研究问题，从而搜集可靠的资料。"儿童友好"理念基于儿童权利的实现，其中最为核心的是儿童参与权的体现。针对儿童及其家庭的研究有着漫长的历史，一般将儿童及其家庭作为研究对象加以调查与分析，众多调查研究也是基于成人视角、家长视角来呈现儿童家庭教育问题与现状，而忽略了儿童独特的视角和经验。"儿童友好"既是儿童成长环境需要提供儿童友好的氛围，也应体现儿童主观的态度与认知。因此儿童参与研究是儿童权利、儿童友好等研究领域中较为重视的方法。研究者在了解调查儿童及其家庭研究内容的过程中，邀请儿童加入课题问卷设计，将儿童作为课题合作者，增加独一无二的儿童视角。

（三）德尔菲法

德尔菲法（Delphi method）是一种结构化的决策支持技术，通过多位相关领域专家独立的反复的主观判断，就信息梳理、整理、分析的方法获得相对客观的信息、意见和见解。德尔菲法通过匿名方式对选定专家组进行多轮意见征询,每一轮征询后对专家各自给到的意见进行整理并反馈,供专家们进一步分析判断并提出新的论证意见。反复多次后,意见会趋于一致,从而获得比较一致可信的方案。本方法的优势是被征询意见的专家之间背靠背发表意见,不发生横向联系,减少相互干扰。为确保儿童友好型家庭指标体系建构的专业性与科学性,核心研究主要采用德尔菲法。

(四)案例研究

为更深入地了解和明晰儿童家庭对"儿童友好"的界定与看法,本研究分别采用团体访谈和个案访谈,以半结构型方式收集相关信息,了解儿童对"儿童友好型家庭"更深层的需求,了解家庭建设中亲子双方的关切。

第五节 研究现状述评

一、儿童权利研究的现状

1. 西方儿童权利研究的发展

联合国《儿童权利公约》推出后,引发了一场保护儿童的全球运动,儿童权利理念的范式实践延伸至与儿童学习、生活等密切相关的所有领域,不同领域都有深入的探讨实践,例如医疗领域中关于急症照料环境中儿童权利的体现[68],儿科临床环境中如何支持儿童权利[69],教育领域中培养儿童的知识和权利意识[70]以及教师对儿童权利的实践矛盾[71],对移民或流动群体中儿童的权利实现的研究[72]等。因研究内容甚广,在此不赘述。本研究仅重点关注《儿童权利公约》、儿童主体以及儿童权利在家庭内实践三个主题的研究现状。

《儿童权利公约》是本研究的重要基点和依据。对《儿童权利公约》相关主题的学术研究主要针对三个主题,一是儿童自治权和参与权作为儿童权利实践的新规范和政策要点,《儿童权利公约》因而被认为是一个变革性的工具指导政策。二是研究着重探讨儿童权利与父母权利的关系。随着儿童在社会中地位的变化,家庭内部也发生了变化,孩子获得自主的权利,而父母有义务履行和保障儿童权利的实现。在儿童权利与父母权利的争论中,社会逐渐达成共识,即"儿童应受到与成人同样的道德考虑,他们需要有别于成人的对待,儿童的父母应当拥有有限的权威来指导他们的成长。[73]"三是儿童权利在全球实践推进的发展趋势。儿童权利学术研究的独特思维辩论变成了一种话语体系,不再讨论儿童权利的含义,更多集中讨论《儿童权利公约》条款与儿童权利实践之间的分歧[74]。

儿童是本研究的对象也是研究主体。费尔霍尔(Fairhall)等人荟萃分析了调查儿童对权利看法的研究,主要集中研究儿童的"权利意识"和"权利的平等""对权利的重视程度""权利得以实现/未实现的影响""影响儿童观念的因素"以及对自身"权利的识别和分类"等。其中,儿童对权利的识别会超出人权权利的范围,儿童会关注积极并支持关系对自身的作用,即权利中包含了情感和关系方面的需求,儿童会关注自身的感受如安全感,会提出不喜欢的东西,如被大声呵斥等;同时,儿童认为拥有一些权利同时也需要承担责任[75]。

家庭领域中的儿童权利实现是本研究的核心主题。以 Web of Science 核心合集中的儿童权利在家庭领域的研究文献为对象,以主题"Children's rights"和"Family"进行检索,时间限定为 1991 年至 2022 年 8 月,显示共有 4 083 篇。研究呈现上升趋势,尤其在 2004 年之后快速上升(见图 1-5-1)。研究文章的来源国中,美国研究者发表的论文数量最多,近 1 800 余篇,其次是英国(428 篇)、澳大利亚(321 篇)加拿大(286 篇)和中国大陆(160 篇)。根据 Web of Science 核心合集文献检索中科学类别分析,家庭领域中的儿童权利研究最多聚焦在社会工作和社会学,社会工作 721 篇、社会科学跨学科 214 篇、社会学 132 篇;其次是家庭研究 680 篇、教育研究 504 篇;再是心理学方向,心理学发展 583 篇、心理学社会 226 篇、心理学临床 122 篇和心理学多学科 119 篇。

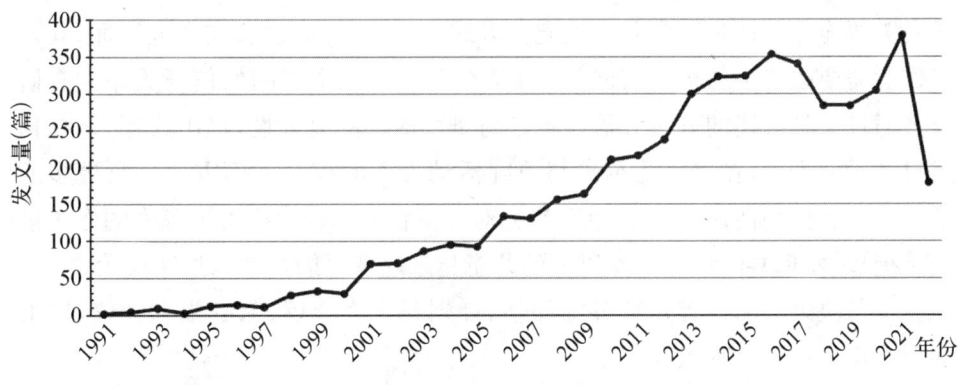

图 1-5-1 国外儿童权利与家庭领域相关主题的研究走势图

关键词词频分析可以反映出主题研究领域在一定时期内的研究前沿。国外儿童权利家庭领域研究的关键词共现分析图谱中,可发现"儿童权利"(children rights)"学业准备"(school readiness)"肥胖"(obesity)"焦虑"(anxiety)"生活质量"(quality of life)"养育"(parenting)"定性研究"(qualitative research)等是具有较高的关键词共现性,研究重点关注家庭内暴力、虐待等儿童保护方面,早期教育及学业准备方面以及与儿童的身心健康问题与生活质量等研究主题。

对比高频关键词,突变关键词的动态变化特点可以更精确地呈现不同时间段中领域内的研究热点与前沿问题。图1-5-2是排名前25位的引用突变数据,深色加粗线条为该关键词发生的时间段,图中分别列出了突变发生的起始时间、结束时间和突变强度(说明该关键词在特定时期产生的影响大小)。从突变值变化来看,"权利"(right,21.38)"经验"(experience,14.56)"儿童虐待"(child abuse,11.51)和"寄养照料"(foster care)(10.13)在相应的时间段内突变明显,引起了研究关注。从时间跨度看,受到较长时间关注的核心内容是"儿童虐待"(1997—2013),其次是"预防"(prevention)(1998—2010),再有"行为"(behavior)"调节"(adjustment)等,关注的时间在7—16年。近5年的热点研究集中在"参与"(participation)"人权"(human rights)"儿童权利"(children's rights)"决策"(decision making)等,分析相关文献发现,尽管25年来人们越来越强调儿童参与的重要性[76],但在儿童福利服务中,儿童发表意见的权利仍具有挑战性。儿童参与的作用和权利反映了大多数有关儿童的发展和人道主义努力中保护儿童的历史,值得国际、国内政策或方案拟定时加以关注和反思,因为没有儿童参与权就无法理解儿童的保护权[77]。在组织层面,组织者需要充分承认和落实儿童以充分方式发表意见的权利;在个人层面,儿童工作者需要改善沟通机会,促进自身与有需要的儿童之间的信任关系。有研究者通过文献综述的方法分析儿童参与研究活动的复杂性,提出成年人(包括父母和专业人士)在决定儿童参与研究活动方面的权利方面需要进行更多的道德反思和批判性讨论[78]。也有研究对儿童在法律程序决策过程中的作用进行了梳理,发现共同点是7岁以上的儿童越来越有可能被纳入法律决策中[79]。儿童参与决策的路径有儿童参加评估、计划或审查会议、家庭福利会议,以书面形式记录孩子的观点等[80]。

此外,预防、发展和生态导向的儿童保护、家庭福利服务成为国际趋势,支

关键词 Keywords	年份 Year	强度 Strength	起始 Begin	结束 End	1991 - 2022
child abuse（儿童虐待）	1991	11.51	1997	2013	
prevention（预防）	1991	6.19	1998	2010	
family（家庭）	1991	8.23	2000	2003	
behavior（行为）	1991	8.59	2001	2008	
adjustment（适应）	1991	7.29	2001	2008	
sexual abuse（性虐待）	1991	6.32	2001	2007	
issure（争论）	1991	7.05	2003	2008	
foster care（寄养照顾）	1991	10.13	2005	2011	
employment（就业）	1991	8.53	2006	2011	
maternal depression（母亲抑郁）	1991	6.8	2011	2015	
disaility（残疾）	1991	6.34	2013	2015	
mtaanalysis（荟萃分析）	1991	7.15	2015	2016	
qualitative research（质性研究）	1991	7.75	2016	2022	
participation（参与）	1991	9.89	2017	2022	
family centered care（家庭中心照顾）	1991	8.13	2017	2019	
human right（人权）	1991	7.85	2017	2022	
children's right（儿童权利）	1991	30.1	2018	2022	
right（权利）	1991	21.38	2018	2022	
experience（经验）	1991	14.56	2018	2022	
perspective（视角）	1991	8.07	2018	2022	
decision making（决策）	1991	7.15	2018	2022	
early childhood education（早期儿童教育）	1991	7.03	2018	2022	
child protection（儿童保护）	1991	7.72	2019	2022	
skill（技能）	1991	7.15	2019	2022	
young people（年轻人）	1991	6.19	2019	2022	

图1-5-2 1991—2022年国外儿童权利与家庭领域研究的关键词突变图

持家庭改善养育环境。世界各国在促进、保护和支持儿童早期发展的项目中发现,促进婴幼儿生命历程发展的多部门框架体系中,核心是父母、家庭或其他照料者提供的养育照顾[81]。对低收入和中等收入国家的干预研究综述发现,加强家庭养育技能、优质服务和支持政策等是积极有效的[82]。英国对有需求的儿童及其家庭设计了需求评估框架,遵循生态视角看待儿童问题的原则、以儿童为中心、保障机会平等原则、与儿童家庭协同工作的关系原则等[83]。美国则通过基于循证育儿干预项目的推广,对有关研究予以荟萃分析发现3P积极育儿计划和正向育儿干预等支持父母促进儿童权利,有益于儿童发展,可以带来积极的家庭成果[84—85]。黛博拉·达罗(Deborah Daro)在儿童虐待预防工作中提出儿童保护、家庭预防的理论观点,包括让父母更好地理解和接受父母角色的心理动力学理论,学习如何照顾自己孩子的学习理论,帮助父母获得更多更好资源的环境理论以及改善社区支持网络以补偿个人或环境等缺陷的生态理论[86]。

2. 我国儿童权利研究的现状

相较于西方的儿童权利研究，我国学界对儿童权利问题的研究仍比较薄弱。运用1992年至2022年8月中国知网（CNKI）的1030篇论文分析研究主题（主题词＝儿童＋权利，范围为核心期刊和中文社会科学引文索引期刊论文CSSCI），可以直观了解我国儿童权利研究的发展趋势。相关研究自1991年我国加入联合国《儿童权利公约》后陆续增多，前十几年研究相对较少，以介绍西方研究成果为主。在2008年和2013—2014年有两个研究小高峰（见图1-5-3）。2008年前后，我国将儿童权利保护宣传教育纳入全民普法教育内容，掀起了学习研究的高潮。第二次小高峰发生在2013—2014年，源于多件恶性儿童案件发生引发社会高度关注，"国家责任"研究热点被凸显出来。

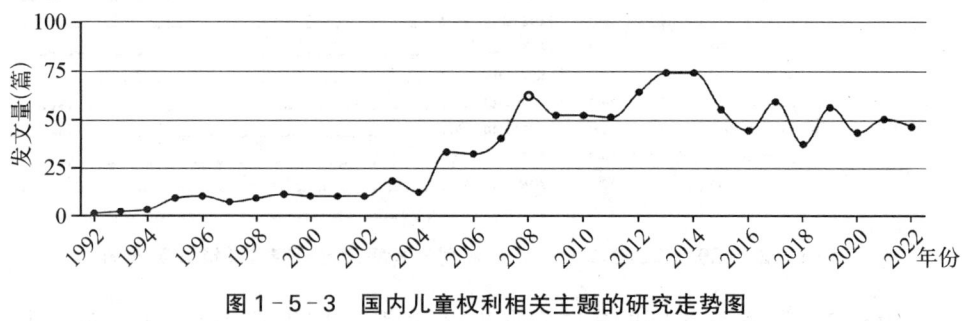

图1-5-3 国内儿童权利相关主题的研究走势图

国内儿童权利相关研究的关键词共现分析图谱（见图1-5-4）中，"儿童权利""受教育权""儿童""未成年人""教育公平"等关键词共现性较高，说明数

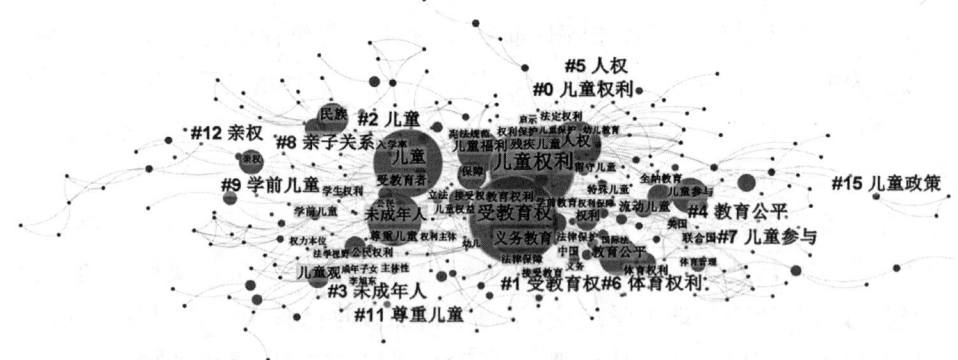

图1-5-4 1992—2022年国内儿童权利研究的关键词共现图

据检索的准确性。从关键词共现图谱分析,儿童四大权利中最受关注的是发展权中的"受教育权",其次是困境儿童群体相关的"受保护权",再是"儿童参与"的权利。在儿童权利相关的研究中,研究重点聚焦在立法层面的研究(法律保护、保障等)、儿童福利政策的探讨(对象主要包括流动儿童、残疾儿童、留守儿童等一些特殊儿童群体)之外,也特别关注儿童权利与"亲权""亲子关系"等家庭领域的研究。

图1-5-5显示,从突变关键词的动态突变值来看,"教育公平"(4.54)、"儿童福利"(4.49)、"学前教育"(3.65)在相应的时间段内突变明显,引起了研究关注。从时间跨度看,受到较长时间关注的核心内容有"保障"(2008—2015)、"儿童福利"(2012—2018)、"儿童观"(1996—2002)、"权利保障"(2017—2022)等,关注的时间在5—7年。近5年的热点研究集中在"权利保障""儿童权利""学前儿童""隐私权"等,分析相关文献发现,"儿童权利"

关键词 Keywords	年份 Year	强度 Strength	开始 Begin	结束 End	1991 - 2022
儿童观	1991	2.49	1996	2002	
教育权	1991	2.87	1999	2004	
美国	1991	2.63	2006	2008	
弱势群体	1991	2.51	2006	2007	
流动儿童	1991	3.09	2007	2009	
残疾儿童	1991	2.29	2007	2011	
立法	1991	2.1	2007	2010	
保障	1991	2.35	2008	2015	
和谐社会	1991	2.35	2008	2009	
特殊儿童	1991	2.32	2008	2011	
教育公平	1991	4.54	2009	2014	
全纳教育	1991	2.24	2009	2011	
未成年人	1991	3.49	2010	2014	
权益保护	1991	2.95	2011	2012	
儿童福利	1991	4.49	2012	2018	
人体试验	1991	2.33	2012	2013	
民族	1991	2.75	2013	2014	
国家责任	1991	2.28	2013	2014	
学前教育	1991	3.65	2015	2019	
留守儿童	1991	2.93	2016	2017	
权利保障	1991	2.52	2017	2022	
儿童权利	1991	2.88	2018	2022	
学前儿童	1991	2.38	2019	2020	
隐私权	1991	2.15	2019	2022	

图1-5-5 1992—2022年国内儿童权利研究的关键词突变图

"权利保障"等成为热点关注,主要源于国家和政府部门等对儿童友好型城市、儿童成长环境营造等的重视和关注,具体有儿童友好型司法的理念与实践[87]、儿童友好城市建设的经验启示[88]、农村留守儿童"再问题化"[89]等。

国内就家庭领域中儿童权利的研究主要聚焦在几大领域,首先是儿童权利与司法立法,介绍国际经验之余,更多关注儿童各种权利在我国立法、司法实践等中的适用性和矛盾冲突,如儿童最大利益原则下的亲权回归[90]、青少年犯罪与少年司法制度[91]等;其次是儿童保护权,涵盖了家事案件处理[92—93]、强制报告制度[94]、儿童保护政策发展[95]等;第三是弱势儿童的权利保护,包括留守[96]、受虐待[97]、困境[98]、流浪[99]、残疾[100]等;第四是儿童福利及福利制度的发展,探讨儿童福利权利的实现路径[101]、我国儿童福利观的演进[102]、社区儿童保护和服务机制建设[103]等。其他还有对不同阶段家庭内儿童权利保护的现状调查[104—105]、儿童参与[106—107]研究等。

二、我国家庭研究的发展现状与趋势

最早研究家庭教育的国家是美国,最初聚焦在学生的学业成就上。调查研究发现,学生的学业成就除了学校的教学因素之外,更早受到了家庭环境,尤其是父母的影响。因此,美国颁布了《2000年教育目标》法案和2001年《不让一个孩子掉队》,旨在增加父母在孩子健康成长中的积极参与,形成了广泛的家校合作项目。21世纪20年代,面向父母的家庭教育得到了政府、社会和学者的广泛重视。

家庭是个人最重要的社会纽带,但因长期以来,家庭作为私领域的存在,在儿童教养过程中享有高度的自主性。关注家庭对儿童发展的影响的研究众多,总结起来有如下特点:

首先,多将家庭作为影响儿童发展的影响因素,侧重于探讨各种育儿因素之间的关系或育儿因素与儿童结果之间的关系。运用1992年至2022年8月中国知网(CNKI)的5991篇论文分析研究主题(主题词=家庭+儿童,范围为核心期刊和中文社会科学引文索引期刊论文CSSCI),可以直观了解我国家庭研究的关键词共现图(见图1-5-6)。关键词词频分析来看,"家庭环境""家庭教育""影响因素""危险因素"等一直是研究的热点。家庭社会经济地位[108]、类型[109]和所处的社会阶层[110]、父母的受教育水平、教养方式、父母自身的特征及与孩子的人际互动[111]等都有可能对儿童的心理健康、社会性发展等产生影响。有研究认为家庭关系质量与个体的健康和幸福感有双向作用关系[112];另有研究探讨家庭环境系统、父母子系统对儿童心理健康的影响[113],父母情绪特征、家庭互动对儿童情绪的影响[114—115],家庭环境对青少年攻击行为[116]、抑郁情绪与自杀意念[117]等的影响,以及分析父母管教[118]、家长期望以及家庭教养方式对儿童成长的影响等。

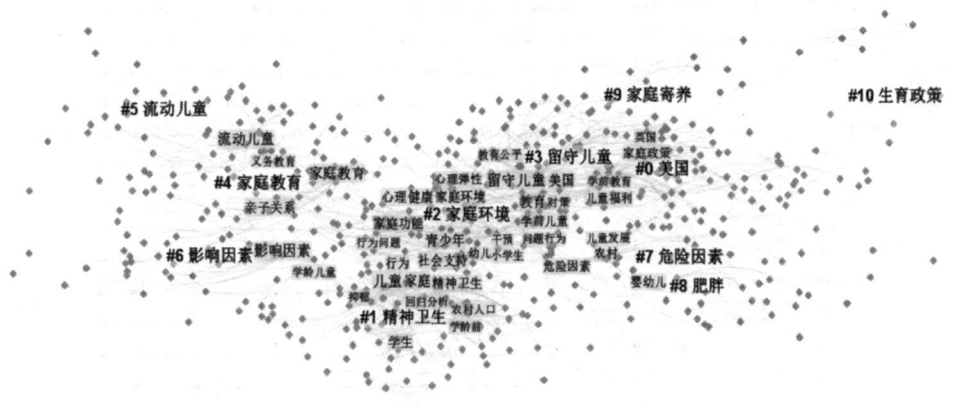

图1-5-6 1992—2022年我国家庭研究关键词共现图

其次,实践研究偏问题或风险视角,勾勒出对儿童不友好的家庭图式,对"留守儿童""流动儿童""流浪儿童""家庭寄养"等弱势群体儿童的关注度也很高。研究发现,贫困家庭中儿童经受各类压力的经历[119]、卷入父母冲突[120]、累积家庭风险[121]或者脆弱的家庭得不到社会支持等,都会对儿童的身心健康产生影响。儿童虐待的研究发现,遭受家庭暴力、各种形式虐待或处于相关逆境中,会对儿童产生不同但有害的影响[86]。

第三,从儿童视角的研究更多侧重于儿童对现有家庭环境、家庭功能、社会支持、父母、自身生活现状等的看法或态度,如研究儿童对家庭环境、父母教养方式、生活质量及生活满意度[122]等主客观评价,较少体现儿童参与家庭建设发展的研究取向。

关键词 Keywords	年份 Year	强度 Strength	开始 Begin	结束 End	1992 - 2022
教育问题	1992	5.65	2009	2012	
家庭因素	1992	5.14	2009	2013	
流浪儿童	1992	4.88	2009	2011	
对比研究	1992	7.38	2010	2013	
农村	1992	6	2010	2015	
义务教育	1992	4.71	2010	2011	
气质	1992	5.88	2011	2013	
城市	1992	4.9	2011	2014	
学生	1992	4.83	2011	2012	
行为问题	1992	7.77	2012	2014	
心理韧性	1992	4.83	2012	2016	
影响因素	1992	7.96	2013	2014	
虐待儿童	1992	5.43	2014	2015	
抗逆力	1992	4.49	2014	2016	
残疾儿童	1992	4.69	2015	2016	
生活质量	1992	4.56	2016	2018	
认知能力	1992	6.51	2017	2019	
自闭症	1992	4.62	2017	2020	
乡村振兴	1992	4.65	2018	2022	
儿童照顾	1992	4.43	2018	2022	
托育服务	1992	7.5	2019	2022	
人力资本	1992	5.36	2019	2022	
回归分析	1992	12.17	2020	2022	
社会适应	1992	7.17	2020	2022	
综述	1992	4.52	2020	2022	

图 1-5-7　1992—2022 年中国家庭研究的前沿凸显词图

参考文献

［1］郑长忠.新时代家庭工作的逻辑定位与妇联作用[J].妇女研究论丛,2019(6):10-12.

［2］习近平.决胜全面建成小康社会 夺取新时代中国特色社会主义伟大胜利——在中国共产党第十九次全国代表大会上的报告[R/OL].(2017-10-27)[2022-10-08]. http://jhsjk.people.cn/article/29613458.

［3］习近平.推动中阿两大民族复兴形成更多交汇.习近平谈治国理政.第二卷[M].北京:外文出版社,2017:464.

［4］人民网.中国供给侧结构性改革[EB/OL].(2016-02-16)[2022-10-08]. http://theory.people.com.cn/n1/2016/0216/c402459-28127992-6.html.

［5］张洺.家庭建设在国家治理中的重要作用[J].人民论坛,2017(11):60-61.

［6］习近平.推进中澳"一国两制"成功实践走稳走实走远.习近平谈治国理政.第二卷[M].北京:外文出版社,2017:426.

［7］发展改革委等.关于推进儿童友好城市建设的指导意见[EB/OL].(2021-10)[2022-

[8] 联合国儿童基金会. 构建儿童友好型城市和社区手册[R]. 纽约：联合国儿童基金会. 2019：45.
[9] 高玉春. 社会化视角下的丁克现象[J]. 中国青年研究，2021(5)：87-94.
[10] 习近平：汇聚起全面深化改革的强大正能量[R/OL]. (2013-11-28)[2022-10-08]. http://jhsjk.people.cn/article/23688498.
[11] 洪明. 论新时代我国家庭教育的基本理念[J]. 河北师范大学学报（教育科学版），2022，24(1)：94-100.
[12] 高书国. 论我国家庭教育知识体系的构建[J]. 南京师大学报（社会科学版），2022(1)：47-56.
[13] 薛国凤. "变"与"不变"：中国共产党的百年儿童观[J]. 少年儿童研究，2021(7)：5-17.
[14] 联合国. 世界人权宣言[EB/OL]. https://www.un.org/zh/udhrbook/.
[15] 关颖. 别跟孩子对着干——儿童权利视域中的家庭教育[M]. 广州：广东教育出版社，2021：31.
[16] 于光君. 和谐家庭建设研究——基于社会学的视角[M]. 武汉：武汉大学出版社，2020：26.
[17] 唐灿. 转型社会中的家庭与性别研究：理论与经验[M]. 呼和浩特：内蒙古大学出版社，2010：30-33.
[18] VAN DE KAA D J. The idea of a second demographic transition in industrialized countries[R]. Tokyo: The National Institute of Population and Social Security, 2002.
[19] 於嘉，谢宇. 中国的第二次人口转变[J]. 人口研究，2019，43(5)：3-16.
[20] 谢宇，徐蓓. 中国家庭：追求个人自由，还是以子女为中心[N]. 解放日报，2020-08-28(10).
[21] MILLER I W, RYAN C E, KEITNER G I, et al. The McMaster approach to families: theory, assessment, treatment and research[J]. Journal of family therapy, 2000, 22(2): 168-189.
[22] 吴忠观. 人口科学辞典[M]. 成都：西南财经大学出版社，1997.
[23] 于光君. 和谐家庭建设研究——基于社会学的视角[M]. 武汉：武汉大学出版社，2020：26.
[24] 黄玮琍，黄玮玲. 论学习型家庭对未成年人的教育功能[J]. 教育探索，2011(11)：32-33.
[25] 杨柳，田汉族. 学习型家庭研究综述[J]. 成人教育，2007(10)：16-17.
[26] 贝克. 风险社会[M]. 何博闻，译. 南京：译林出版社，2004：7.
[27] 杨菊华，孙超. 我国离婚率变动趋势及离婚态人群特征分析[J]. 北京行政学院学报，2021(2)：63-72.
[28] 中国司法大数据研究院. 从司法大数据看我国未成年人权益司法保护和未成年人犯罪特点及其预防[R]. 北京：中国司法大数据研究院，2018.
[29] 段岩娜. 认同、反思与游离：城市中产家庭"密集型育儿"的类型化分析[J]. 云南社会科学，2021(6)：142-148.

[30] 贝克.风险社会[M].何博闻,译.南京:译林出版社,2004:225.
[31] 孙兴杰.500多名中国留学生被拒签,美国为何"大打出手"?[N/OL].新京报,2021-07-14[2022-10-08]. https://baijiahao.baidu.com/s?id=1705249725163754410.
[32] YUNG W H. Shadow education as a form of oppression: conceptualizing experiences and reflections of secondary students in Hong Kong[J]. Asia Pacific journal of education, 2021, 41(1): 115-129.
[33] JANSEN D, ELFFERS L, JAK S. A cross-national exploration of shadow education use by high and low SES families[J/OL]. International studies in sociology of education, 2021. (2021-11). https://doi.org/10.1080/09620214.2021.1880332.
[34] KIM Y C. Shadow education and the curriculum and culture of schooling in South Korea[M]. New York: Palgrave Macmillan, 2016: 164-175.
[35] 韦森.斯密动力与布罗代尔钟罩——研究西方世界近代兴起和晚清帝国相对停滞之历史原因的一个可能的新视角[J].社会科学战线,2006(1):72-85.
[36] 郭继强."内卷化"概念新理解[J].社会学研究,2007(3):194-208,245-246.
[37] 刘世定,邱泽奇."内卷化"概念辨析[J].社会学研究,2004(5):96-110.
[38] 高水红.内卷化:学校教育过程的文化再生产[J].教育研究与实验,2020(4):13-18.
[39] 黄宗智.略论华北近数百年的小农经济与社会变迁——兼及社会经济史研究方法[J].中国社会经济史研究,1986(2):9-15.
[40] 庞守兴,李书肖.内卷化:教育的瓶颈描述.[J].高教发展与评估,2010(6):24-29.
[41] 陈坚.内卷化:农村教育研究的新视角[J].教育发展研究,2008(17):31-44.
[42] 黄宗智.论内卷化,兼论去内卷化.明清史研究辑刊[J/OL].(2021-01-31). https://www.163.com/dy/article/G1LLPSAO05438Q4K.html.
[43] 李佳丽,张民选.收入不平等、教育竞争和家庭教育投入方式选择[J].教育研究,2020,41(8):75-84.
[44] 胡咏梅,元静.学校投入与家庭投入哪个更重要?——回应由《科尔曼报告》引起的关于学校与家庭作用之争[J].华东师范大学学报:教育科学版,2021,39(1):25.
[45] 新华网.大学生的"内卷"是竞争还是内耗?如何不被"卷"?[EB/OL].(2020-11-09)[2020-11-09]. https://baijiahao.baidu.com/s?id=1682864381810329492.
[46] 联合国教科文组织国际教育发展委员会.学会生存——教育世界的今天和明天[M].华东师范大学比较教育研究所,译.北京:教育科技出版社,1996:35-37.
[47] ANGRIST J D, KEUEGER A B. Does compulsory school attendance affect schooling and earnings?[J]. The quarterly journal of economics, 1991, 106(4): 979-1014.
[48] 北青Qnews.名牌大学硕士失业后开摩的 网友:可能是英语最好的摩的师傅[EB/OL].(2021-10-10)[2022-10-08]. https://new.qq.com/omn/20211010/20211010A09AQ000.html.
[49] 北晚新视觉网.阿富汗前部长在德国送外卖,坦然接受:没啥好丢人的[EB/OL].(2021-09-01)[2022-10-08]. https://baijiahao.baidu.com/s?id=1709660524707960651.
[50] 联合国儿童基金会.保护儿童 远离伤害 意外伤害已成为1—14岁儿童的第一位死因[R/OL].(2009-02)[2022-10-08]. https://www.unicef.cn/reports/keep-children-from-injuries.

[51] 何姗,伍颖,陈欣,等.中国儿童意外伤害的研究进展及展望[J].中国妇幼保健,2022,37(8):1543-1546.

[52] 团中央权益部.快来看！人民网舆情数据中心发布《2022中国青少年防溺水大数据报告》[EB/OL].(2022-07-27)[2022-10-08].https://mp.weixin.qq.com/s?_biz=Mzg5NjA2NTY2MQ==&mid=2247805531&idx=2&sn=50b549e9b89e3d74df3ccf058c602c2c&chksm=c008a349f77f2a5ff1098b361987bf235204713fafc75476dd7dab67db78bda86fa6320bc8fb.

[53] 人民网.《中国城镇居民心理健康白皮书》正式发布[EB/OL].(2022-07-27)[2022-10-08].http://health.people.com.cn/n1/2018/0502/c14739-29960956.html.

[54] 中国儿童中心,苑立新.儿童蓝皮书:中国儿童发展报告(2021)[R].北京:社会科学文献出版社,2021:45.

[55] 澎湃新闻.上海市精神卫生中心:近一半精神健康问题在15岁前就会暴露[EB/OL].(2021-10-10)[2022-10-08].https://baijiahao.baidu.com/s?id=1713244702695841704.

[56] 2019全国中小学心理发展报告发布[EB/OL].(2019-7-22)[2022-10-08].http://www.centv.cn/p/338312.html.

[57] 皮书说.心理健康蓝皮书:中国国民心理健康发展报告(2019~2020)[EB/OL].(2021-03-03)[2022-10-08].https://www.pishu.cn/zxzx/xwdt/563830.shtml.

[58] 杨晓冬,李怡静,魏然.亲子间的手机博弈:家庭关系对青少年心理健康的影响研究[J].全球传媒学刊,2022,9(3):35-57.

[59] 魏易.2017年中国教育财政家庭调查:中国家庭教育支出现状[EB/OL].(2018-03-08)[2022-10-08].http://ciefr.pku.edu.cn/cbw/kyjb/2018/03/kyjb_5257.shtml.

[60] 习近平在同全国妇联新一届领导班子成员集体谈话时强调:坚持中国特色社会主义妇女发展道路组织动员妇女走在时代前列建功立业[N].人民日报,2018-11-03(1).

[61] 邓伟志.家庭向何处去——谈家庭建设与社会建设[J].学术界,2022(1):104-108.

[62] 王雪梅.儿童权利论:一个初步的比较研究[M].北京:社会科学文献出版社,2018:9-12.

[63] BETZ N E. Contributions of self-efficacy theory to career counseling: a personal perspective[J]. The career development quarterly, 2004, 52(4): 340-353.

[64] BRONFENBRENNER U. Environments in developmental perspective: theoretical and operational models [M]//FRIEDMAN S L, WACHS T D, eds. Measuring environment across the life span: emerging methods and concepts. American Psychological Association, 1999: 3-28.

[65] ALDERFER C P. An empirical test of a new theory of human needs[J]. Organizational behavior and human performance, 1969, 4(2): 142-175.

[66] 张杨.西方儿童权利理论及其当代价值研究[M].北京:中国社会科学院出版社,2017:25-34.

[67] 史秋琴.儿童参与公民意识[M].上海:上海文化出版社出版,2007:30.

[68] MARGARET K, JONES S, WILSON V, et al. How children's rights are constructed in family-centred care: A review of the literature[J]. Journal of child health care: for professionals working with children in the hospital and community, 2012, 16(2):

190-205.

[69] STREULI J C, MICHEL M, EFFY V. Children's rights in pediatrics[J]. European journal of pediatrics, 2010, 170(1): 9-14.

[70] QUENNERSTEDT A, MOODY Z. Educational children's rights research 1989-2019: achievements, gaps and future prospects[J]. The international journal of children's rights, 2020, 28(1): 183-208.

[71] DEVINE D, MCGILLICUDDY D. Positioning pedagogy-a matter of children's rights [J]. Oxford review of education, 2016, 42(4): 424-443.

[72] BRITTLE R, DESMET E. Thirty years of research on children's rights in the context of migration[J]. The international journal of children's rights, 2020, 28(1): 36-65.

[73] 张杨. 西方儿童权利理论及其当代价值研究[M]. 北京: 中国社会科学院出版社, 2017: 103.

[74] REYNAERT D, BIE M, VANDEVELDE S. A review of children's rights literature since the adoption of the United Nations convention on the rights of the child[J]. Childhood, 2009, 16(4): 518-534.

[75] FAIRHALL N, WOODS K. Children's views on children's rights: a systematic literature review[J]. The international journal of children's rights, 2021, 29(4): 835-871.

[76] STRØMLAND M, BAHUS M K, ANDERSEN A J W. Too vulnerable to participate? A systematic literature review of the gap between a right to participate and participation, in welfare services[J]. Journal of human rights practice, 2022, 14(1): 331-351.

[77] RUIZ-CASARES M, COLLINS T M. A child's right to participate: implications for international child protection[J]. The international journal of human rights, 2017, 21 (1): 1-33.

[78] KIILI J, MOILANEN J. Participation as a methodological and ethical issue in child protection research[J]. Journal of children's services, 2019, 14(3): 143-161.

[79] GERDTS-ANDRESEN T. A scoping review of when and how a child's view is weighted in decision-making processes in law proceedings[J]. Children and youth services review, 2021, 129: 106197.

[80] DANIELLE K, BERNADINE B, CORMAC F. Supporting children's participation in decision making: a systematic literature review exploring the effectiveness of participatory processes[J]. British journal of social work, 2018, 48(7): 1985-2002.

[81] RICHTER L M, DAELMANS B, LOMBARDI J, et al. Investing in the foundation of sustainable development: pathways to scale up for early childhood development[J]. Lancet, 2017, 389(10064): 103-118.

[82] BRITTO P R, LYE S J, PROULX K, YOUSAFZAI AK, MATTHEWS SG, ET AL. Nurturing care: promoting early childhood development[J]. Lancet, 2016, 389 (10064): 91-102.

[83] 亓迪, 张文静. 英国儿童社会工作发展概况介绍(二)[J]. 中国社会工作, 2018(31): 55-56.

[84] BURGDORF V, SZABÓ M, ABBOTT M J. The effect of mindfulness interventions for parents on parenting stress and youth psychological outcomes: a systematic review and meta-analysis[J]. Frontiers in psychology, 2019, 6(10): 1336.

[85] NOGUEIRA S, CANÁRIO A C, ABREU-LIMA I, TEIXEIRA P, CRUZ O. Group Triple P intervention effects on children and parents: a systematic review and meta-analysis[J]. International journal of environmental research and public health, 2022, 19(4): 2113.

[86] STAGNER M W, LANSING J. Progress toward a prevention perspective[J]. Future child. 2009, 19(2): 19-38.

[87] 姚建龙,刘悦. 儿童友好型司法的理念与实践——以欧盟国家为例的初步研究[J]. 中国青年社会科学,2019,38(1):125-132.

[88] 孟雪,李玲玲,付本臣. 国外儿童友好城市规划实践经验及启示[J]. 城市问题,2020(3):95-103.

[89] 罗国芬. 儿童权利视角:农村留守儿童"再问题化"[J]. 探索与争鸣,2018(1):79-83,143.

[90] 冯源. 论儿童最大利益原则的尺度——新时代背景下亲权的回归[J]. 河北法学,2014,32(6):157-165.

[91] 冯锐. 关于少年犯罪与完善少年司法制度的思考[J]. 江苏社会科学,2005(3):205-211.

[92] 刘敏. 论家事司法正义——以家事司法实体正义为视角[J]. 江苏社会科学,2021(4):139-147.

[93] 陈奇伟,邱子芮,来文彬. 论"儿童利益最大化"在家事立法与司法中之贯彻与完善[J]. 南昌大学学报(人文社会科学版),2020,51(5):83-92.

[94] 杨志超. 比较法视角下儿童保护强制报告制度特征探析[J]. 法律科学(西北政法大学学报),2017,35(1):159-168.

[95] 程志超,张涛. 农村留守儿童权益保护政策研究[J]. 东岳论丛,2016,37(2):97-102.

[96] 付玉明. 论我国留守儿童性权利的法律保护——基于十起典型案例的实证分析[J]. 法学论坛,2016,31(3):104-111.

[97] 李静,宋佳. 家庭儿童虐待中的权利冲突及其法律控制[J]. 广西社会科学,2015(12):121-126.

[98] 李洪波. 实现中的权利:困境儿童社会保障政策研究[J]. 求是学刊,2017,44(2):100-106.

[99] 关颖. 从排斥到背离——城市流浪儿童产生的家庭因素及其对养成教育的启示[J]. 当代青年研究,2008(7):37-43.

[100] 尚晓援,谢佳闻. 残疾与歧视:儿童生活史的个案研究[J]. 中国青年研究,2008(10):67-72,85.

[101] 吴鹏飞,余鹏峰. 中国儿童福利权实现的路径[J]. 青年探索,2015(4):99-105.

[102] 杜宝贵,杜雅琼. 中国儿童福利观的历史演进——基于改革开放以来的儿童福利政策框架[J]. 社会保障研究,2016(5):82-88.

[103] 贺连辉,陈涛. 我国社区儿童保护和服务机制发展新走向[J]. 中国青年社会科学,2018,37(3):111-119.

[104] 李保强,陈晓雨.中国儿童权利保护:成功经验、现实挑战与未来展望[J].教育科学研究,2020(6):5-12,34.
[105] 霍雨佳,肖凤秋,谢娟.城市家庭中儿童权利保护状况的调查研究[J].教育理论与实践,2017,37(11):24-26.
[106] 唐锋,周小虎.儿童参与:现状、成因及对策——人类发展的生物生态学模型的视角[J].教育理论与实践,2015,35(14):9-11.
[107] 张增修,卢凤,曾凡林.让儿童成为儿童问题的研究者——促进儿童参与研究的策略[J].基础教育,2017,14(5):50-60.
[108] 黄鹤,王小英.家庭社会经济地位与流动学前儿童问题行为:家庭弹性与亲子关系的链式中介[J].心理科学,2022,45(2):315-322.
[109] 吴重涵,戚务念.留守儿童家庭结构中的亲代在位[J].华东师范大学学报(教育科学版),2020,38(6):86-101.
[110] CANO T. Social class, parenting, and child development: a multidimensional approach[J]. Research in social stratification and mobility, 2022, 77(5): 100648.
[111] 边玉芳,梁丽婵,张颖.充分重视家庭对儿童心理发展的重要作用[J].北京师范大学学报(社会科学版),2016(5):46-54.
[112] GREVENSTEIN D, BLUEMKE M, SCHWEITZER J, et al. Better family relationships-higher well-being: the connection between relationship quality and health related resources[J]. Mental health and prevention, 2019, 14: 200160.
[113] 桑标,席居哲.家庭生态系统对儿童心理健康发展影响机制的研究[J].心理发展与教育,2005(1):80-86.
[114] 刘航,刘秀丽,郭莹莹.家庭环境对儿童情绪调节的影响:因素、机制与启示[J].东北师大学报(哲学社会科学版),2019(3):148-155.
[115] PETERSON G W, BUSH K. Handbook of marriage and the family[M]. New York: Springer, 2013: 275-302.
[116] 雷辉,文峥.家庭环境对青少年攻击行为的影响:父母冲突观察能力的中介作用[J].中国健康心理学杂志,2021,29(7):1096-1100.
[117] 从恩朝,蔡亦蕴,王韵,等.青少年抑郁情绪及自杀意念与父母教养方式之间的关联研究[J].中国当代儿科杂志,2021,23(9):938-943.
[118] 石丹理,韩晓燕,李美羚.青少年对父母亲职及亲子关系质量的认知:香港与上海的比较[J].社会,2006(3):143-163,214-215.
[119] Thompson R A. Stress and child development[J]. Future child, 2014, 24(1): 41-59.
[120] DAVIES P T, COE J L, MARTIN M J, et al. The developmental costs and benefits of children's involvement in interparental conflict[J]. Developmental psychology, 2015, 51(8): 1026-1047.
[121] 袁言云,王志航,孙庆,等.累积家庭风险与贫困儿童情绪问题的关系:有调节的中介模型[J].心理发展与教育,2022,38(1):100-108.
[122] 邱海棠,罗庆华,蒙华庆,等.青少年家庭满意度的理论构建及量表的初步编制[J].中国心理卫生杂志,2007(9):606-609.

第二章 家庭建设与儿童友好型家庭的源起

第一节 儿童权利观下的儿童与家庭

一、儿童成为家庭的中心

计划生育政策执行以来,我国的家庭结构逐渐小型化、核心化。等到独生子女一代成家立业,三口之家的结构成了大部分年轻人的选择。这与计划生育有关,也与优质教育观有关。独生子女一代,得到了全家的宠爱,在物质与精神生活上得到了全面的满足,大部分家庭将最好的资源用在孩子身上,这与我国重视教育的传统一脉相承。到了独生子女养育孩子时,他们对育儿的精细化、优质化以及科学化有着更高的要求。因此,他们在养育下一代身上不遗余力。

而改革开放与市场经济后,社区的集体福利、公共服务等逐渐萎缩消失。在各个方面,家庭需要依靠自己的资源和力量来应对所有的事务。就业环境对职工的要求也是全身心的、敬业的理想员工。工作与生活的界限清晰分离,很多时候无法实现两者兼顾。高质量和高期望育儿,使得孩子成了家庭的核心。而祖辈们为了子辈能投入工作,承担起了照顾第三代的职责。不管在城市中还是农村里,祖辈参与孙辈带养的比例很高。更有甚者出现带不带孙辈成为日后是否养老的条件的荒唐现象。几十年里,我们从"尊老"转向"爱幼"。但我国的家庭重心下移源于对家庭教育功利化价值取向,而并非建立于儿童权利的保护。

儿童是家庭对未来的投资。有了孩子之后,学区房、补习班、家庭活动等,小家庭乃至三个家庭都需要围着孩子的问题设定目标、提前规划。父母对儿童有着或清晰或模糊的未来期望,并以投资的角度看待儿童的发展,为儿童提前设计好蓝图,以父母认为最有益于儿童的未来规划,集家庭资源以最优化的方式来培养,但却忽视了儿童自身的需求和发展规律。同时,为了孩子,家庭愿意牺牲父母或祖辈的一些需求和利益。若全家齐心合力,相互体谅,有些问题可能会在磨合中解决或消化。但现代社会中个体主义和权利意识被大部分人接纳,不愿意一味地牺牲,想要追求自己想要的生活,这些自我的理念在接纳宽容与愤慨拒绝间摇摆。各种家庭矛盾纷争也随之而起。孩子成了家庭的中心和重心,也很容易成为家庭矛盾的中转站和爆发点。即使成人觉得矛盾纠纷与孩子无关,都是成人间的利益冲突,要求孩子不管家庭烦心事一心只读圣贤书。但现实是,家庭中的弱者往往会承受家庭冲突下的各种压力,孩子就是家庭中最弱小的那位。举例来说,父母间吵架,孩子都会想做得更好或变得更糟来缓解父母间的矛盾;当家人吵架中,处于弱势的一方不敢与强势的一方发脾气时,往往会选择将气撒在孩子身上。

在大部分家庭中,儿童成为家庭的重心,也是家庭最宝贵的财产。但受传统观念影响,父母普遍认为自己可以就儿童的事项在不经儿童知情的情况下做出决策,也期待儿童能够成为"听话"的、按照父母意愿成长的个体。同时,在家庭结构发生变化时,将儿童视为可以抢夺、谈判的筹码,在婚姻关系的处理中更多关注人身关系、财产关系的处置,而对未成年子女家庭教育中的利他、奉献、责任担当等较为忽视;协议离婚或诉讼离婚中,对子女抚育、教育和探视等事宜基本以"自治"为原则,往往成为父母双方意愿的体现和较量。在司法实践中,也会出现在儿童的抚养权做出裁判后,不承担直接抚养的一方完全在儿童生活中消失不见的现象。

儿童背负着家庭的厚望。儿童成为家庭的中心,受到了全方位的关护重视,但也承受着诸多压力。从各类家庭的访谈中,大部分儿童都享受到了前几代人不能想象的丰富物质,父母尽量满足儿童的物质需求;但因为过度重视学业与考试,很多儿童的生活重心在学习,有人形容孩子就像不停被抽打旋转的陀螺,而抽打的是父母和社会中无形的漩涡。不仅仅是孩子,包括当下的不少成年人,都会存在一种"空心"的状态,不知道自己活着是为了什么,找不到自己存在的价值感。北京大学副教授徐凯文在题为"时代空心病与焦虑经济学"的演讲中提及,30.4%—40.4%的高比例北大新生表达自身缺乏学习与生活的价值感与意义，活着只是按照别人的逻辑这样活下去而已，其中最极端的甚至会放弃自己。

二、儿童权利观下的儿童

20世纪80年代后，社会学、哲学、文学、历史发展沿革等领域出现了一批探讨什么是儿童以及不同时期的儿童观发生了怎样的演变的研究。儿童心理学中，研究者关注儿童的认知发展规律等现实性的内容；而在社会学中，儿童被认为是特殊的社会群体加以观察。但对父母来说，一般仅会考虑儿童的年龄界限而很少会去思考儿童的本质和定义到底是什么。但在教育过程中，如何理解儿童将影响到如何教育儿童。因此，在家庭教育中，父母有必要了解儿童的界定以及当前为社会所接受的儿童观。

在我国，曾出现过不少定义不同时期儿童的名词，例如幼儿、儿童(3—6岁)、青少年、少儿、未成年人等。对儿童给出明确界定并被世界各国普遍接受的是1989年联合国大会上通过的《儿童权利公约》，该公约以法律文件的形式规定了"儿童系指18岁以下的任何人"，并明确了儿童享有的多种权利。我国于1992年递交了公约的批准书并在我国生效。目前，我国经常用"未成年人"来界定儿童，以避免与曾经的儿童(3—6岁)概念混淆，但就儿童的界线界定在18岁以下，已被国家立法、社会、教育等各领域普遍接受。

《儿童权利公约》视角下的儿童观源于卢梭提出的"发现儿童"。"在万物的秩序中，人类有它的地位；在人生的秩序中，童年有它的地位；应当把成人看作成人，把孩子看作孩子。"[1]他提出把儿童看作儿童，加上自然主义教育思想，成为近现代儿童教育立场、观念和方法等的起点。从此，儿童成为独立的个体，被当作儿童自身而非成人的附属来对待，童年有着其地位和价值。1924年《儿童权利日内瓦宣言》认为人类对儿童负有最大责任，自此儿童具有相应的权利。《儿童权利公约》在此基础上，提出了几十种儿童权利，如生命权、健康权、身份权、发展权、娱乐休息权、隐私权、受保护权、受教育权、免受歧视和虐待权、自由表达权、法律援助权等。

权利视角下的儿童观与我们传统家庭教育中的儿童观有着明显的差异，表现如下：

1. 把儿童看作儿童 vs. 为了将来做准备的儿童

卢梭认为，童年在个体的人生阶段中具有它自己的地位。儿童不是成人生活和世界中的缩小版成人,童年也不只是成人的预备期,而应该具有其自身的价值。把儿童作为儿童看待,其身心发展有着其自然规律。儿童心理学、儿童教育学中强调了儿童身心发展的规律性、阶段性、不平衡性和个体差异性。在儿童的世界中,游戏、涂鸦、放空、浪费时间等都有其存在的价值。游戏更是儿童探索性学习的方式。

但是,在当前的家庭教育中,父母经常从成人的视角来看待儿童的成长,会从成人视角的最大效应原则去衡量儿童的自然成长。对儿童来说,反复的尝试、试错是自然学习的过程。在儿童尚小时,父母或许会留给儿童一些时间和空间探索。但随着年龄增长,进入学龄期,父母会出于好心或急切的心理,总期待自己的孩子能够在短时间内掌握一些知识或技能,过早地教授儿童过多的知识,或者手把手帮助练习,或者因为进度慢而责备儿童。目前,努力学习是为了更好的将来做准备,起码为了重要的高考而努力成为大多数父母教育孩子的重点。

2. 儿童是成长中的人 vs. 为儿童设定好规划

童年期,儿童的成长有着其自身发展规律。卢梭、杜威、蒙台梭利等近代哲学家、社会学家、教育家们都认为儿童成长是依据其内在的自然规律,并受到外界社会和文化的影响。儿童具有巨大的发展潜能,尤其是在童年期,儿童的发展速度和学习效率是惊人的,例如他们在幼儿期内大都熟练地掌握了母语,习得了大部分的运动技巧,学会了人际交往和察言观色等能力。

但我们父母往往忽视了儿童在童年期取得的巨大成就,而是从成人的成功标准来衡量儿童的进步,根据自己的经验来规划儿童的未来。对于大部分父母来说,能够提供给儿童的资源受限,选择的概率有限,因此往往会从效益最大化的角度对儿童进行投资。在学业面前,兴趣爱好可以排在后面;游戏时间尽可能地压缩;在教育投资上,其他休闲消费也可以暂时放弃。这是目前我们东方国家儿童教育内卷的真实写照,但这是否真的有利于儿童的成长?能否支撑儿童走好未来的人生?

3. 儿童是主动的创造者 vs. 儿童被动地接受雕琢

在古代或者中世纪,不存在我们现在所谓的"儿童"概念,那时候的孩子被视为好玩的"小东西[2]",或者是家庭的私有财产等。但是现代的儿童观认为,儿童是一个主观的能动者,他们在主动地建构自己的世界和文化。"一个婴儿有一种创造本能,一种积极的潜力,能依靠他的环境,构筑起一个精神世界。[3]"心理学家皮亚杰的儿童认知发展理论中,学习是儿童主动探索知识、构建新知识系统的有意义的过程,这也是儿童不断自我成长的过程。

作为父母,肯定期望儿童是主动的学习者。但因为各种因素,并不是所有的儿童都如父母期待的那样,成为父母期望的、主动的、热爱"学习"的个体。为了让儿童跟上大部分群体的节奏,父母会采用各种办法让儿童去学习。当前的学校教育仍然采用传统的教师中心教学,尚不能做到以学生为中心,至少无法做到差异性个别化教学,很难兼顾到所有儿童,更无法充分激发儿童的天性,发挥儿童的主观能动性。在家庭教育中,父母大都也没有这样的意识或者能力,因此,儿童成了教学知识的输入对象,长期高强度的学习压力,让儿童很难热爱学习。

三、儿童权利观下的家庭教育

从古到今,不少思想家和教育家都认为家庭教育对个体发展至关重要。19世纪,被誉为"现代初等各科教学法奠基人"的瑞士教育家斐斯泰洛齐认为家庭教育是儿童教育的第一阶段,是至关重要的基础。因为父母最了解孩子,发展儿童的个性,家庭最容易办得到。他提出了以道德教育、智力教育、体育和艺术教育、劳动教育和能力训练等为家庭教育的基本内容和主要方法,强调亲子间(尤其是母亲与孩子)的爱和信赖关系是必要条件,要求父母以身作则,用实际行动感化孩子,指出家庭教育要从摇篮开始,从小开始。《周易·蒙卦》中讲到"蒙以养正,圣功也"。明末清初理学大家孙奇逢在《孝友堂家训》也提出"端蒙之养,是家庭第一关系事。"习近平总书记也强调,"家庭是人生的第一所学校,家长是孩子的第一任老师,要给孩子讲好'人生第一课',帮助扣好人生第一粒扣子。"

儿童权利观下,强调了儿童享有生存权、全面发展权、受保护权、参与权等诸多权利,同时这些权利不应受儿童的民族、性别等有所差别,国家和社会、家庭都应以儿童利益最大化原则,共同努力为儿童营造平等参与的成长环境。我国自1992年签署《儿童权利公约》以来,一直致力于构建儿童合法权益保护的法治保障体系,并将儿童优先发展作为国家战略。2006年修订的《未成年人保护法》总则中明确:"国家保障未成年人的生存权、发展权、受保护权、参与权等权利。"《宪法》和《民法典》中强调国家对儿童有着特殊保护以确保其全面发展。《民法典·婚姻家庭编》中,将儿童优先原则、儿童利益最大化原则贯彻落实到父母婚姻存续中、收养关系、父母离婚后子女抚养权、探视权等问题上,以保护儿童合法权益和身心健康。

家庭教育中,父母如何看待儿童,看待个体的发展,将直接影响家庭教育的成效。社会在变,教育儿童的观念也在随之变化。儿童有资格拥有《世界人权宣言》《儿童权利公约》等文书中所记载的一切权利和自由。儿童是有权利的主体,作为父母,需要做的是保护儿童的权利得以实现。这与我国传统文化中拥有绝对权威的家长制有所不同。我国的父母需要学着平等对待儿童,而不是把儿童视作父母或家庭的所有物,要求儿童无条件地顺从,忽略儿童的主观感受与想法。在家庭教育中贯彻儿童利益最大化的原则,不是一切以儿童为中心、对儿童无条件地宠爱,而是充分而和谐地发展儿童个性,让儿童在良好的成长环境中,得到必要的保护和协助,尊重儿童的个性,培养儿童在社会上独立自主生活的能力。

目前,我国对儿童权利的研究与保护主要集中在对儿童权利理念与国内外儿童权利保护制度的介绍、儿童权利保护过程中的具体问题(青少年司法研究居多),且对儿童权利保护现状的研究较多集中在经济发达城市等。一项"城市家庭中儿童权利保护状况的调查研究"(上海是抽样5个城市之一)中发现,家长表示保护最好的是儿童的生存权,其次是发展权,儿童参与权位居第三,儿童受保护权最后。儿童的生存权已经普遍得到了所有家庭成员的重视,受到较高水平的保护[4]。而且越来越多的父母会去关注孩子的情绪状态,亲子关系中重视情感理解与亲子沟通,儿童权利保护向更为全面、更高层次发展。家长对儿童的保护不再局限于生理保护和心理保护,更关注对儿童隐私的保护,甚至高于前两者[5]。受教育权仍然是儿童发展权的重中之重。父母对孩子隐私权、自由权的尊重得到了儿童的认可。在社会发展权方面,上海儿童得到了家庭较好的保护,83.4%的儿童表示家人总是鼓励支持发展自己的兴趣爱好。但亲子间存在差异冲突,儿童珍视自己的兴趣爱好,但父母更注重学习。当学习与休闲娱乐有冲突时,父母往往会取消儿童的休闲娱乐权,担心儿童因为休闲娱乐而荒废学业,为此会一定限度地限制孩子上网、看电影与参加兴趣班[4]。

忽视儿童权利已经成为家庭教育走向误区的重大原因。[6]在儿童权利理念得到宣传的进程中,我们不得不承认,父母对儿童权利的尊重仍多停留在理论层面,一旦涉及具体行为,会出现言行不一的现象[4]。这也是家庭教育问题频发的主要原因。例如,诸多儿童问题和侵害儿童案件分析中发现,父母缺乏对儿童保护权、生存权的基本认识,监护人监护保护责任缺失、家庭教育方式偏差不当等,做出侵害儿童身心健康的违法行为不自知或不知悔悟。《未成年人检察工作白皮书(2014—2019)》以及司法大数据专题报告之未成年人犯罪等数据清晰地说明,未成年人司法保护及犯罪中,缺失的家庭教育及缺位的父母对未成年人的健康成长影响巨大。未成年人犯罪或受侵害案件中,家庭结构不完整的留守、离异、流动、单亲、再婚家庭的占比较高,排名前五。近些年,对农村留守儿童的侵害案件屡有发生。2016年1月1日至2017年12月31日,农村地区未成年人犯罪人数占比82.06%,流动家庭和留守儿童家庭在家庭教育上仍显不足。因抚养关系、抚育费、监护权、探视子女权等纠纷的民事案件年均增加率达10.89%,增长趋势十分明显[7]。涉未成年人权益保护民事案件持续上升,监护侵害未成年人犯罪问题呈明显上升趋势,2017年至2019年,检察机关起诉虐待犯罪、遗弃犯罪、虐待被监护/看护人犯罪分别为112人、187人、217人,呈上升趋势,且社会影响恶劣,对未成年人的伤害严重[8]。司法大数据表明,未成年人走上犯罪道路的重要因素之一是家庭监管不到位,深夜和凌晨是未成年人犯罪的高发时间,网吧、KTV、酒吧等娱乐场所是高发场所,成年人拉拢、诱迫未成年人参加黑恶组织犯罪的情况时有发生。除了侵害儿童合法权益的案例外,家庭教育内卷与教养焦虑导致父母过度专注学业成就,忽略了儿童其他领域的发展,违背教育规律和成长需求,也忽略了儿童健康成长的权益,导致了儿童心理问题的频发。

家庭教育问题原本属于家庭私领域的问题,但当家庭问题从个别走向普遍就成为社会问题,也就成为社会治理需要有效化解和改善的要点。儿童发展亦是社会、国家可持续发展的重要目标,家庭教育因对人力资本积累、国家竞争力提升等有着不可替代的作用而走进国家政策的视野[9]。2021年颁布的《家庭教育促进法》核心解决的重要问题是国家如何干预家庭教育,厘清我国教育体系中家庭教育权在中国特色社会主义教育法律体系中的地位,明确家庭教育私权利与公权力的边界与平衡,建构政府、社会、学校和家庭协同育人、错位发展的家庭教育社会支持网络[10]。《家庭教育促进法》总体上更多站在成年人的立场来明确家庭教育的责任与权利,偏向家庭教育工作推进的指导,相较于《未成年人保护法》,较少凸显儿童权利保护理念的传播与引领。但在家庭教育章节中延续了儿童权利观的原则,同时结合我国优秀传统文化传承的目标，"家庭责任"的条款中用中国特色的语言阐释了儿童的生存权、受保护权、发展权与参与权等内容。

家庭教育问题的发生，对未成年人的影响更为直接和深远。这也是为何我国在未成年人保护工作的立法中尤其强调家庭责任的落实及监督。《民法典》中明晰了父母子女之间的权利义务，强化父母责任；增设了当监护人不能履行监护职责时，由国家及时介入，用公权力来适度干预和监督以起到引导、教育、震慑、保障的作用。2021年7月，最高人民检察院、全国妇联、中国关心下一代工作委员会共同印发《关于在办理涉未成年人案件中全面开展家庭教育指导工作的意见》（下称《意见》），要求大力推动涉案未成年人家庭教育指导工作，要求强化家庭监护责任，提升家庭教育能力，切实维护未成年人权益。

四、儿童观的最大转变——儿童参与权

"儿童参与"这一说法被广泛使用，儿童参与的定义即便在《儿童权利公约》中也比较宽泛，可以用以指代儿童各种形式的社会参与，如谈话、游戏、文化活动、为家庭和社区做出贡献等。

《儿童权利公约》之前，儿童因其弱势地位而被社会视为被动对象，需要被照顾和保护，完全依赖于成人。成人普遍认为儿童由于思想和身体还在发育，需要保护他们不受社会影响；让儿童参与影响政策、决策等既不可能也没有必要。作为成年人，尤其是父母，知道什么对他们是最好的。但1989年第44届联合国大会一致通过的《儿童权利公约》中，首次对儿童的各项权利进行了全面的阐述，承认儿童参与权是一项核心权利，承认儿童的公民地位，并在实现其他权利方面发挥重要作用。至此，儿童参与成了现代儿童观、儿童教育观中的一个核心特点，这意味着儿童作为一个独立的、自主的、主观能动的个体可以参与到其生活的方方面面，而不再是传统理念中所视为的弱小的、需要被照顾和教育指导的对象。

《儿童权利公约》将儿童参与提高到一个高水平的要求，赋予儿童在立法、政策、决策中拥有相应的参与权限，并要求缔约国在儿童参与领域做出承诺，使其成为国际、国家或区域议程中的一部分。《儿童权利公约》将儿童作为独立个体看待，拥有符合其年龄及发展阶段的权利和义务。儿童和年轻人既享有与成年人同等的基本人权，又具有他们特殊需要的特定权利。儿童既不是他们父母的私有财产，也不再仅是接受慈善保障的、无助的对象。他们是自己权利的主体。但不得不承认,即使《儿童权利公约》推行已经三十余年,儿童权利的理念已经在全球推广,但对儿童参与理念的转变与贯彻尚需时间。在各利益相关方中,集中聚焦在家庭、学校和当地社区等,而其中,家庭中儿童参与的实现将直接影响到儿童在其他社会领域的参与实现,这与家庭教育环境中儿童能力的培养密切相关。父母必须平衡好父母的权利以及与儿童不断发展的能力相匹配的参与权利。

儿童参与是儿童福祉的关键组成部分,是民主社会健康、可持续发展的必要条件[11]。有些人认为,没有儿童有意义的参与,就不可能完全实现儿童权利。在《儿童权利公约》的三项权利保护(Protection)、提供(Provision)和参与(Participation)中(如图2-1-1),前两项本质上比较被动,但已被普遍接受[12];而参与权则是主动的,在儿童塑造友好环境方面起着中心作用[13]。儿童参与是儿童的基本权利之一。《儿童权利公约》是在《世界人权宣言》之后通过的针对儿童群体的世界公约,公约认为与成人一样,每一个儿童都有权就影响其自身的事项和决定发表自己的意见,并有权让这些意见在社会各阶层得到考虑。无论是在家庭、替代照料、学

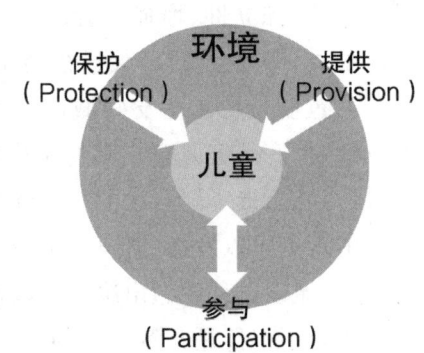

图2-1-1 儿童参与在儿童与环境中的重要作用

校或其他环境中,都应该允许儿童参与,这将有利于儿童最佳利益的实现,也有益于儿童其他权利如生命权、生存权、发展权等的实现。

儿童参与是儿童发展的需要,也是促进其成长的发展机制。儿童参与的过程体现了儿童在与环境互动过程中能力发展的过程。根据皮亚杰的儿童认知发展理论、布朗芬布伦纳的生态系统理论等,儿童的成长是其自身与环境相互作用的影响,儿童参与与儿童发展息息相关,相辅相成。多项研究表明,儿童参与与儿童主观幸福感呈正相关。Kränzl-Nagl 和 Zartler 在欧洲六国儿童参与学校和社区决策项目的调查中发现,参与的儿童对其自身重要性的认识和自尊心都有增强[14]。其他研究人员也记录了儿童参与与儿童生活各个领域增强主观幸福感之间的联系,如 Casas 等、Lloyd 和 Schubotz、González 等[11]。当给予儿童表达观点的机会并认真对待时,可以增加儿童的自尊和自信;儿童经常性地参与,可以促进其亲社会行为和实践技能,例如团队合作、问题解决、

推理判断、谈判协商等；通过参与，也有助于儿童责任感的培养，从而再次激发儿童参与未来决策的积极性等[15]，扩展抱负。这些发展优势可以保护儿童免受冒险行为对身心健康发展的长期或短期负面影响[16]。

儿童参与是一种教育或工作的方式。鼓励儿童从基本的家庭参与、朋辈社交参与开始，逐步培养儿童积极参与意识与能力的同时，也有利于成人了解儿童的需求与发展阶段，关注到成人视角中忽视的地方（例如家庭内的忽视行为），在儿童相关事务上听取儿童意见以做出符合儿童最佳利益的决策，从而实现社会的民主化进程。参与可以培养儿童公民技能和亲社会行为，并促进与成年人的积极关系。儿童处于发展形成阶段，鼓励儿童社会参与，可以培养其自主感、独立性、增强社会适应能力和复原力[17]，也有利于形成其积极的公民身份，培养社会责任，促进社会凝聚力。

儿童参与是儿童友好城市建设的核心原则之一。创建对儿童友好的城市，必须彻底了解儿童在其特定发展阶段的需要和生活。儿童的参与至关重要，因为儿童最了解自己的需要和处境。儿童友好城市创建中，应让儿童了解他们的观点可以发挥的作用，能够让儿童表达自己对儿童友好环境创设的意见，并在建设过程中做出决定或取得结果时，让儿童获得他们参与的反馈。

参与不仅仅是儿童的一项权利，也是其成长发展的基本需要。他们在互动参与中成长，学会各种知识与本领，逐渐学会成为自己生活的主人，从而实现我们教育的最终目标：培养儿童成为一个独立的社会人。

父母需要学会信任儿童并取得儿童的信任，相信儿童可以通过参与与社会融合，体验并学习信任他人，自主参与。相信儿童可以成为积极的主观能动者，可以成为家庭、社区等的贡献者。家庭教育中，父母尊重儿童权益的同时，给予保护和安全，做好护航者和领路人。

第二节 "儿童友好"的相关研究

"友好"在《辞海》中的定义为"亲近和睦""亲善、团结""朋友"。"Friendly"在牛津、柯林斯词典上的定义主要为"友好的、友爱的""善意的，和蔼可亲的"和"像朋友似的、要好的"，在韦伯词典中的定义为"有益于或服务于""不会造成伤害的""为适应用户等而设计或打算的"。可以看出，"友好"的界定总体从环境创设和主观感受两个层面来解释。

"child-friendly"一词在剑桥英语词典中的定义与"family-friendly"相似,指地方设施等受儿童喜欢的,"适合儿童的"。"儿童友好型"最多使用于"儿童友好型城市倡议"(The Child Friendly Cities Initiative,CFCI)。

一、儿童友好型城市/社区(Child-Friendly City/Community)

儿童友好型城市创建源自"国际儿童友好城市方案"的倡议。该倡议由儿童基金会和联合国人居署于1996年发起,期待各国政府及相关利益攸关方能够采取行动,使城市成为人人宜居的地方。联合国大会宣布,儿童的福祉是健康栖息地、民主社会和善政的最终指标。为此,联合国儿童友好型城市国际秘书处为创建城市设计了一套工具框架,方便建造者在统一的框架和平台上使用和交流,旨在创设儿童参与决策的机制、提供完善的儿童社会服务体系,确保儿童在安全、友好、能够满足儿童身心发展之需求的城市环境中健康成长。

什么样的城市是儿童友好的?联合国儿童基金会给出了"儿童友好型城市/社区"(UNICEF)[18]的描述性界定,在城市、城镇或社区中儿童可以:

(1) 免受剥削、暴力和虐待;
(2) 受到照顾、健康成长,有一个良好开端;
(3) 获得优质的社会服务;
(4) 获得优质、包容、可参与的教育资源,发展自身能力;
(5) 可以表达与自身相关的意见或做出决定;
(6) 参与家庭、社区、城市的社会文化生活;
(7) 生活在安全、清洁的环境中;
(8) 与朋友休闲娱乐;
(9) 不论其种族、宗教、性别或能力等,都有公平的机会。

目前全球儿童友好城市网络包括全球40多个国家的3 500多个城市和社区,近1 000个已被认定为儿童友好城市[19]。目前向联合国儿童基金会申请加入儿童友好城市倡议的中国城市是深圳。同时,上海、长沙、武汉、郑州等市也先后提出建设儿童友好城市的构想。上海的儿童友好型城市推动工作选择了自下而上的探索过程,2019年先从儿童友好社区创建工作推动,经过3年的努力,儿童友好型城市的创建工作被纳入2021年《政府工作报告》,预计到2025年实现全市儿童友好社区服务网络全覆盖。[20]

二、儿童友好型空间(Child-Friendly Spaces)

"儿童友好空间/家园"是全球儿童保护组织在救助战争、自然灾害等紧急情况下,为流离失所的、处于危机中的儿童设置的安全场所,旨在为这些儿童提供一个安全、儿童友好、能令儿童感到平静舒适的场所。

"儿童友好空间/家园"(Save the Children,2009)的定义是:儿童友好空间/家园是一种提供临时、安全环境,以在紧急情况下处理儿童保护和心理社会需求的手段,在极端逆境的情况下建立某种程度的正常状态,参与有组织的活动、玩耍、社交、学习和表达自己,支持儿童的幸福生活[21]。

儿童友好型空间不仅仅是物理空间,更体现在空间里的儿童感受,专业员工和志愿者需要努力保持空间的可持续发展和质量标准[22]。儿童友好型空间需要做到如下标准:

(1) 确保健康(Healthy),是儿童友好空间的最终目标。促进儿童的身心健康发展,能够让儿童感受到幸福感,保障儿童的福祉。

(2) 体现接纳(Accepting),尊重、非歧视和非评判原则来接纳每一位儿童,不得根据任何儿童的个人特征将其排斥或边缘化,相反应该注意到儿童的多样性(包括种族、民族、文化、宗教、国籍、语言、残疾、性认同、性别认同和表达以及社会经济地位的差异)和需求差异性。

(3) 做到保护(Protective),提供安全的物理空间和情感安全的地方,建立并加强地方支持、保护和照顾儿童的机制(例如与父母接触,调动其他社区资源,提高对儿童权利的认识等)。

(4) 儿童参与(Participatory),承认儿童有权参与,根据儿童的年龄和发展阶段,对儿童的意见给予应有的重视,提供机会让儿童就影响他们的决定发表意见。

(5) 包容全纳(Youth-Inclusive),确保空间的各个方面考虑到不同年龄的儿童和青少年,包括物理空间的布置(使用的艺术品、家具的大小、活动适龄度等),也包括环境能够满足不同年龄和发展阶段儿童的不同需求。

儿童友好空间的概念已不局限于灾难或其他紧急情况,从应急型向发展型调整,更广泛地应用于受虐待、逃离家庭、被拐卖等儿童保护的工作情境中,为弱势儿童和家庭提供保护和福利服务,包括在儿童保护机构、儿童临时看护中心、法院、警察局等场所内,提供一个安全、舒适、中立的地方,为儿童受害者及其家庭提供适当的保护和其他服务。儿童友好型空间可以是一个单独的房子,也可以是一个房间的温馨角落。

三、儿童友好型学校(Child-Friendly School)

"儿童友好型学校"是联合国儿童基金会在全球范围内就因战争和社会经济因素等缘故导致部分地区的家庭不鼓励儿童上学而提出的教育项目,旨在通过努力使所有儿童都能接受高质量的教育,创造能够保证教学质量的学校,使每个家长都愿意允许儿童、每个儿童都愿意留在学校。

"儿童友好型学校"(UNICEF,2009)体现儿童的最大化利益原则,教育环境安全、健康、具有保护性,具备训练有素的教师和足够的教室资源,学校会保护儿童权利,倾听儿童的声音[23]。儿童友好型的学校应具备以下特点。

(1) 促进儿童身心健康发展:确保学校创造卫生、安全和愉快的环境。

(2) 高效支持儿童:了解儿童在进入学校系统前的生活现状,以更好地为儿童提供支持;以孩子为中心的结构化课程和教学方法,鼓励儿童参与;促进男女平等,在设施、课程和学习制度中营造女孩参与的文化;鼓励孩子批判性思考、解决问题、表达观点、学会如何学习,掌握参与社会所需的知识技能;制定教育支持方案,与当地传统文化的融合,响应个别儿童的学习需求等。

(3) 保护并实现每个儿童的权利,保护儿童免受学校内外的虐待和伤害;保持对性别问题的敏感度,对儿童友好、对女孩的友好,消除性别陈规定势观念。

(4) 以家庭为中心,支持并赋能家庭,鼓励家庭参与:为家庭,尤其是处于贫困、冲突或其他面临风险的家庭提供负担得起、容易获得的教育资源;帮助儿童、父母和老师建立和谐合作的伙伴关系;以社区为基础,加强学校治理,鼓励社区组织、当地政府等参与并支持学校,建立以儿童权利为重点的伙伴关系和网络。

上海在2012年开展"春雨计划"项目创建儿童友好学校,旨在帮助随迁子女增强自信,获取生活技能等知识;多方合力创设对儿童友好、令儿童喜欢的学校环境:营造友好、多元、共生的学校氛围,学校管理回归儿童立场,采用参与式教学以激发儿童参与、主动思考探究、主动实践创造;以心理游戏等班队活动,与儿童建立起沟通渠道;家校合作,与儿童共同成长等[24]。

四、儿童友好医院(Child Friendly Hospital)

医院,尤其是住院,对儿童来说可能是一种不开心的经历。目前全球各国有不少医院在创设儿童友好的医疗环境,希望在治疗或住院期间让儿童感觉更为愉快。有研究认为儿童友好医院必须包含一些关键元素[25]。

(1)物理环境:在接待新生儿、儿童和青少年的分诊、门诊、住院病房、新生儿和儿科病房重症监护、外科儿科护理和传染性儿童隔离区等用于照顾儿童的区域中,卫生设施等能够方便获得,环境设计上需要便于观察和监督儿童;确保适当的隐私性、装饰布置等满足儿童的需求,有专门的游玩、娱乐和教育区域。

(2)氛围环境:提供健康、舒适的环境,促进患儿康复和幸福感;材料天然、颜色舒缓,通风良好,光线适宜(自然光等)。

(3)安全环境:确保医疗场所中的安全措施、环境卫生等标准达标,避免交叉感染和意外伤害;用水、环境卫生和废物处理等按标准流程操作,确保儿童处于安全环境中。

(4)治疗环境:确保儿童就诊时能够获得诊断和适时的治疗服务。

(5)儿童参与环境:提供丰富的、含各种刺激的教育环境和活动设计,与医务人员等建立良好的关系,保障治疗期间的舒适度,提高儿童治疗中的配合度。

有研究从儿童视角来研究对儿童友好型医院的认知,对年幼的患者来说,儿童友好的医院环境是能够从空间和社交层面支持持续的日常生活状态,能够让儿童感觉可以"正常"活动,就像在家一样;可以参与,允许做出一些选择;设计中提供一定的隐私感。因此,儿童友好型医院不仅是对主题色彩等的偏好,更在于设计等更具灵活性和可定制性[26]。上海市儿童医院近两年也在探索儿童友好型医院的实践,提出儿童友好服务具备几大特征:在公共资源分配、政策制定、日常管理中,贯彻儿童权益优先原则;所有儿童能够便捷地获得高质量的医疗服务;为就医儿童创造安全的空间环境,给予儿童适当娱乐并享有表达的机会;给予弱势患儿群体更多关爱服务;消除因为性别、社会和经济差异造成的就医歧视等[27]。

五、儿童友好型司法(Child Friendly Juvenile Justice)

欧洲委员会在《儿童权利公约》的指引下,推动"儿童友好司法"运动,并获得欧洲各国的支持。2010年欧洲理事会部长委员会通过《儿童友好型司法准则》(以下简称《准则》),对儿童友好型司法的定义、基本原则、程序等做出全面规定。友好型司法中要求在任何情况下,儿童都应感到舒适和安全,以便有效地参与诉讼程序,司法系统需要适应儿童的具体需要,并尊重他们的权利[28]。

儿童友好型司法是一个适合儿童和青年的司法制度,是在儿童和青年人违反规则、制造问题或发现自己处于困境中时,能够陪在儿童旁边的儿童司法系统;强调采用多学科方法,需要评估儿童的法律、心理、社会和情感需要,发现儿童所处的特定认知水平和身体状况,考虑到儿童的成熟度和理解程度以及案件的情况。剥夺自由应被视为一项最终补救措施,只应作为最后手段使用。欧盟《准则》规定了儿童友好型司法的基本原则,分别是儿童最佳利益原则、尊严原则、平等不歧视原则、参与原则和法治原则[29—30]。

(1) 将儿童最大利益与其他儿童权利结合起来考虑,例如儿童有权要求隐私得到尊重,采取全面措施确保儿童最佳利益。

(2) 维护儿童的尊严,考虑儿童身心完整发展及其需求,禁止对儿童采取不人道或有辱人格的待遇或处罚。

(3) 保护儿童免受歧视,对难民儿童、有特殊需要的儿童、无家可归的儿童和被照料的儿童等,不得因其性别、种族、背景、国籍等因素加以限制性对待。

(4) 体现参与原则,必须体现儿童意见的"适当权重"理念,考虑年龄、成熟度和沟通技巧等因素,不能把年幼视为不考虑儿童观点的理由。

(5) 公正审判的法治原则,儿童参与的诉讼程序应当具备正当程序的基本要素,程序和机制设置等充分适宜于儿童。

此外,还有严格地对儿童和年轻人适用隐私和保密规则,儿童在所有类型的诉讼中都应受到保护,免受所有身心伤害。设计相应制度,确保指定的成年人(儿童权利中心或监护人)能够支持儿童并提起诉讼。通过这种方式,杜绝父母为自身利益而拒绝发起案件的障碍,这种现象在存在利益冲突的情况下经常发生。

上海市的少年司法制度已经初具"儿童友好型"的雏形。1984年,上海市长宁区人民法院建立第一个少年法庭,开始探索保障儿童权益的司法体系。2014年起,上海市检察机关与公安机关等探索涉未成年人性侵案件中的"一站式"取证保护工作机制,以确保保障未成年人的隐私权、救助权等,采取一次取证、询问、辨认等流程到位,避免二次伤害的保护性措施[31]。

"儿童友好"理念源于将儿童权利和可持续发展目标相结合以营造儿童成长环境的国际项目推动[32]，并延伸至儿童友好社区、儿童友好环境[33]、城市公共空间、儿童友好公园、儿童友好学校等城市规划的不同领域。起先，国外的研究主要聚焦儿童友好型城市的经验介绍[34—35]，以及儿童友好环境的两个核心标准，分别是环境资源的多样性以及儿童拥有玩耍探索的机会。国内对儿童友好的研究聚焦在城市规划、社区营造、开放空间等与城市规划相关的研究[36]，如使儿童在家庭和学校之间的路线更加安全，扩大公园，建造适龄自行车道、改善儿童户外活动空间等。其次，探讨友好制度氛围营造，从儿童保护出发的司法诉讼、医疗决策、教育研究等过程中，为儿童提供友好的氛围、平等知情参与的权利等。如儿童友好型医疗保健倡议就是重点关注就诊儿童、特别是住院儿童的身体、心理和情感健康的一种护理系统，确保各地医院和卫生中心尊重儿童的权利，保障生存和避免发病，保护他们免受不必要的痛苦，保护他们知情地参与治疗[37]。再有，基于儿童权利视角探讨儿童如何参与与之相关的事务以营造儿童友好的环境[12]。有研究者视儿童为"变革潜力"而呼吁让儿童更多参与公共领域[38]，让儿童在城市中发出自己的声音、制定公共政策和计划[39]。

第三节 "儿童友好型家庭"的相关研究

自儿童友好型城市第一次被提及至今，各个领域都在探索儿童友好环境创设的呼吁、实践和研究，如儿童友好城市、城市环境、城市规划、公共空间、社区、空间、游戏空间、学校、医院等等。在以上儿童友好领域中，共性是儿童友好型环境体现物理环境和社会背景相互依存，对儿童友好型环境的塑造取决于安全、公平、可及和可变的绿色、空间开放的环境营造，既强调物理环境中对儿童需求等的友好创设，也包括在社会文化层面关注儿童情感体验，支持儿童与环境之间互动、参与，建立一种互惠关系。芬兰环境心理学家丽莎·霍雷利（Liisa Horelli）提出儿童友好型环境的理论框架是面向（关心儿童问题的）儿童个体和团体提供支持性的环境，使儿童能够构建和实施他们对自身事务的目标或项目[40]。

儿童友好概念实践与研究的行动者范围广泛，包括城市规划者、设计师、管理者、决策者、学校教师、社区工作人员、医生、司法工作者乃至父母和儿童自身;分别就儿童所处之微观、中观乃至宏观环境等的儿童友好理念加以推广发展。"十四五"规划中,儿童被置于国家战略的重要位置,推出了《关于优化生育政策促进人口长期均衡发展的决定》,修订《未成年人保护法》和《中华人民共和国预防未成年人犯罪法》(以下简称《预防未成年人犯罪法》)等法律政策以完善"家庭监护为基础、社会监护为补充、国家监护为兜底"的监护体系,形成家庭保护、学校保护、社会保护、网络保护、政府保护、司法保护"六位一体"的儿童保护工作新格局;同时将儿童友好城市建设纳入了国家规划和儿童发展纲要,出台《关于推进儿童友好城市建设的指导意见》,要求全社会致力于改善儿童的城市生活,"为儿童成长发展提供适宜的条件、环境和服务,切实保障儿童的生存权、发展权、受保护权和参与权。"

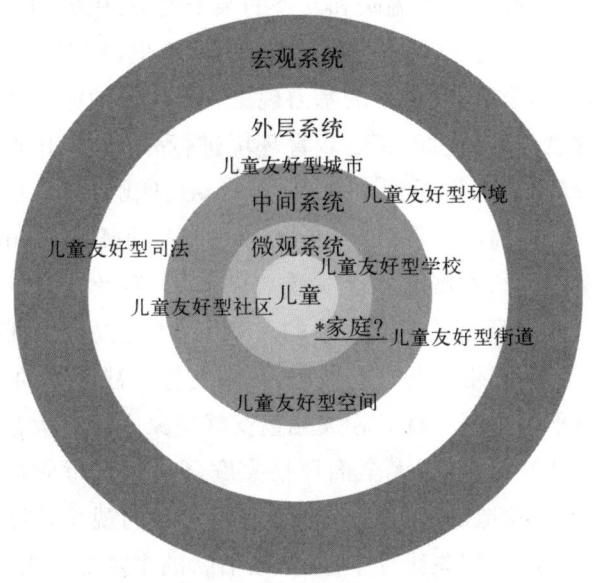

图 2-3-1　生态系统理论中儿童友好型环境之重要领域——家庭

注:图片修改自生态系统理论的第二次修订。在生态系统理论的四大系统的基础上,纳入儿童友好之相关概念。

遗憾的是,现有的研究与实践忽略了对儿童影响最为深远、与儿童密切相关的微观环境——家庭。在儿童友好城市建设、《未成年人保护法》和《家庭教育促进法》实施的大背景下,推动儿童友好家庭建设也就成为题中应有之义。那么,什么样的家庭是儿童友好家庭呢?

在众多关于"儿童友好"的研究中,"儿童友好型家庭"的研究是其中重要的一部分。现有能检索到的关于儿童友好型家庭的研究主要来自英文文献，且大多聚焦于通过家庭表征特点的描述确定家庭是否对儿童友好，如有研究者通过实地观察梳理了受儿童欢迎的友好型家庭环境特点，包括家庭内有儿童独立、自主的空间，有计划地开展儿童喜欢的家庭活动，欢迎儿童同伴做客，能经常与儿童交流分享经验、兴趣，家庭规则简单明了，可经常与家人互动、获得父母的支持，能感知到父母对自己的关注和在意，并与之分享悲伤与快乐的情感，让儿童感觉家是最安全的地方等[41]。

陈高凌等与联合国儿童基金会合作梳理了"儿童友好家庭"概念内涵，并总结出"儿童友好型家庭"的两个核心特点，"具备儿童友善的环境"和"无暴力"，认为"一个对孩子友好的家庭应该尊重儿童权利，促进儿童的幸福生活"，这样的家庭无暴力现象，有着温暖和支持的亲子关系、积极的教养方式[42]。而Katherine等人则提及每一个对儿童不友好的环境里，都有着对儿童权利的侵害行为，这些行为与家庭、文化中的暴力现象有着明显的相关性[43]。

国内有研究就孤残儿童的家庭教育环境进行分析，提出了"APPLE"儿童友好型家庭教育环境，分别是便于获得（Access）、能够提供（Provision）、自主参与（Participation）、情境学习（Learning）和积极互动（Engagement）[44]。

家庭对儿童的成长发展起着至关重要的作用，涉及儿童相关事务需要放置在儿童—家庭—国家三者复杂关系的背景下，才能揭示出儿童权利概念的丰富内涵[45]，即在探讨儿童友好型城市、儿童友好型社区等的构建过程中，对儿童家庭的探讨不可忽视。现有相关儿童友好型家庭研究大都描述了儿童家庭环境的一些表征性特点，暂无全面评估家庭环境对儿童成长影响的指标体系，对儿童家庭环境营造的研究也较缺乏儿童参与的视角。社会建构主义童年观以及"儿童友好"的相关研究中，儿童是活跃的主观能动者，友好的环境需要以儿童最佳利益来照顾和保护儿童，尊重并鼓励儿童表达与参与[46]。基于此，本研究将儿童作为研究的合作伙伴，从儿童与成人（专家）双重视角，探索儿童友好型家庭的内涵，以儿童为中心，以"儿童友好"为本质核心，以预防、发展和生态导向构建儿童友好型家庭的指标体系，形成《家庭教育促进法》落地后儿童家庭发展中自我指导建构的框架。

参考文献

[1] 卢梭.爱弥儿[M].李平沤,译.北京：商务印书馆,1978：74.

[2] 张伟.儿童·家庭·学校:西方近代教育观念的兴起与演进[J].北京社会科学,2017(9):34-41.

[3] 蒙台梭利.童年的秘密[M].马荣根,译.北京:人民教育出版社,2004:50.

[4] 杨雄,郝振.上海市儿童权利家庭保护的现状与挑战[J].社会科学,2008(6):82-88,190-191.

[5] 霍雨佳,肖凤秋,谢娟.城市家庭中儿童权利保护状况的调查研究[J].教育理论与实践,2017,37(11):24-26.

[6] 关颖.别跟孩子对着干——儿童权利视域中的家庭教育[M].广州:广东教育出版社,2021,3:2.

[7] 中华人民共和国最高人民法院.最高人民法院司法大数据专题报告[EB/OL].(2018-06-01)[2022-10-08].http://www.court.gov.cn/fabu-xiangqing-99402.html.

[8] 中华人民共和国最高人民检察院.未成年人检察工作白皮书(2014—2019)[EB/OL].(2020-06-01)[2022-10-08].https://www.spp.gov.cn/spp/xwfbh/wsfbt/202006/t20200601_463698.shtml#2.

[9] 刘晓巍,赵菲.从父母权利到教育能力:家庭教育立法之基[J].中国教育学刊,2021(8):20-25.

[10] 李健,薛二勇,张志萍.家庭教育法的立法议程、价值、原理与实施[J].北京师范大学学报(社会科学版),2022(1):62-71.

[11] SIANKO N, KAPLLANAJ M, SMALL M A. Measuring children's participation:a person-centered analysis of children's views[J]. Child indicators research, 2021, 14(2):737-767.

[12] HORELLI L. Creating child-friendly environments: case studies on children's participation in three European countries[J]. Childhood, 1998, 5(2):225-239.

[13] HART R. Children's participation: from tokenism to citizenships[R]. Florence: UNICEF, 1992.

[14] KRÄNZL-NAGL R, ZARTLER U. A handbook of children and young people's participation children's participation in school and community[M]. London & New York: Routledge, 2009.

[15] KidsRights Foundation. Child participation: from rights to reality[R/OL]. https://resourcecentre.savethechildren.net/document/child-participation-rights-reality/.

[16] ABDEL-AZIZ D, SHUQAIR H I. A participatory educational experiment of engaging children in reshaping built environments-a mutual impact: children and cityscapes[J]. Journal of engineering and architecture, 2018, 6(1):35-47.

[17] LANSDOWN G. Can you hear me? The right of young children to participate in decisions affecting them[R]. The Hague: Bernard van Leer Foundation, 2005.

[18] UNICEF. What is a child-friendly city? [EB/OL]. [2022-10-08]. https://childfriendlycities.org/what-is-a-child-friendly-city/.

[19] UNICEF Canada. Child friendly cities[EB/OL]. https://www.unicef.ca/en/child-friendly-cities.

[20] 上海市发展和改革委员会.上海市人民政府办公厅关于印发《上海市妇女儿童发展"十四五"规划》的通知[EB/OL].(2021-07-09)[2022-10-08].https://fgw.sh.gov.

cn/sswghgy_zxghwb/20210716/264e9863ef354fe68ad18e244bca8b67.html.

[21] Save The Children. Child friendly spaces facilitator training manual[R/OL]. https://resourcecentre.savethechildren.net/pdf/3289.pdf/.

[22] What is a child-friendly space? [EB/OL]. [2022-10-08]. https://childfriendlyspaces.com/about/.

[23] UNICEF. Child-friendly schools manual a reference and guidebook to help implement child-friendly schools[R/OL]. New York: UNICEF's Division of Communication, 2009: 8-17. https://www.unicef.org/media/85731/file/Child_Friendly_Schools_Manual_EN_040809.pdf.

[24] 创建儿童友好型学校——"春雨计划"项目回眸[J]. 教育发展研究, 2015, 33(2): 75-80.

[25] GHOSH N K, AFROZE S, SULTANA A. Child friendly hospital environment: a demand of time[J]. Journal of Dr. M R Khan Shishu (Children) Hospital, 2020, 1(2): 62-66.

[26] VERSCHOREN L, ANNEMANS M, STEENWINKEL I V, et al. How to design child-friendly hospital architecture? Young patients speaking[C]. Proceedings of the 3rd European Conference on Design4Health, Sheffield: Sheffield Hallam University, 2015.

[27] 钮骏, 李艳红, 余婷. "健康中国"背景下儿童友好型医院的初步探索——以上海市儿童医院为例[M]//张文宏, 主编. 都市社会工作研究: 第6辑. 北京: 社会科学文献出版社, 2019: 16-28.

[28] GOLDSON B, MUNCIE J. Towards a global "child friendly" juvenile justice? [J]. International journal of law crime and justice, 2012, 40(1): 47-64.

[29] 姚建龙, 刘悦. 儿童友好型司法的理念与实践——以欧盟国家为例的初步研究[J]. 中国青年社会科学. 2019, 38(1): 125-132.

[30] VANDEKERCKHOVE A, O'BRIEN K. Child-friendly justice: turning law into reality [J]. ERA forum, 2013, 14(4): 523-541.

[31] 林中明, 徐蕾蕾. "一站式"办案场所实现全覆盖 上海: 规范未成年被害人"一站式"取证保护工作[N]. 检察日报, 2020-10-23(2).

[32] 格利森, 西普. 创建儿童友好型城市[M]. 丁宇, 译. 北京: 中国建筑工业出版社, 2014: 151.

[33] NORDSTRÖM M. Children's views on child-friendly environments in different geographical, cultural and social neighbourhoods[J]. Urban studies, 2010, 47(3): 514-528.

[34] BROBERG A, KYTTÄ M, FAGERHOLM N. Child-friendly urban structures: bullerby revisited[J]. Journal of environmental psychology, 2013, 35: 110-120.

[35] CHAN P. Child-friendly cities and communities: 10 initiatives from 10 countries[M]. Mauritius: Scholars' Press, 2020.

[36] 雷越昌, 魏立华, 刘磊. 城市规划"儿童参与"的机制探索——以雷根斯堡市和深圳市为例[J]. 城市发展研究, 2021, 28(5): 52-59.

[37] SOUTHALL D P, BURR S, SMITH R D, et al. The Child-Friendly Healthcare Initiative (CFHI): healthcare provision in accordance with the UN Convention on the

rights of the child[J]. Pediatrics, 2000, 106(5): 1054-1064.
[38] KESBY M. Retheorizing empowerment-through-participation as a performance in space: beyond tyranny to transformation[J]. Journal of women in culture and society, 2005, 30(4): 2037-2065.
[39] RIGGIO E. Child friendly cities: good governance in the best interests of the child[J]. Environment and urbanization — Environ Urban, 2002, 14(2): 45-58.
[40] JANSSON M, HERBERT E, ZALAR A, et al. Child-friendly environments-what, how and by whom? [J]. Sustainability, 2022, 14(8): 4852.
[41] BALLANTINE J H. Kids' "Open House": creating a child-friendly environment: for parents particularly[J]. Childhood education, 2001, 77(3): 169-170.
[42] CHAN K L, CHEN Q Q. The Development of the inventory of the child-friendly family[J]. Violence and victims, 2019, 34(2): 312-328.
[43] COVELL K, HOWE R B. Children, families and violence: challenges for children's rights[M]. London: Jessica Kingsley Publishers, 2009.
[44] 曾凡林. 为孤残儿童创设儿童友好型教育环境[J]. 社会福利, 2011(7): 33-34.
[45] 张杨. 西方儿童权利理论及其当代价值研究[M]. 北京: 中国社会科学出版社, 2017: 144.
[46] UNICEF. Child friendly cities and communities handbook[R/OL]. [2022-10-08]. https://www.unicef.org/eap/reports/child-friendly-cities-and-communities-handbook.

第三章　儿童权利保护之家庭力量

第一节　儿童权利的家庭保护现状

一、研究背景

联合国儿童基金会长期以来呼吁政府、家庭、社区和个人尊重《儿童权利公约》中的儿童权利。历经儿童保护与儿童权利的发展史，目前全球达成相对统一的共识，归纳概括为生存权、发展权、受保护权和参与权等四类基本权利。我国承认儿童的权利，并将之演绎并以领域为界分为家庭保护、学校保护、社会保护、司法保护等。

历经30余年，尽管全球在儿童权利的保护上取得了众多进展，但体现儿童权利保护最低标准的《儿童权利公约》仍未得到充分执行。世界各地，仍有数以百计的儿童被剥夺充分的医疗、营养、教育和安全的生存环境，仍有儿童被迫辍学，从事危险工作，经历童婚、战争等。在数字技术兴起后，儿童权利还面临着新的挑战，如网络性剥削等。

我国自1992年签署并批准《儿童权利公约》之后，儿童保护工作取得了历史性成就。每十年制定的《中国儿童发展纲要》为我国儿童工作提供了系统、可持续地推进依据和考核标准，已先后制定了三个周期的中国儿童发展纲要，全面就儿童的生存、发展、受保护和参与权利等的实现提出努力的方向，提供了重要保障。目前，我国不断完善未成年人保护工作协调机制，实现全国省市县全覆盖，儿童的基本生活得到精准保障，进一步完善基层儿童医疗卫生服务体系，确保儿童获得义务教育，并将教育和社会保护等领域向学前教育和特殊教育延展，残疾儿童康复救助和未成年人网络保护取得重大进展。

儿童权利保护是反映人权与体现人类社会进步与文明程度的重要标志。

儿童友好城市、儿童友好型社区是在城市及社区中全面建构和实现儿童权利和儿童福利体系的具体落地。儿童权利保护的实现是一项长期、系统的工程，需要家庭、学校与社会的通力合作。家庭作为儿童生存与发展的第一场所，在系统工程中具有核心地位，是否尊重与保护儿童权利是判定家庭教育工作是否科学的一个重要标准。让每一个儿童都能有安宁幸福的成长环境，需要政府的努力，更需要每一个家庭的责任担当。

在我国，儿童的教育与监管主要责任还在家庭；相较于社会、学校和司法，家庭对儿童权利的保护仍占主导地位。家长为儿童提供生存和发展所必需的物质条件，保障儿童合法权益不受侵犯，是儿童权利保护的重要实践者。尊重和保护儿童的权利，是家庭教育的新理念。我国面临着社会改革发展带来的新挑战，如何提高家庭内对儿童权利保护的意识，保障城市流动儿童、农村留守儿童、残疾儿童以及被家长忽视的儿童的权益。受传统文化、家庭观念、法律制度不够完善等方面的影响，我国家庭教育过程中对儿童权利的贯彻落实上仍有不足之处，仍是家庭教育指导工作需要努力的重点。

为了解上海市家庭儿童权利保护的现状，本研究调查家庭教育中家长的儿童权利保护行为及其对儿童权利的态度，从而为开展家庭教育中儿童权利保护的指导提供依据。

二、研究方法

(一) 研究对象

本研究选取上海市某区的 6 至 12 岁儿童的家长，共发放家长问卷 741 份，其中有效问卷 740 份，占回收问卷的 99.9%。被调查的家长/家庭基本情况见表 3-1-1。

表 3-1-1　　　　　　被调查的家长/家庭基本情况

家庭特征	类别	人数（占比%）	家庭特征	类别	人数（占比%）
与孩子的关系	父亲	222(30.0)	户籍	本市户籍	479(64.7)
	母亲	491(66.4)		非本市户籍	242(32.7)
	其他或缺省	27(3.6)		缺省	19(2.6)

续表

家庭特征	类别	人数（占比%）	家庭特征	类别	人数（占比%）
孩子性别	男	382(51.6)	父/母文化程度	初中及以下	57/77(7.7/10.4)
	女	339(45.8)		高中或中专	166/148(22.4/20.0)
	缺省	19(2.6)		大专或高职	199/181(26.9/24.5)
孩子年龄	6—8	217(29.3)		大学本科	236/282(31.9/38.1)
	9—10	314(42.4)		研究生及以上	61/29(8.3/3.9)
	11—12	187(25.3)		缺省	21/23(2.8/3.1)
	缺省	22(3.0)	家庭年收入	10万元以下	145(19.6)
是否为独生子女家庭	独生子女	505(68.2)		11万—20万元	282(38.1)
	非独生子女	216(29.2)		21万—30万元	169(22.8)
	缺省	19(2.6)		31万元及以上	114(15.4)
				缺省	30(4.1)

（二）研究工具

本研究采用中国儿童中心自编的"城市小学生儿童权利家庭保护状况调查问卷"。该问卷包括家长的儿童权利保护行为、家长对儿童权利的态度、家长基本信息。儿童权利主要指《儿童权利公约》中提到的四大基本权利。其中生存权包括健康保障、生活照顾、情感支持、避免意外伤害，发展权包括家庭环境、社会发展权、休闲娱乐权、受教育权，受保护权包括心理保护、生理保护、隐私保护以及儿童参与权。[3]

各条目的判断标准采用五点记分，分值越高代表越符合情况：1代表不符合，依次至5表示非常符合。

三、研究发现

（一）家长对儿童权利的保护总体向好，生存权保护最佳

大部分家长在儿童四大权利的保护行为表现良好，总体上表现为偏上水

平,即家长们已经有意识地认知并关注儿童权利,能够在教养行为中践行保护。儿童四大权利的保护情况略显现差异,保护最佳的是儿童生存权,其次是儿童参与权,再次是儿童发展权与儿童受保护权。与以往研究一致的是,家长最注重的仍然是生存权,这与物质生活条件全面提升有关,也与家庭内普遍愿意投资于儿童有关。

1. 儿童生存权:保护良好,情感支持略显不足

如表3-1-2所示,儿童生存权的保护平均分为4.38(标准差0.46)。四个子维度进行多重比较($f^2=769.1, p<0.00$)存在显著差异,得分最高的是避免意外伤害方面,得分最低是情感支持方面,这与全国的调查数据相近[1]。

表3-1-2　　　　家长对儿童生存权的保护情况

分类	生存权	总体情况	健康保障	生活照料	避免意外伤害	情感支持
总体	平均分	4.38±0.46	4.28±0.65	4.52±0.53	4.63±0.53	4.07±0.56
性别	男生	4.34±0.51	4.25±0.67	4.48±0.56	4.59±0.59	4.02±0.58
	女生	4.43±0.40	4.32±0.61	4.58±0.46	4.67±0.43	4.13±0.53
	$t(p)$	−2.64(0.01)**	−1.36(0.17)	−2.40(0.02)*	−2.24(0.02)*	−2.73(0.01)**
独生与否	独生子女	4.42±0.41	4.33±0.60	4.57±0.46	4.65±0.47	4.12±0.53
	非独生子女	4.29±0.55	4.16±0.73	4.44±0.61	4.59±0.63	3.97±0.62
	$t(p)$	3.19(0.02)*	3.13(0.02)*	2.89(0.04)*	1.51(0.13)*	3.18(0.02)*
户籍	本市	4.45±0.39	4.36±0.58	4.61±0.42	4.69±0.45	4.13±0.52
	非本市	4.24±0.55	4.12±0.73	4.36±0.63	4.53±0.64	3.97±0.62
	$t(p)$	5.17(0.00)**	4.54(0.00)**	5.54(0.00)**	3.50(0.00)**	3.50(0.00)**

注:*表示在0.05水平上显著差异;**表示在0.01水平上显著差异。

不同群体的比较分析中,家庭中对女生的生存权的保护意识自评普遍高于男生,生活照料、避免意外伤害、情感支持等方面均显著优于男生。相较于非独生子女家庭,独生子女家庭对儿童的生存权保护做得比较好。不

同户籍儿童家庭的比较中,本市户籍的家庭在生存权的保护上显著优于非本市儿童。

2. 儿童发展权:重家庭环境和教育,轻社会性发展和休闲娱乐

如表3-1-3所示,家长对儿童发展权的保护平均分为3.74(标准差0.65)。儿童发展权保护四个子维度存在显著差异($f^2=534.9, p<0.00$),家庭环境和儿童受教育权得分最高,二者基本持平,显著最低的是社会发展权方面。可以看出,家长普遍重视儿童的教育,而对儿童的休闲娱乐与社会发展相对重视不足。这与东方儒家文化中特别重视学业学习的传统有关。

表3-1-3　　　　　　　　家长对儿童发展权的保护情况

分类	发展权	总体情况	家庭环境	社会发展权	休闲娱乐权	受教育权
总体	平均分	3.74±0.65	3.97±0.71	3.39±0.70	3.67±0.82	3.93±0.79
性别	男生	3.70±0.62	3.94±0.71	3.35±0.66	3.61±0.79	3.89±0.78
	女生	3.82±0.57	4.02±0.66	3.46±0.65	3.79±0.73	4.01±0.71
	$t(p)$	−2.79(0.01)**	−1.60(0.11)	−2.18(0.03)*	−3.25(0.00)**	−2.17(0.03)*
独生与否	独生子女	3.80±0.55	4.00±0.64	3.44±0.62	3.74±0.74	4.02±0.69
	非独生子女	3.65±0.68	3.92±0.78	3.33±0.74	3.59±0.84	3.79±0.86
	$t(p)$	3.04(0.02)*	1.53(0.13)	2.17(0.03)*	2.43(0.15)*	3.45(0.00)**
户籍	本市	3.82±0.53	4.03±0.63	3.60±0.60	3.75±0.71	4.04±0.65
	非本市	3.63±0.70	3.87±0.78	3.31±0.75	3.57±0.87	3.78±0.89
	$t(p)$	3.67(0.00)**	2.81(0.00)**	2.79(0.00)**	3.01(0.00)**	4.08(0.00)**

注:*表示在0.05水平上显著差异;**表示在0.01水平上显著差异。

发展权方面的保护上存在着与生存权相似的特点,即儿童家庭对女生的发展权保护优于男生,独生子女家庭对儿童发展权的保护略优于非独生子女家庭,本市户籍的儿童家庭显著优于非本市户籍的儿童家庭。

城市中的儿童因为各种主客观因素,其生活领域往往局限于家庭——学校两点一线,局限了儿童的社会性发展,但这对儿童个体的成长至关重要。随着儿童认知心理学、现代教育学等学科的发展,家庭对儿童个体的培养目标也逐步转变为身心健康、良好品德以及社会适应良好等全方面的发展。家庭教育过程中,父母应坚持儿童为本,尊重儿童合理的需要,创设适合儿童成长的必要条件和生活情境。其中,游戏等休闲娱乐对儿童有着特殊的价值,可以促进儿童身心健康、认知发展以及社会交往能力。对低幼儿童而言,游戏是最好的学习方式。

3. 儿童保护权:有形的生理和隐私保护偏好,心理健康值得关注

如表3-1-4所示,家长对儿童受保护权的保护平均分为3.66(标准差0.74)。在儿童受保护权的三个子维度中($f^2=456.3, p<0.00$),得分最高的是生理保护和隐私保护,心理保护显著较低。心理健康的保护有所欠缺,这与父母的意识相关,也与父母是否有能力给予心理上的支持有关。

表3-1-4　　　　　　家长对儿童受保护权的保护情况

受保护权	总体情况	心理保护	生理保护	隐私保护
总体平均分	3.66±0.74	3.29±0.86	3.86±0.83	3.83±0.92
男生	3.59±0.72	3.21±0.79	3.77±0.84	3.78±0.92
女生	3.78±0.70	3.41±0.85	3.99±0.78	3.93±0.90
$t(p)$	−3.60(0.00)**	−3.17(0.00)**	−3.71(0.00)*	−2.26(0.02)*
独生子女	3.71±0.68	3.33±0.79	3.93±0.79	3.87±0.88
非独生子女	3.61±0.79	3.25±0.91	3.75±0.88	3.81±0.98
$t(p)$	1.78(0.07)*	1.13(0.25)	2.63(0.01)*	0.76(0.45)
本市	3.73±0.66	3.34±0.77	3.80±0.74	3.88±0.87
非本市	3.57±0.81	3.24±0.93	3.68±0.93	3.80±0.98
$t(p)$	2.61(0.01)*	1.59(0.11)	4.49(0.00)**	1.09(0.27)

注:*表示在0.05水平上显著差异;**表示在0.01水平上显著差异。

受保护权方面存在显著的性别差异,即对女生的保护显著高于对男生的变化。独生子女家庭在生理保护上略重视于非独生子女家庭。本市户籍的儿童家庭同样在生理保护方面更加关注。不同群体的比较分析,心理保护和隐私权保护上没有显现独生子女与否以及户籍地的差异。

相较于身体健康、生理保护、生活照料等,父母对儿童心理健康的保护行为值得关注与改善。虽然父母已经普遍做到"经常与孩子聊天、谈心""不管任何情况,孩子都能跟爸爸妈妈一起居住"等;但对"我或我的配偶有时会顾着看手机或电脑而遭到孩子的抱怨"的现象,有14.9%的家长表示比较符合,12.2%的表示非常符合。而32.6%的家长表示自己经常忍不住数落和抱怨孩子,如"贪玩、笨、不听话等",其中母亲的比率更高(父亲25.3%,母亲36.1%);33.8%的家长表示会在孩子面前表述"孩子要学习好才优秀",尤其是母亲(父亲25.7%,母亲37.5%);26.4%的家长表示"常忍不住向孩子发脾气"。这说明了家长虽然已经普遍意识到对孩子的保护应该是身心兼顾的,但在行动上仍会因为孩子的成绩、错误等采取挖苦、冷落、生气等消极的应对方式,忽略了对儿童心理可能造成的伤害。

儿童的心理健康问题不似生理发育等能够直接观察,处于发育阶段的儿童更容易出现不愿意与父母沟通互动的现象。因此,父母在家庭教育中需要适时调整亲子沟通互动方式,以建立良好的亲子关系,营造良好的家庭氛围,减少儿童心理健康问题的发生。

4. 儿童参与权:参与受到普遍重视,保护略有上升

以往研究发现家长最忽视的是孩子的参与权[3](3.86±0.59),本研究调查显示有提升,超过了儿童受保护权和发展权。

如表3-1-5所示,家庭对儿童参与权的保护平均分为3.86(标准差0.59),相较于发展权和受保护权,儿童参与权的保护略有上升。与全国的数据相比,上海家庭对儿童参与权的重视超过了发展权[1]。女生在家庭中得到更多的参与权保护。本市儿童的参与权也略优于非本市儿童。独生子女与否方面不存在显著差异。父母表示会允许儿童"参与家里的事情",对于孩子的事情,大多数情况会听取孩子的意见或想法等,较少"打断孩子说话"。

表 3-1-5　　　　　　　家长对儿童参与权的保护情况

类别	性别		独生与否		户籍	
	男生	女生	独生子女	非独生子女	本市	非本市
参与权	3.83±0.59	3.92±0.56	3.89±0.55	3.82±0.63	3.90±0.54	3.80±0.64
$t(p)$	−2.11(0.03)*		1.54(0.12)		2.32(0.02)*	

注：* 表示在 0.05 水平上显著差异。

（二）儿童权利保护受家庭社会经济文化因素的影响显著

儿童四大权利保护行为的影响因素如表 3-1-6 所示，家长的文化程度、家庭年收入均存在显著影响。本市与非本市户籍的家庭对儿童四大权利的保护行为上有显著差异。

表 3-1-6　　相关人口学变量对家长的儿童权利保护行为的影响

	生存权		发展权		受保护权		参与权	
	F/t	p	F/t	p	F/t	p	F/t	p
独生子女与否	3.17	0.00**	3.00	0.00**	1.63	0.11	1.5	0.13
本市户籍与否	5.26	0.00**	3.63	0.00**	2.57	0.01*	2.27	0.02*
孩子年龄	1.3	0.26	1.73	0.13	1.43	0.21	1.07	0.37
孩子性别	−2.47	0.01*	−2.55	0.01*	−3.39	0.00**	−1.98	0.04*
父亲文化程度	10.3	0.00**	8.6	0.00**	5.53	0.00**	6.5	0.00**
母亲文化程度	11.3	0.00**	10.2	0.00**	4.87	0.00**	7.84	0.00**
家庭年收入	5.18	0.00**	7.84	0.00**	5.39	0.00**	8.67	0.00**

注：* 表示在 0.05 水平上显著差异；** 表示在 0.01 水平上显著差异。

儿童性别与年龄的人口学变量影响分析显示，父母对儿童四大权利的保护行为并没有受到儿童年龄的递增而有显著变化，对女孩的儿童权利保护行为均显著优于男孩。

1. 母亲相对更注重儿童权利的保护

父母在儿童权利保护行为上的差异显示,母亲在各个权利保护行为的得分显著高于父亲。仅在发展权之子维度家庭休闲娱乐与受保护权之儿童隐私权保护两个方面没有显现差异。这可能源于母亲在教养儿童的过程中占主要核心地位,与父亲相比,参与度更高;加上父母角色中,母亲角色相对比较细致、宽容,会倾向于对儿童采取保护、接纳、鼓励和尊重等态度。

表3-1-7　　　　　家长角色对儿童四大权利保护行为的影响

	生存权	发展权	受保护权	参与权
父亲	4.25±0.53	3.66±0.63	3.58±0.71	3.76±0.6
母亲	4.45±0.41	3.82±0.56	3.73±0.72	3.93±0.56
$t(p)$	−5.42(0.00)**	−3.22(0.00)**	−2.36(0.02)*	−3.71(0.00)**

注:* 表示在0.05水平上显著差异;** 表示在0.01水平上显著差异。

2. 本科及以上学历的家长更为尊重和保护儿童权利

父母文化程度的影响上,随着家长文化程度的提高,家长对儿童发展权的保护越明显,影响程度略有差异。总体上,本科及以上学历的家长对儿童权利的保护显著高于其他文化程度的家长,而初中及以下学历的父母在儿童权利保护行为上的表现最弱。分析四大权利分维度的差异,各子维度方面,父母的学历程度均有显著影响,呈现递增趋势;仅在儿童隐私权的保护方面,母亲的学历因素不存在显著差异($F=0.38, p=0.77$)。

3. 家庭年收入的影响

如表3-1-8所示,家庭年收入10万以下的家长对儿童权利的保护显著低于其他几个水平的家长($p<0.01$)。其他几个家庭年收入水平之间显著不差异。在参与权方面,家庭年收入31万及以上的家庭中家长给予儿童的参与权保护显著高于其他三组。进一步分析,大部分子维度均差异显著,仅休闲娱乐权、隐私保护受家庭年收入的差异影响不明显,说明这两方面,不同家庭间的做法相近。

4. 户籍的影响因素

本市家长对儿童四大权利的保护上均显著高于非本市儿童的家长,受保护权之心理保护和隐私保护两个子维度上差异相对略小。

表3-1-8　　　家庭年收入对家长儿童权利保护行为的影响

	总体	10万及以下	11万—20万	21万—30万	31万及以上	$F(p)$
生存权	4.39±0.46	4.23±0.56	4.41±0.42	4.44±0.40	4.46±0.43	7.95(0.00)
发展权	3.76±0.60	3.59±0.59	3.79±0.47	3.87±0.95	3.73±0.89	6.25(0.00)
受保护权	3.68±0.72	3.45±0.70	3.73±0.65	3.76±0.66	3.71±0.89	6.41(0.00)
参与权	3.88±0.57	3.66±0.61	3.89±0.53	3.89±0.57	4.08±0.61	12.03(0.00)
儿童权利知识	3.54±1.04	3.4±1.11	3.56±0.99	3.54±1.02	3.64±1.08	1.19(0.31)
儿童权利观	3.84±0.86	3.48±0.96	3.89±0.78	3.92±0.75	4.03±0.94	11.49(0.00)

（三）儿童权利知识与儿童权利观

1. 家长对儿童权利的知识知晓度和观念略有提升

如表3-1-9所示，家长对儿童权利知识的平均得分为3.52（标准差1.04）。家长的儿童权利观平均得分为3.83（标准差0.87）。母亲对儿童权利的知识和态度了解相对而言略好且更积极。

表3-1-9　　　家长对儿童权利的知识和态度情况

	平均分	父亲	母亲	$T(p)$
儿童权利知识	3.52±1.04	3.39±1.01	3.59±1.05	−2.38(0.02)*
儿童权利观	3.83±0.87	3.62±0.85	3.92±0.86	−4.29(0.00)**

注：*表示在0.05水平上显著差异；**表示在0.01水平上显著差异。

表3-1-10中，家长对儿童相关法律法规的知晓率与10年前相比，并没有明显的改善。《中华人民共和国反家庭暴力法》的知晓率尚可，这与近年来网络媒体的普遍宣传有关。

表3-1-10　　家长对儿童相关法律法规的知晓率(%)

	上海,2006年	上海,2016年
《中华人民共和国未成年人保护法》	86.9	92.5
《上海市未成年人保护条例》	73.9	66.1
《中华人民共和国预防未成年人犯罪法》	46.9	53.8
联合国《儿童权利公约》	29.1	37.2
《中华人民共和国反家庭暴力法》	—	53.5

父母对儿童权利的知识与态度观念与其对儿童权利的保护行为之间存在显著正相关,说明观念与行为间的一致性。

表3-1-11　　家长对儿童权利的知识、态度与保护行为间的相关

Pearson相关	生存权	发展权	受保护权	参与权
儿童权利知识	0.47(0.00)**	0.30(0.00)**	0.23(0.00)**	0.43(0.00)**
儿童权利观	0.31(0.00)**	0.27(0.00)**	0.51(0.00)**	0.49(0.00)**

注:**表示在0.01水平上显著相关。

2. 对"儿童参与"存在可控性放权,儿童参与年龄显著提早

被调查家长中,48.5%的家长表示有听说过"儿童参与权",也有51.3%的表示没有听说过,与2006年的调查数据相一致。其中听说过的家长中仅10.6%的家长表示"非常了解"或"比较了解",52.2%表示"不太了解"或"不了解",这些数据表明家长对于儿童参与权的知晓率并不高。但从家长对儿童参与阶梯的理解来看,家长普遍认同更高阶梯的儿童参与。与2006年的家长观念相比,家长对"儿童参与"的理解更趋于高阶梯的参与程度。对"儿童对参与的活动提出意见,并得到成人的采纳"认同度从2006年53.2%上升至2016年90.8%;对"儿童提出活动建议,和成人一起做出决定"认同度从56.7%上升至77.8%;对"儿童自行组织活动,并邀请成人参与"的认同度从37.6%上升至55.1%。越来越多的家长愿意倾听儿童的声音,尊重孩子的想法,不能嘲讽、取笑孩子的意识和

观念也越来越强烈，所以对儿童参与权的保护意识和行为也有所改善。

与儿童相关的家庭领域中，家长已经开始有意识地让儿童参与决定，但成人仍起着主导作用。如教育决策方面，儿童的参与率较高，有71.5%的家长表示让儿童参与决定课外补习班的选择；84.3%的参与课外活动的选择。在儿童个体生活决策（如购买与儿童有关的物品）方面，儿童的参与度也较高，为88.4%；其次是家庭生活决策，如家庭外出旅游计划（71.1%）、家庭娱乐活动（78.6%）。父母一般选择可控范围内的适度放权，例如对一些与儿童密切相关的小事上给予儿童参与的机会，但在社会参与或者家庭重大决策上，儿童参与的机会相对较少。在家庭生活用品的购买决策以及家庭重大决策（如购房等）方面，孩子的参与度相对低很多，分别是19.3%和13.2%。29.6%的家长表示"儿童年龄还小，应以学业为重"；30.7%的家长认为自己忽略了对儿童参与能力的培养，25.8%的家长较少给予孩子参与的机会；19.1%的家长认为孩子本身缺乏参与意识和动力。

就儿童什么年龄可以参与并听取意见的问题上，家长认为的年龄显著早于2006年的调查数据，认为儿童可以听取并参与决策的平均年龄（平均数）为8.9岁，而2006年时的调查数据是13.6岁；家长认可率较高（众数）的年龄是7—10岁，2006年的调查数据显示为10—18岁。这些数据表明，家长已经普遍在儿童年龄较小的时候，尊重他们的意见，听取他们对相关事务的态度，给予孩子发表自己想法的机会了。

儿童参与权最能体现儿童作为国家公民和社会成员的权利，儿童表达自己需要时最有发言权，对儿童参与权的培养是公民社会建立的基础。虽然家长们对"儿童参与权"的认知度并不高，但在教养行为中已经给予了适度放权，允许儿童参与家庭事务，或者就儿童自身事务可以听取其意见等。

四、建议与总结

1. 家庭内儿童权利的保护和实践，家长是着力点

在影响因素中，儿童的人口学变量的影响并不显著，仅性别略有影响。但家长角色、家长的文化程度、家庭年收入等对家庭内儿童权利的保护和关注态度都有显著影响，而这些影响因素背后的根源就是家长对儿童教育的重视、对儿童权利保护理念的接纳度，这说明在家庭教育中，家长自身对儿童权利的理解和态度是关键，也是影响着儿童权利在家庭内得以实践的重要因素。家长是引导儿童行使其权利的重要角色,家庭的管教方式影响着儿童实现各项权利的主体地位。家庭作为儿童成长的主要场所,应该为儿童提供行使各项权利的环境氛围。

研究结果表明,家长对儿童权利保护的态度有所改善,这与以往的研究结果相一致。[4]更多的家长了解儿童权利知识,就会有正向的儿童权利保护态度,不再认为"孩子不能知道自己有太多权利,不然大人更玩不转了"或者"为了教育好孩子,打骂也是一种方法"。因此,加强对家长开展儿童权利的理念宣传,准确理解儿童权利保护与儿童个体发展的正向关系,将有利于家庭教育中亲子关系的发展,也有利于为儿童营造良好的家庭环境,实现儿童的全面发展。

2. 加强对家庭的儿童权利保护的倡导和宣传

目前家庭教育中,仍然存在家长对儿童权利的基本知识、基本法律了解不够,存在忽略儿童的社会发展权,相对忽视儿童的心理保护,也有一些不够友好的家庭教育现象,如责骂、忽视儿童需求等。儿童权利的宣传普及,旨在让家长及成人们了解儿童健康成长所需要的各项权利保护,尊重并保护儿童的合法权益,为儿童营造和谐、稳定、健康的发展环境。对儿童权利的宣传与倡导需要更细致、更形象,建议理论与实践相结合的方式,授人以鱼的同时授人以渔。

3. 对家长开展分类精准指导服务

对儿童权利的保护主要受家长自身因素的影响,如家长的角色(父亲、母亲)、家长的文化程度以及家庭年收入水平。"尊重和保护儿童权利是父母的责任,也是家庭教育的起点和归宿。"[2]家庭教育中的不少问题源自父母对家庭教育的知识欠缺、能力不足,或者是法律意识不强,受传统观念、原生教育等的影响。因此,对受教育背景、家庭结构不同或处于不同社会经济文化层次的家长,需要根据其家庭教育需求或问题,开展针对性的宣传、教育、指导服务,才能起到精准成效。

家庭是对儿童影响最早、影响时间最长的社会子系统,对儿童的发展具有重要的意义。此次调查显示,上海市的家长对儿童权利的保护意识良好,家长关注儿童的生存权、发展权和受保护权,虽然对"儿童参与权"的知晓率不算高,但在家庭生活中,家长已经有意识地尊重和保护儿童的意见和想法,通过实际行动保护儿童参与权。因此,家长观念的转变影响着家长的行为,儿童权利的保护需要家长的认同和支持。

深化儿童权利保护在家庭教育中的实践。家长对儿童权利的保护可以渗透在家庭教育中,家长理念的改变将有效地改善儿童权利的保护,在宣传和普及《儿童权利公约》的同时,应让更多的家长真正理解和接纳,并认识到儿童权利的实践对儿童全面发展的重要性,重点聚焦儿童心理健康保护、儿童社会发展权、休闲娱乐权、儿童社会参与权等较为薄弱的领域。

第二节 父母养育与儿童自主、权利意识的发展

一、研究背景

从上海市家庭内儿童权利保护的现状调查中发现,家长对儿童权利的观念已有所发展和改善,更接近于联合国儿童基金会所提倡的"保障儿童生存、生命和发展""儿童利益优先""尊重儿童观点和意识"等原则。但具体分析调查数据,通过家庭访谈以及社会现象调查,仍可以发现家长对儿童权利知识和理念的理解不够全面、发展程度不够深入等问题。就不同家庭教育间的差异来看,家长们对儿童权利的理解、保护、贯彻也是参差不齐。儿童权利的实现除了提升成人世界对儿童的保护理念之外,更重要的是培养儿童自身的权利意识和自我保护能力。

自决理论认为自主、胜任与关系(或归属)的需要是人类的三种基本心理需要[3]。自主的需要是个体感到自己的行为是自愿的、有选择的,可以自我控制或自我决定。自主能力的发展是儿童独立和成长的关键,尤其是青春期早期,儿童会渴望获得自主的意识,远离父母的管教,期待成为一个独立、自治的个体。《儿童权利公约》要求社会、社区、教育机构等在一定程度上承担促进儿童自主发展的共同责任,而父母承担主要责任。

儿童自主能力的培养既与其随年龄增长而发展的自主期望有关,也与父母教养方式中给予儿童自主性的授权有关。有研究认为儿童对自主权的渴望早于父母准备给予的时间,当儿童想要自主控制自己的事情,而父母偏向控制时,就容易导致亲子冲突模式[4]。相对来说,权威型的教养方式下,儿童对行为自主性的期望报告最低,其次是宽容型教养方式,期望自主报告最多的是专制型的教养方式[5]。研究认为,权威型的教养方式中,父母认识到需要通过尊重儿童的需要、儿童有权控制自身生活的某些方面以促进其自主和自力更生,这是儿童社会化发展的目标。当父母给予儿童适度的自主权时,儿童对行为

自主性的期望反而降低了。但其他的教养方式则有着阻碍儿童发展自主性的一些特征,例如专制型父母较少给予温暖或有效的响应,使用敌对控制或任意惩罚来获得儿童的顺从;而宽容或忽视型父母较少给予规则或纪律,缺乏有效支持,即便儿童拥有高度自主权,但却很难学会高水平的自我管理能力。也有研究从父母的控制行为出发,认为父母过度限制儿童的行为会降低儿童的自主感,使之产生一种依赖循环,让儿童感到无法独立,影响到儿童成年后的自我效能感[6];儿童认为如果父母控制力较弱,反而能够支持儿童的自主性,更有可能对自己的行为等负责[7];从而提倡支持儿童自主性的养育方式[6]。

本次调查拟将研究范围聚焦于家庭教养环境,探索家长对育儿过程中,不同教养方式、教育感受、教养行为等与儿童自主发展水平、儿童参与意识的关系,从而探索父母教养方式对儿童自主性发展的积极意义。以儿童自主发展水平与儿童参与意识为研究主题,原因之一是目前儿童权益保护中,生存权、受保护权和发展权相对受重视且表现良好;其次,参与权体现了儿童的自主主体性,家长若重视儿童的参与权,其他权益亦能够得到重视。

二、研究方法

课题将采取调查问卷和家庭访谈的调查方式开展深入调查。调查问卷聚焦目前父母教养方式、教育感受以及具体教养行为等及家庭内儿童自主意识、儿童参与意识的培养情况。

1. 研究对象

本研究采用问卷的调查方式,从家长的视角来了解目前家庭内对儿童权利的实施及参与情况。调查样本取自上海市某区不同经济水平的小学、初中和高中不同年龄水平的儿童家长900户,有效问卷769份,有效率达85.4%。

表3-2-1　　　　　　　　调查问卷发放情况表

年龄段	人数	性别		户籍		
		男	女	户籍	非户籍	缺省
小学	259(33.7%)	128(16.6%)	131(17.1%)	135(17.6%)	119(15.5%)	5(0.6%)
初中	253(32.9%)	115(15%)	138(17.9%)	161(20.9%)	85(11.1%)	7(0.9%)

续表

年龄段	人数	性别		户籍		
		男	女	户籍	非户籍	缺省
高中	257(33.4%)	114(14.8%)	143(18.6%)	233(30.3%)	17(2.2%)	7(0.9%)
合计	769(100%)	357(46.4%)	412(53.6%)	529(68.8%)	221(28.7%)	19(2.5%)

表 3-2-2　　　　　　　　　家庭教养方式分类

要求控制维度	需求支持	
	频繁	不频繁
严格	权威型	专制型
不严格	宽容型	忽视型

2. 研究工具

为确保问卷的信效度，本调查研究分别采用了成熟问卷的子模块与自编模块相结合。家长问卷采用子女教育心理控制源量表（The Parenting Locus of Control scale）和 Olson 婚姻质量问卷中的相关指标。子女教育心理控制源量表中的因子从心理控制源的角度反映了父母对子女教育成功与失败的看法，可以看出家长对子女教育的努力程度以及对子女教育成功失败的归因。本研究采用了 Olson 婚姻质量问卷中子女和婚姻的因子，主要了解夫妻双方对担任父母角色的满意度，对管教子女的意见是否统一，对子女的期望是否一致等。评分高表明对上述内容意见统一、表示满意。儿童自主发展水平是 2014 年教育部首次提出的"核心素养"中的重要部分，由家长评判儿童自主意识的发展水平，聚焦在儿童"学会学习"和"健康生活"[8]，即是否能在学习和生活中有意识地开展学习计划、根据自己的需求选择学习内容和生活安排，并能够有效地控制自己。根据儿童自我意识总分排位的百分比进行分组，即排位低于 30% 的为低分组，处于 30%—70% 的为中间组，高于 70% 的为高分组。父母卷的各维度的效度 KMO 值达到 0.76—0.86（p 值 0.00），贡献率 51.2%—61.5%；内部一致性信度克隆巴赫 α 系数分别达到 0.60—0.74，表示内部一致性较好。为确保数据的可比性，均采用各维度的平均数，数值范围为

1—5分制。

儿童问卷包含父母教养方式问卷和儿童参与的权利意识问卷。父母教养方式问卷采用了父母教养方式评价量表（EMBU）中文版修订中的核心指标，即父母教养方式中被广泛接受的要求（控制）和需求反应（温暖）：干涉控制和情感理解[9]。该问卷的儿童版（1993，1999）在8至13岁的儿童群体样本中使用，内部信度达到0.66—0.81[10]。此次问卷使用过程中，参考Inge、李永占等人的研究方法[11—12]，对情感理解维度和干涉控制维度进行验证性因素分析。拟合指标卡方为57.6（df=46，p>0.05），RMSEA为0.02，CFI为0.98，NFI为0.91，IFI=1。内部一致性信度克隆巴赫α系数分别达到0.90；分半信度系数分别达到0.75—0.88，表示信度良好。情感理解维度采用了"当我感到伤心的时候我的父/母亲会安慰我""父/母亲允许我与他们有不同的见解"等14个项目；干涉控制维度（父亲与母亲）采用了"我觉得父/母亲对我很严厉/严格""父/母亲总是很关注我课余时间在干什么"等9个项目。以情感理解的中位数（4.3）和干涉控制的中位数（3）为界，将样本分为高、低回应组并交互，即得到教养方式的类型：权威型、专制型、宽容型、忽略型。

儿童参与的权利意识问卷参考Hareket等人对儿童权利的认知描述[13—14]，包含"我有自由思考的权利""与我有关的问题上，我有独立做出决定的权利"等10个项目内容，主要指向儿童可以自由思考，独立做出决定、按照自己的意愿参加社会活动等的参与权利意识。问卷效度KMO值达到0.93，贡献率54.7%，内部一致性系数0.91，分半信度系数0.83—0.85，信效度良好。为确保数据的可比性，均采用各维度的平均数，数值范围为1—5分制。

基本情况调查问卷包括儿童性别、年龄、是否独生子女、户籍、以及家庭社会经济地位问卷。家庭社会经济地位的测量方式参考国际学生评估项目（PISA）、学生家庭社会经济地位（SES）的测量技术以及国内外相关文献后，采取父母亲中最高教育程度、父母亲中最高职业地位和家庭拥有物三个指标：父母受教育程度调查选项分别为未上过学、小学、初中、高中（含中专）、大学（含专科）、研究生及以上6个等级，并转换为受教育年限进行分析，未上过学赋值3，小学赋值6，研究生及以上赋值19；原始分标准化后最大值1.73，最小值-3.08。父母亲中最高职业地位的计分参考《当代中国社会的声望分层——职业声望与社会经济地位指数测量》。家庭财产状况由调查家庭拥有物品间接获得,从电器、家庭工具、书籍等项目进行综合评分,题目组内部一致性信度 0.76,信度处于可以接受范围,采用因子分析的计算方法,将相关指标进行因子分析,KMO 值为 0.72,总方差解释在 55.47%,将家庭社会经济地位的综合指标进行统计计算,并以总人数的每 25% 为界,按社会经济地位高低将家庭分为 4 组。

三、研究发现

(一) 不同教养方式中,父母对子女教育的感受不尽相同

不同的教养方式中,父母对子女教育的感受存在显著差异。总体上,宽容型和权威型父母在子女教养各方面感受度较好,成效感和可控度较高,权威型的父母最偏向认为父母的责任意识更重要。而控制型、忽视型教养方式的父母则正好相反,教育成效感较低,对子女行为的可控感较差,对子女有更多无力感。育儿分工满意度方面,宽容型教养方式的父母感受度最好,权威型的次之,忽略型和专制型教养方式的父母感受度最差。

表 3-2-3 不同教养方式家庭中父母之子女教育感受的比较

教养方式	忽略型(1)	专制型(2)	权威型(3)	宽容型(4)	$F(p)$
教育成效(反向)	2.35±0.44	2.32±0.47	2.05±0.43	2.00±0.41	33.05(0.00)**
父母责任意识(反向)	2.71±0.45	2.72±0.42	2.59±0.51	2.65±0.49	2.71(0.04)*
父母对子女行为控制感(反向)	2.82±0.44	2.81±0.42	2.67±0.59	2.52±0.51	16.67(0.00)**
育儿分工满意度(正向)	3.37±0.44	3.39±0.41	3.46±0.43	3.62±0.41	14.93(0.00)**

注:**表示在 0.01 水平上显著差异。

针对不同年龄的儿童,父母的教育成效、责任意识与控制感等普遍呈现对高年龄儿童的教育成效、父母责任意识、对子女行为的控制感等呈减弱趋势。对子女教育的感受度上随儿童年龄增加显著降低。小学家长比高中家长的父母更认同教育责任在于父母的努力,对子女行为教育的控制感也相对更好。儿童性别或是不是独生子女角度分析,教育成效、父母的责任、父母对子女的

行为控制以及分工满意度不存在的显著差异。

表3-2-4　　不同年龄阶段儿童家长的子女教育感受比较

	小学(1)	初中(2)	高中(3)	$F(p)$	差异组
教育成效(反向)	2.06±0.44	2.17±0.44	2.33±0.45	21.92(0.00)	1*2;2*3;1*3
父母责任意识(反向)	2.61±0.45	2.68±0.53	2.72±0.43	3.15(0.43)	1*3
父母对子女行为控制感(反向)	2.63±0.49	2.69±0.57	2.78±0.45	5.73(0.00)	1*3
育儿分工满意度(正向)	3.46±0.43	3.51±0.48	3.42±0.38	2.82(0.06)	—

(二) 家庭养育行为的影响

1. 父母教养方式影响儿童的自主发展

宽容型和权威型教养方式下，儿童的自主性强、参与的权利意识较高；其次是忽视型；专制型教养方式下，儿童的自主发展水平与儿童权利意识表现最弱(见图3-2-1)。

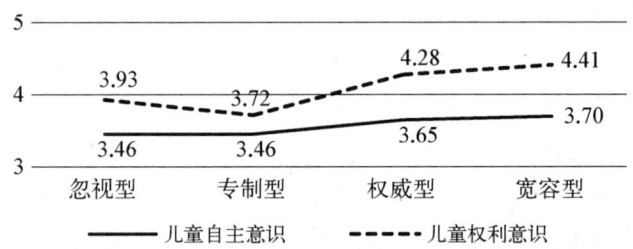

图3-2-1　不同父母教养方式中儿童的自主意识与参与权利意识比较

女生的自主发展水平显著高于男生，权利意识也显著较高。对不同年龄阶段的儿童，父母给予自主发展水平评估呈现随年龄渐增，自主意识水平略有增加，相对来说，初中阶段的儿童自主意识水平发展呈现高峰，小学阶段的儿童最低。这与以往研究一致，认知自主等发展在六至八年级期间上升最显著[15]。

表 3-2-5　不同年龄、性别儿童家长的子女教育感受比较

	小学(1)	初中(2)	高中(3)	$F(p)$	男生	女生	$t(p)$
儿童自主发展	3.59±0.51	3.64±0.50	3.48±0.48	6.24(0.00)	3.52±0.52	3.61±0.48	−2.46(0.01)
儿童权利意识	3.99±0.79	4.23±0.65	4.07±0.78	6.70(0.00)	4.04±0.78	4.14±0.72	−1.95(0.05)

2. 父母对子女教育的心理感受与儿童自主发展等呈显著正相关

父母对子女教育的心理感受各维度间相互关联，对自身教育成效持积极态度的，父母的责任意识也较强，对子女行为的控制感觉更有掌控感，夫妻间对子女教育的分工满意度也更高。其中，父母责任意识与对子女行为的控制感不存在相关性。

父母对子女教育的心理感受源自与子女互动的情形，两者之间会相互影响。整体来看，父母在教育子女的过程中以消极、批评孩子，父母的教育成效相对差，夫妻对育儿分工满意度不高。而父母对子女教育心理感受好的家庭中，孩子的自主发展水平会相对较好。

表 3-2-6　父母对子女教育的心理感受与儿童自主发展水平等的相关

	教育成效(反)	教育责任(反)	子女行为控制(反)	育儿分工满意度(正)	儿童自主发展
教育成效(反向)	1				
父母责任意识(反向)	0.22**	1			
父母对子女行为控制感(反向)	0.45**	−0.02	1		
育儿分工满意度(正向)	−0.38**	−0.10**	−0.35**	1	
儿童自主发展水平	−0.42**	−0.14**	−0.25**	0.34**	1
儿童权利意识	−0.13**	−0.06	−0.11**	0.12**	0.19**

注：** 表示在 0.01 水平上显著相关。

同时,儿童的自主发展水平反过来影响到父母对子女教育的感受度。育儿压力主观感受(如育儿责任捆绑、育儿辛苦、劳累等)以及育儿价值感与儿童的自主意识水平存在显著相关,表现为儿童自主发展水平越好,家长的主观感受相对更好,对育儿的价值感表现为更充实。儿童自主水平处于低分组的父母,更多会认为自己被育儿责任捆绑,照顾子女辛苦多于快乐,普遍认同为人父母比自己想象中的要难(平均分 3.78 分,5 分计)。

表 3-2-7　家长对教育压力的主观感受与儿童自主发展水平

	儿童自主发展水平			
	低分组	中间组	高分组	$F(p)$
做父母比我想象的要难得多	3.79±0.92	3.75±0.91	3.81±1.10	0.05(0.16)
作为父母,我觉得自己被育儿责任捆绑住了	2.87±1.02	2.6±1.00	2.31±1.12	−0.22(0.00)**
我发现照顾教育孩子,辛苦多于快乐	3.14±1.01	3.1±1.03	2.78±1.24	−0.15(0.00)**
养育育儿过程,我经常感到很累(身心疲惫)	3.19±0.99	2.84±0.99	2.49±1.07	−0.29(0.00)**
成为父母,养育孩子是最充实的人生经历之一	3.92±0.88	4.24±0.57	4.51±0.63	0.36(0.00)**

注:**表示在 0.01 水平上显著差异。

儿童权利意识水平与家长育儿压力主观感受比较分析,儿童权利意识强的儿童,其父母在育儿压力的主观评价反倒呈正向积极,儿童权利意识低水平的儿童,父母的育儿压力显著较高。这一发现与我们家长预期和担心的不一致。

表 3-2-8　家长对教育压力的主观感受与儿童权利意识水平

	儿童权利意识水平				
	低分组	中间组	高分组	总体	$F(p)$
做父母比我想象的要难得多	3.77±1.02	3.77±0.94	3.81±1.00	3.78±0.98	0.04(0.23)

续表

	儿童权利意识水平				
	低分组	中间组	高分组	总体	$F(p)$
作为父母,我觉得自己被育儿责任捆绑住了	2.87±1.15	2.57±1.01	2.45±1.05	2.60±1.07	−0.11(0.00)**
我发现照顾教育孩子,辛苦多于快乐	3.09±1.06	3.1±1.05	2.82±1.19	3.01±1.10	−0.09(0.00)**
养育育儿过程,我经常感到很累(身心疲惫)	2.96±1.06	2.90±0.99	2.64±1.09	2.84±1.05	−0.11(0.00)**
成为父母,养育孩子是最充实的人生经历之一	4.15±0.74	4.20±0.71	4.34±0.77	4.22±0.74	0.07(0.04)*

注：* 表示在0.05水平上显著差异；** 表示在0.01水平上显著差异。

(三)双亲亲子陪伴有利于家庭教育与儿童成长

1. 权威型、宽容型家庭中双亲陪伴居多,忽略型家庭中较多无人陪伴

不同的家庭教养方式,家庭内的亲子互动情况也各有差异。共性的特点有：母亲为比较核心的主要陪伴人,在亲子阅读、亲子聊天和作业陪伴方面,母亲的参与显著高于父亲;父亲在亲子游戏/运动等方面表现出相对较高的参与特点。忽略型和专制型的教养方式中,出现无人陪伴的比例显著高于其他教养方式;权威型和宽容型的教养方式中,父母双亲参与的比例显著高于其他类型,且均特别关注亲子沟通和学业情况。专制型的教养方式中,母亲的亲子互动现象明显最普遍;而权威型和宽容型教养方式中,父亲的参与度显著较高。

不同教养方式的家庭中,亲子互动陪伴的时间有差异。大多数家庭会每天花费1小时以下;从亲子互动的时长分析,陪伴作业的时长相对是最高的,23.4%—34.9%的家长表示需要陪伴每天1—1.5个小时甚至更久。其中权威型的教养方式中,父母"偶尔"互动的比率最低,而陪伴时间超过1—1.5小时及以上的比例显著高于其他几类教养方式。忽略型、专制型教养方式的父

90 / 创建儿童友好型家庭

母,"偶尔"亲子互动或陪伴的比例显著较高。

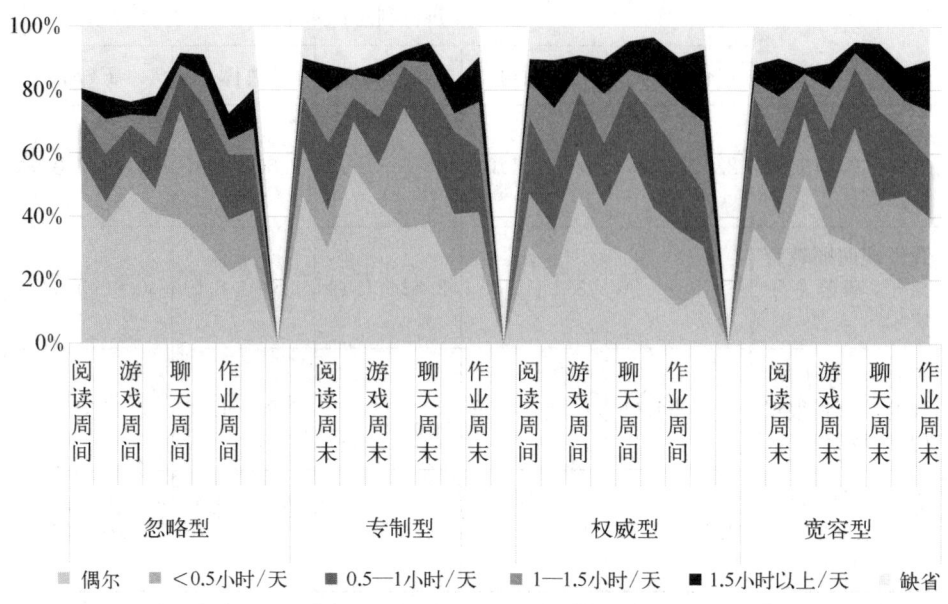

图3-2-2　不同教养方式与亲子互动陪伴的参与主体比较

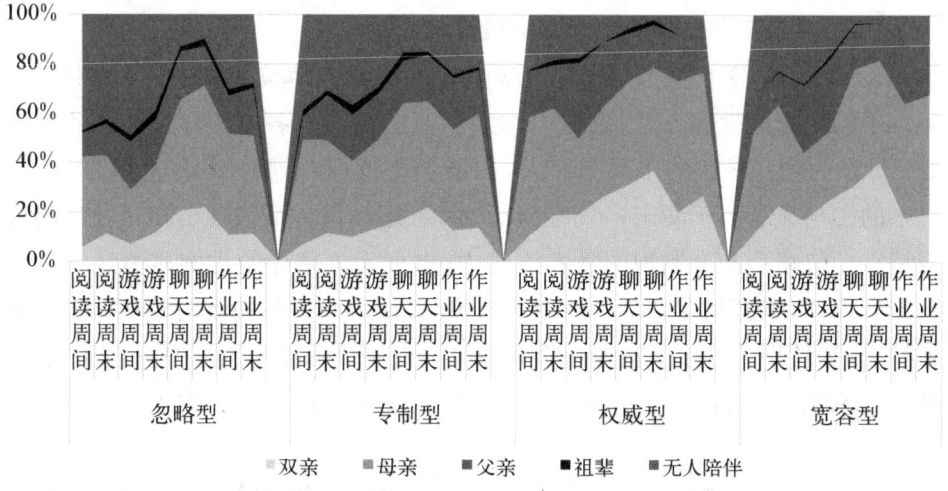

图3-2-3　不同教养方式与亲子互动陪伴时间情况

亲子阅读、亲子游戏/运动、陪伴作业三个维度均呈现出随年龄增长,亲子陪伴(不同角色)比率降低,无人陪伴比率增高的现象。但在亲子聊天维度,初高中年龄阶段双亲参与亲子聊天的比率下降,不聊天的比率增高;但父母一方的亲子聊天现象不存在显著年龄差异,即家庭中总有一方父母会保持与孩子的互动交流;周末父母参与沟通的现象增加,不存在显著年龄差异。

2. 双亲亲子陪伴有利于改善父母双方对子女教育的感受

不同家长角色对子女教育感受的各维度方面,教育成效、父母责任意识和父母对子女行为控制感的维度上没有显著差异;仅在育儿分工满意度上略有差异,表现为母亲对育儿分工满意度的评价略低于父亲的感知($t=1.99, p=0.04$)。主观感受方面,"做父母比我想象的要难得多"这一点上,父母角色之间存在显著差异,母亲的认同度明显高于父亲($t=-2.68, p<0.01$)。其他如育儿责任捆绑、育儿辛苦、劳累等方面未显现父母角色间的差异。

从家庭亲子互动过程中,由双亲参与的家长在对子女教育的心理控制感方面相对更好,而缺少亲子陪伴的家长在子女教育心理控制感方面显著低于双亲或父亲/母亲一方为主的家长。在访谈过程中,家庭教育缺失的家长明显不了解儿童内心的感受、想法或儿童行为背后的原因,对子女教育问题束手无策。一般而言,双亲参与育儿的家长在自身参与意识、鼓励儿童参与的意识与行为方面也显著最高,不陪伴的比例最低。

双亲参与育儿的家长,在育儿压力的主观感受上显著优于独自参与育儿的母亲或者是不太参与育儿的家长。其中在作业陪伴方面,独自参与的母亲在育儿压力的主观感受上显著高于独自参与的父亲或双亲家长,例如会感觉做父母难、辛苦多于快乐、经常感受身心疲惫等。此外,在育儿是不是充实的人生经历之一方面,不陪伴的家长主观评价显著低于参与的家长,反映了家长的育儿参与有助于改变对育儿行为的看法。

3. 亲子互动陪伴情况与儿童自主发展水平、儿童权利意识呈显著正相关

亲子阅读运动以及谈心聊天等活动与儿童自主发展水平呈显著相关,即相关亲子陪伴情况越多,儿童的自主意识水平越好,但与作业陪伴的情况间无显著相关。与之相同,亲子互动中,谈心聊天与儿童权利意识发展之间存在显著正相关,其次是亲子阅读/游戏运动等,陪伴作业的作用不明显。不陪伴的家庭中,儿童的自主发展水平等各方面均显著低于父母参与子女教育过程的儿童,但儿童权利意识的发展未表现出差异水平。

表 3-2-9　　　　　亲子互动情况与儿童自主发展水平发展

	亲子陪伴总体情况	亲子阅读游戏运动	谈心聊天	陪伴作业
自主发展水平	0.19(0.00)**	0.19(0.00)**	0.19(0.00)**	−0.07(0.12)
儿童权利意识	0.09(0.02)*	0.09(0.04)*	0.14(0.00)**	−0.08(0.06)

注：*表示在 0.05 水平上显著相关；**表示在 0.01 水平上显著相关。

在现实生活中，因为关注儿童学业成就，父母与儿童互动最多的是作业的陪伴。丁道勇等人的调查研究显示，目前 90% 以上的亲子之间最经常沟通的内容是"学习"[16]。其中，小学生群体 61.3% 的父母几乎每天都会谈论学习，初中生群体 51.6%，高中生 31.9%。"辅导学习"是小学生和初中生最主要的亲子活动项目，小学生父母每天辅导学习比例达 62.2%，初中生达 32.7%。研究结果显示，家长家庭督导的程度越高，学生的外部动机越强；家长亲子沟通的程度越高，学生的内部动机越强[17]。外部动机的满足不在学习活动本身，而在于学习带来的结果，如取悦家长或老师，避免惩罚等，外部动机的儿童一旦达到目的，学习兴趣就会下降。而内部动机是学习任务或学习活动本身引起的学习动机，一般作用时间更长且稳定有效，儿童也会更积极主动。自主意识水平的培养就是要儿童逐渐具备自主学习、自主管理的能力。显然，陪伴作业的家庭督促并不有利于儿童自主意识水平的发展。

（四）儿童自主发展水平影响到儿童休闲活动

数据显示在周一至周五，儿童的自由支配时间主要有 1—3 小时左右（其中，小于 1 小时的 29.37%，1—2 小时居多占 42.67%，2—3 小时占 15.21%），双休日儿童自由支配时间为 3—6 小时（3—4 小时占 32.12%，5—6 小时占 33.05%）。不同儿童年龄、性别、是否为独生子女以及家庭经济文化水平的儿童分类中，儿童自由支配时间长短方面，均未显现差异性。

从儿童自由休闲时间的调查中可以看出，家长参与儿童休闲生活的情形有待提高，儿童与父母互动的比率即使在小学阶段也不高（小学为 38.25%，高中 11.46%，总体 22.25%），更多以儿童独处为主，包括看书/听音乐/自己玩等占 56.03%，电子产品陪伴孩子的比率高达 70.24%。随着年龄的增长，儿童看书自己玩耍的比率显著降低（小学 70.12%，初中 52.59%，高中

44.67%),与之相应的使用电子产品的比率显著升高(小学58.57%,初中70.66%,高中81.43%)。其次低年龄儿童与兄弟姐妹、小伙伴玩耍的比率相对较高,而年龄渐增,比率显著下降。调查数据显示这些现象不存在显著性别差异。在独生子女与非独生子女的比较研究中发现,独生子女使用电子产品的比率(73.62%)显著高于非独生子女(62.10%),与兄弟姐妹、小伙伴玩耍的比率则显著低于非独生子女(独生子女6.07%—29.03%相比非独生子女29.68%—43.84%)。不同家庭社会经济水平的家庭中,随着社会经济水平的提升,"自己看书/听音乐等独处"和"跟父母一起玩"的比例显著增加。

进一步比较分析发现,自主发展水平高的儿童家庭与自主意识水平低的相比,家长与儿童的互动百分比高出18.32个百分点,儿童能够独立自主地看书/听音乐等的比率比自主发展水平不佳的儿童要高出16.83—23.37个百分点,而使用电子产品的比率则低7.44—15.88个百分点。

目前,电子产品陪伴儿童的现象比较突出。家庭应重视并给予儿童更多有效的亲子陪伴,例如亲子游戏、运动、一起阅读或者聊天;陪伴作业、关注学习并不能激发孩子的自主意识和儿童参与行为。当前我国的家庭教育中,家庭的投入不平衡,表现为金钱(经济)投入极受重视,文化投入受忽视,时间投入较为缺乏,父母子女间的亲情互动不足[18]。2008年的调查数据显示:家长平时每天与孩子谈心聊天不足一小时的占66.7%,家长平时每天辅导功课时间不足0.5小时的占51.8%,家长平时每天与孩子相处的时间超过4小时的不足7%。从数据来看,家长对儿童的教育时间投入在增加,但对亲子聊天或其他亲子互动的时间并未有明显增长,每天能与孩子互动1.5个小时以上的不足3.5%—5.4%。

儿童自主意识、权利意识、参与现状等各维度不同发展水平的比较研究中可以发现,各维度表现好的儿童,休闲时间中会更偏向自己看书、听故事等主控性更好的行为;家庭内亲子互动的情况显著高于各维度表现差的儿童。这说明了家庭的教养方式以及对儿童权利意识的培养等有助于加强亲子关系,提升儿童的自主能动性。

四、研究结论与思考

1. 家庭教养方式影响儿童自主发展等社会适应发展

家庭教养方式是父母在日常生活中对子女的教养态度、教养行为以及由行为向儿童传递出的情感表达,具有相对的稳定性[19]。与现有研究一致,权威型和宽容型教养方式下,儿童的自主发展水平更高;而宽容型教养方式,尤其是专制型教养方式,则限制了儿童自主性的发展。根据自决理论的研究,个体的基本心理需要要求得到满足,包括对自主性、自身能力和与他人建立亲近关系的需要。当儿童与教养环境互动时,父母给予儿童自主支持的环境,儿童更容易感知到自身能力得到肯定;父母给予激励性的话语,让儿童更愿意自主参与,从而形成更大的自主性与更强的自主性间的正向因果促进,儿童更愿意与父母保持良好的亲子关系,产生更多亲社会行为。而控制型的父母未能给儿童营造自主支持环境,当儿童期望自主性而得不到满足时,容易产生具有反抗性的、侵略性的行为。父母的教养方式受到诸多因素影响,诸如父母的性格、社会经济地位、生活压力与情绪控制能力,以及家庭教养方式的代际传递、家庭教育等社会文化因素等,当然也与儿童个体特征如性别等有关。[20]当父母认识到自己教养方式的不足时,可以通过学习教养知识和技能改善教养方式。

2. 自主意识发展是儿童权利实现的前提

儿童权利意识的萌发及儿童权利的落实,需要儿童的参与实践。而儿童的参与,需要儿童自主水平的提高,这也是家长乐见其成的。自主的核心是学会自己做主,它着眼于自主潜能的发掘。对儿童发展来说,对自主的期望既符合个体发展的基本心理需求,也是儿童个体基本的权利之一,即自主权。每一个正常发展的儿童都是有着自主潜能、自主意识的能动的个体。自主是一种能力,儿童的自主意识和能力的发展是一个阶段性、渐进的过程,是在与生活的环境、居住的关系及社会结构的互动过程中得以培养的,但亦可能遭到破坏。自主不是一天就可获得的静态品质,它是一种需要持续不断的关系来滋养的能力。

当儿童与父母表现为平等的关系,儿童权利才有意义。而这种平等关系的动态互动,就是家庭内儿童参与环境的积极营造。

儿童权利意识作为一种社会意识,需要后天的培养和熏陶[21]。联合国儿童基金会发布的以"儿童参与"为主题的《2003 年世界儿童状况》明确指出:"促进儿童和青少年有意义和高质量地参与对确保他们的成长和发展至关重要。一个从人生初始阶段就受到鼓励来积极参与这个世界的孩子将可以在儿童早期发展其能力,并能很好地把握受教育的机会,而进入青少年时期后,这个孩子将满怀信心,果敢决断,并有能力参与家庭、学校、社区和国家的民主对话与民主实践。"[22]

3. 儿童自主意识与权利意识的发展有助于缓解父母的教养压力

家长的参与意识与行为,尤其是家长对儿童参与的鼓励,将积极地激发儿童的参与行为,发展儿童的权利意识与自主意识;而儿童的自主意识又可给予家长对子女教育的心理控制感,从而形成良性循环。不同年龄段的儿童能够参与与其年龄相应的理解和决策能力,应从小在家庭内培养孩子的参与意识和能力,激发孩子的自主意识。不要事事为孩子做主,孩子是有能力做出适合他/她年龄段的判断。鼓励孩子把自己的想法说出来,建立亲子沟通的渠道;设定自由与规律的合理界线,儿童具备权利意识并不会带来不可控性。研究表明:家长明显低估孩子对发展权和参与权的重视,却高估了孩子争取权利的冲突频率。也就是说只有少数儿童会经常维护自己的权利,为此不惜与父母发生冲突。大多数儿童会采取更为温和的维权方式,首选是与家长交流、沟通,第二选用争辩、吵闹的方法,也有不少会选择用积极的行动证明自己可以享受这些权利。极少数孩子会采用较极端的方法,如利用法律。不少儿童根本不会与父母发生争执或冲突,反而和父母维持关系,从不激化矛盾的角度考虑,即便孩子认为父母做得不对,但也会想着父母是为自己好,能够体谅父母的苦心[23]。

4. 父母有效地参与有利于儿童自主发展水平和权利意识的萌发

父母的有效参与很关键。有效的父母参与可以促进儿童身心智多方面的健康成长,父母角色的构建和自我效能决定了父母参与的程度。如果父母认为参与儿童的教育过程是自己的职责,那么就会积极地参与;如果父母认为自己能够做到,也将积极参与儿童的教育过程[24]。不少研究者对父母参与给出了不同的界定,美国社会学教授爱普斯坦(Joyce L. Epstein)提出的父母参与包含积极参与养育、积极围绕孩子教育及活动开展交流、作为志愿者参与学校日常事务等活动、帮助孩子完成家庭作业及其他学习活动、以代表的角色参与学校重大决策活动或者整合社区资料和服务促进家—校—社活动等,这些都有利于促进儿童的成长,有助于培养学生积极的学习态度和行为,增强完成作业的意愿,对待课业也会更为积极[25]。同时,父母参与的言行会成为儿童模仿的主要对象,激发儿童也积极地参与各项学校、社区或社会事务,自主意识水平也会更强。

因此,家长在家庭内营造更多温情宽容的教养环境,给予儿童更多宽容与空间,制定适度有效的家庭规则,这将有效激发儿童的自主意识、权利意识和参与行为。权威型家庭教养方式中,父母与儿童是平等的权利主体,相对尊重儿童的参与权和选择权,较少干涉控制,不会强迫儿童接受父母的观点和态度。

合理的育儿分工合作能够为儿童创造更为温馨民主的家庭氛围。亲子互动更为频繁的家庭教育效果更有效,双亲育儿对子女教育的心理控制感、教养压力等各方面更胜一筹,因此提倡父母双亲分工合作的育儿参与,有效分解育儿责任和育儿压力。

第三节　父母教养方式对儿童参与的影响

一、研究背景

"少年强则国强。当代中国少年儿童……是实现第二个百年奋斗目标、建设社会主义现代化强国的生力军"[26]。将一个儿童培养成能够参与社会发展和城市建设的主观能动者,离不开家庭环境的支持和父母的从小培养。

家庭环境是儿童社会化的第一个实例,也是儿童在很小的时候就可以选择参与的第一个地方[27]。儿童家庭内的参与有助于儿童社会化发展,有助于发展儿童的社会能力和责任意识[28],也能促进他们更多参与其他活动[29]。中国儿童中心的一项"城市家庭中儿童权利保护状况的调查研究"中发现,以往研究中父母最忽视的参与权略有提升[1]。《从儿童视角探索上海市儿童友好城市建设》的调查研究中发现,儿童对家庭生活、安全与保护、教育资源的评价普遍积极认可,但对参与权与公民权利的评价较为消极[30]。相对来说,家庭和学校是我国儿童参与的主要领域,但儿童参与权行使的范围因学业挤压,被不适当的缩小;而社会、家庭对儿童参与权利的重视程度不够。

二、相关研究

家庭是最早,也最有利于儿童参与的空间。相较于学校和社区环境,家庭是儿童在日常生活中表达心声和参与的最便利的环境。儿童参与日常生活是其成长发展中非常重要的学习过程[31]。童年社会学认为"儿童有能力理解、行动和参与"[32]。"孩子们的积极参与涵盖于无数的经历、活动和关系",在很小的时候儿童就会主动要求自主参与,会考虑某些决定,诸如朋友的选择、自己的穿着等。家庭内的儿童参与包含非正式参与和正式参与。非正式参与广泛而多样化,包括儿童在家庭中发表意见、参与决策的过程,如食物、就寝时间、家庭作业、零花钱使用、走亲访友等事务。儿童经常以一种随意的方式与父母互动、协商[33]。随着年龄的增加,儿童参与决策的范围变得更宽泛,参与领域从家庭延伸到学校、社区乃至社会生活各领域的决策和权利发展[34—35],在决策上逐渐拥有更大的发言权,有时也会更多面对父母的拒绝或反对[36]。正式的儿童参与较多在医疗或法律服务等领域,例如与其相关的医学治疗、手术等的决策,父母离异后的监护决策等[37],儿童所做出的这些决定对其生活往往会产生深远而直接的影响[38—39],如儿童(监护、探视、抚养)和其他家庭破裂事件(虐待/忽视、安置)导致的收养和精神卫生服务等。《民法典》将限制行为能力的未成年人的年龄下调至 8 岁,强调在收养、与谁一起生活方面听取 8 岁以上未成年人的意见。随着年龄增长,儿童参与可以培养公民技能和亲社会行为,促进儿童与成人间的积极关系,与其主观幸福感呈正相关[40—41]。

父母是实现儿童参与的重要力量,也是潜在的阻力。随着家庭教育观念的变化,家长认可儿童可以参与家庭事务的年龄在下移。2016 年上海儿童家庭认为儿童可以参与决策的平均年龄为 8.9 岁,低于 2006 年 13.6 岁的均值,认可率较高的(众数)年龄范围在 7—10 岁,也远低于 2006 年 10—18 岁的年龄范围①[42]。尽管儿童参与权利已经得到国家立法保护,家庭内儿童参与的年龄下移,但不得不承认,受传统观念影响,几乎所有国家的成人依然会不同程度地存在家长权威意识,这是对实现儿童参与的重要挑战。父母的态度对儿童权利的实现至关重要,因为父母的权利地位高于儿童,决定着儿童权利的保护和实现。父母对养育、儿童自主参与权的态度是决定儿童实际拥有权利经历的一个重要因素,影响并决定着儿童对自身权利的实际感受,同时在塑造儿童对儿童权利的概念和态度方面发挥作用[43]。作为父母,有责任支持儿童发展和表达自己的观点以发展其权利及能力。

父母的教养方式、家庭互动、家庭社会经济地位、家庭结构等都会对儿童发展产生深远影响,其中最主要的是父母的教养方式。父母的教养方式决定

---

① 数据来自 2016 年上海市科学育儿基地课题"家庭教育中儿童权利保护的实践探索"的数据,未发布。

了家庭的动态关系,既可以促进儿童参与,也可以相反地制约儿童参与。塞尔维亚社会学教授托马诺维奇把家庭内儿童参与的情况分为传统型、过渡型和参与型,并认为大部分家庭属于第二类,与传统型家庭相比,过渡型家庭中父母通过正规教育(工薪阶层)或让孩子参加各种课外活动(中产阶级)对孩子进行投资,有更开放的交流协商,但家庭角色与权利上仍不对等,而参与型家庭通过陪伴、合作、亲子关系改善等来培养儿童参与以促进儿童决策、参与和自主等各领域的发展[44]。家庭内儿童参与程度很大程度上取决于家庭社会经济地位和家庭习惯,会保持相对稳定的参与模式,但也会随着亲子互动有所发展,有些会因为儿童要求更多自主权而朝向更多参与的方向发展;而有的家庭会保持传统的模式,儿童已经"内化"并在生活中妥协。家庭内促进儿童参与的因素包括可以在家庭内讨论的空间、良好的家庭关系、父母的倾听、信任感以及个体独立程度等。儿童认为父母的倾听和信任是促进其参与的重要因素。倾听有助于建立关系、培养信任、感知温情,强化个人价值,反之,会导致消极的经验感受[33]。同样,信任会使儿童更愿意与父母协商,获得更多的自主权。一般来说,当亲子关系建立于相互尊重,父母重视倾听,采取相对开放的沟通对话方式,更能促进儿童的参与[27]。

儿童参与权的保护促进受当代养育理念与城市社会发展相互作用的影响。随着街道公共空间的使用减少及安全隐患,也受到学业压力和家长观念影响,有些重要的儿童参与议题被忽视,儿童虽然参与的意愿强烈,但参与的机会受到时间、空间等基本条件的限制,知行间存在差距;其次,受家庭因素如父母受教育水平、家庭社会经济因素等影响,儿童参与存在很大个体差异。本研究立足家庭,探索父母在儿童友好型环境创设过程中,父母的教养方式对儿童的参与意识形成、对儿童社会参与的影响作用,这是一个很少受到实证关注的问题[45]。这一方面的研究才能揭示家庭内如何实现儿童参与,促进儿童社会参与的可能性。

三、研究方法

1. 研究对象

调查样本取自上海市某区三个不同经济水平的社区,采取整群抽样法,从小学、初中和高中九所学校中抽取两个年级各一个自然班,学生卷统一施测,讲明研究意图并强调自愿、匿名、如实填写。家长卷由儿童带回家庭,第二天回收。总计发放不同年龄水平的儿童卷及其家长卷各 900 份,回收后剔除废卷及无法匹配的问卷,剩余有效问卷 769 份,有效率达 85.4%。

表 3-3-1　　　　　　　　调查问卷发放情况表

年龄段	人　数	性　别	
		男	女
小学	259(33.7%)	128(16.6%)	131(17.1%)
初中	253(32.9%)	115(15%)	138(17.9%)
高中	257(33.4%)	114(14.8%)	143(18.6%)
合计	769(100%)	357(46.4%)	412(53.6%)

2. 研究工具

(1) 父母教养方式

父母教养方式问卷采用了父母教养方式评价量表(EMBU)中文版修订中的核心指标,即父母教养方式中被广泛接受的要求(控制)和需求反应(温暖):干涉控制和情感理解[9]。拟合指标 $\chi^2=57.6$(df=46, $p>0.05$),RMSEA 为 0.02,CFI 为 0.98,NFI 为 0.91,IFI=1。内部一致性信度克隆巴赫 α 系数分别达到 0.90,分半信度系数分别达到 0.75—0.88,表示信效度良好。以情感理解的中位数(4.3)和干涉控制的中位数(3)为界,将样本分为高、低回应组并交互,即得到教养方式的四种类型:权威型、专制型、宽容型和忽略型。

(2) 儿童参与行为问卷以及父母对参与的态度问卷

自编问卷效度 KMO 值达到 0.81(p 值 0.00),贡献率 65.8%,内部一致性信度克隆巴赫 α 系数分别达到 0.84,分半信度系数达到 0.74—0.82,信效度良好。

"父母对参与的态度"问卷主要测量父母自身社会的积极参与以及他们对儿童参

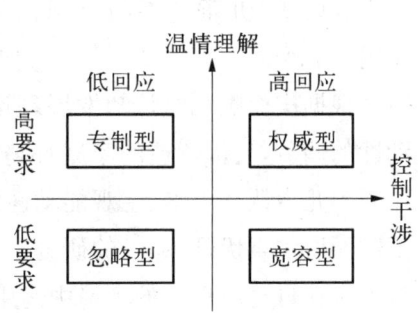

图 3-3-1　父母教养方式分类

与的积极正向态度,问卷效度 KMO 值达到 0.87,累计贡献率 70.5%;内部一致性系数 0.91,分半系数 0.85—0.89,信效度良好。

(3) 儿童参与的权利意识问卷

"儿童参与的权利意识"问卷参考 Hareket 等人对儿童参与权利的认知描述[13—14]。问卷效度 KMO 值达到 0.93,贡献率 54.7%,内部一致性系数 0.91,分半信度系数 0.83—0.85,信效度良好。

3. 研究构想

本研究着重探讨:① 父母教养方式对儿童参与行为的影响;② 父母的参与态度与观念对儿童参与行为的影响,是否存在中介效用。研究做了如下几个理论假设:

假设1　父母的教养方式会影响儿童参与行为。

该假设参考相关研究,如高芬(Gauvain)等的研究中发现父母教养方式对儿童在发展其认知技能如计划、参与决定课后活动等方面有着影响作用[46]。本研究中儿童参与行为包含儿童在家庭、学校以及社区等领域中的参与情况。

假设2　父母对参与的积极正向态度能发挥中介作用,即父母支持和肯定社会参与,儿童相对也能更积极参与。

成人(包括家长)赞成和支持儿童参与各种领域是儿童参与行为是否成功的一个关键问题。因为在家中通常是由家长决定儿童的权利能否实现,决定儿童权利的具体实施,尤其是对年龄较小的儿童而言。我国家庭中,父母常常不让儿童参与,甚至代替儿童参与某些活动[47]。所以,父母自己是否喜欢参与和关心社会事务,如何看待儿童参与权将决定着父母给予儿童自主的空间,从而影响到儿童参与行为的实现。

假设3　儿童的参与意识在父母教养方式及儿童参与行为间发挥中介作用。

根据皮亚杰儿童认知发展理论,儿童与环境的互动作用受到个体主观能动性的调节,父母营造的家庭环境、参与氛围等与儿童实际的参与行为之间,还受到儿童认知水平、主观能动性的影响。"儿童在很小的时候就可以有主见了",而埃尔索伊(Ersoy)的研究认为"如果儿童无法充分了解自己的权利,也就无法在自己所生活的环境中运用自己的权利。"[14]因此本研究假定儿童自身的权利意识起到一定的影响作用。

四、研究发现

(一) 父母教养方式与观念影响儿童参与的观念与行为

父母教养方式中,情感理解维度、父母对参与的正向态度与儿童参与的权利意识和行为之间存在显著正相关($p<0.001$),也就是说,宽容温情的教养方式下,父母自身乐于社会参与的家庭中,儿童的参与意识也相对更强,参与行为更加积极。此外,教养方式中干涉控制维度则与儿童参与的权利意识呈显著负相关,说明父母过度干涉控制并不利于儿童权利意识的萌发。

表3-3-2　父母教养方式、观念与儿童参与的相关分析

	m	sd	父母情感理解维度	父母干涉控制维度	父母对参与的正向态度	儿童参与的权利意识	儿童参与行为
父母情感理解维度	4.12	0.79	1				
父母干涉控制维度	2.94	0.93	−0.06	1			
父母对参与的正向态度	3.28	0.81	0.26***	0.05	1		
儿童参与的权利意识	4.1	0.75	0.39***	−0.16***	0.2***	1	
儿童参与行为	3.4	0.78	0.53***	−0.07	0.38***	0.51***	1

注:***表示在0.001水平上显著相关。

(二) 宽容温情的教养方式、父母参与社会事务的态度能预测儿童的参与行为

依次回归分析,当父母情感理解、父母对社会事务参与的正向态度以及儿童参与的权利意识同时进入回归方程时,回归拟合效果增加(见表3-3-3方程四)。父母教养方式中情感理解维度、父母对社会事务参与的正向态度可以正向预测儿童参与行为,即积极正向的教养方式更有利于激发儿童的参与行为,当父母乐于参与社会事务时,也会支持和鼓励儿童参与。

表 3-3-3　　　　变量关系的分层回归分析($n=769$)

	回归方程		拟合指数		回归系数及其显著性	
	因变量	预测变量	r^2	F	B(SE)	t
一	儿童参与行为	父母情感理解	0.28	292.9***	0.52(0.03)	17.1***
二	儿童参与行为	父母情感理解	0.35	198.9***	0.45(0.03)	15.1***
		父母对参与的正向态度			0.026(0.00)	8.69***
三	儿童参与行为	父母情感理解	0.39	235.5***	0.38(0.03)	12.56***
		儿童参与的权利意识			0.37(0.03)	11.32***
四	儿童参与行为	父母情感理解	0.44	191.9***	0.34(0.03)	11.28***
		父母对参与的正向态度			0.02(0.00)	8.0***
		儿童参与的权利意识			0.34(0.03)	10.78***

注：***表示在0.00水平上显著影响。

其中父母情感理解维度对儿童参与行为的直接影响作用始终比较显著，假设1得到验证并进一步聚焦，即温情宽容的教养方式作用凸显。这一结果与以往的教养方式对儿童学业的影响作用相似，即权威型和宽容型教养方式下成长起来的儿童显著优于专制型和忽略型教养方式。

路径分析过程中，以父母教养方式为自变量，以儿童参与的权利意识和父母对参与的正向态度为中介变量，儿童参与行为为因变量，模型示意图见图3-3-2。各项拟合指标均在理想范围内，其简约适配度指数 $\chi^2/df=2.05<5$，$p=0.13>0.05$；RMSEA$=0.038<0.08$；绝对适配度指数 GFI$=0.99$，AGFI$=0.98$，CFI$=0.99$，IFI$=0.99$，说明该模型具有较好的拟合度。

根据海耶斯提出的中介检验[48]，父母对社会事务参与的正向态度、儿童参与的权利意识在父母教养方式与儿童参与行为之间的间接效应值分别是0.06和0.12，95%的偏校正置信区间为[0.15，0.23]，该区间不包含0，中介作用显著。由于父母情感理解维度影响儿童参与行为的路径显著，即该中介效应为部分中介效应。父母对参与的正向态度与儿童参与行为之间，儿童的参与意

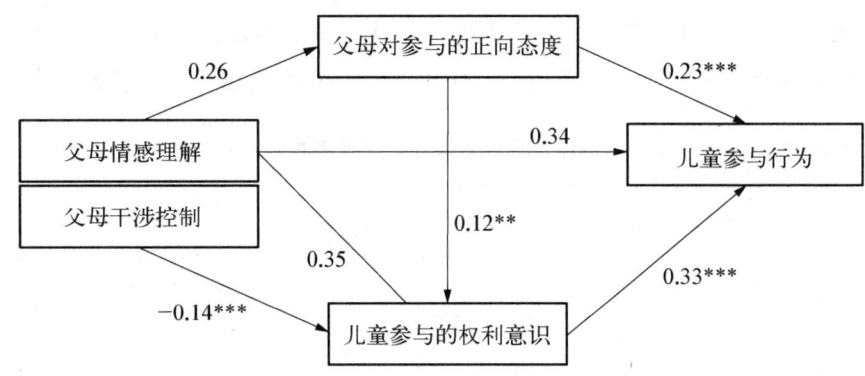

图 3-3-2　父母教养方式影响儿童参与行为的标准化路径系数图

注：**表示在 0.01 水平上显著影响；***表示在 0.00 水平上显著影响。

识会起到中介影响作用，置信区间在[0.02,0.07]，存在部分中介效应。假设 2 和假设 3 得到验证。

表 3-3-4　　　　　　　　　中介效应分析($n=769$)

影响路径	标准化的间接效应估计	95%的置信区间	
		上限	下限
父母情感理解→父母对参与的正向态度→儿童参与行为	0.26×0.23=0.06	0.15	0.23
父母情感理解→儿童参与的权利意识→儿童参与行为	0.35×0.33=0.12	0.15	0.23
父母情感理解→父母对参与的正向态度→儿童参与的权利意识	0.26×0.12=0.03	0.01	0.06
父母对参与的正向态度→儿童参与的权利意识→儿童参与行为	0.12×0.33=0.04	0.02	0.07
父母情感理解→父母对参与的正向态度→儿童参与的权利意识→儿童参与行为	0.26×0.12×0.33=0.01	0.15	0.23
父母干涉控制→儿童参与的权利意识→儿童参与行为	−0.14×0.33=0.05	−0.06	0.003

不同家庭类型的比较分析可以看出，情感温暖维度得分较高的宽容型和权威型家庭中，儿童参与行为和儿童参与的权利意识显著高于忽略型和专制

型家庭,说明温情宽容的家庭教养环境,即对儿童的需求给予高回应,对儿童参与的实现更有积极的影响作用,更有利于亲子关系及儿童自主性的发展[49]。

表 3-3-5　　不同家庭类型间儿童参与与父母参与的比较

	儿童参与行为	儿童参与的权利意识	父母对参与的正向态度
忽略型	3.12±0.69	3.93±0.69	2.99±0.69
专制型	3.05±0.72	3.72±0.87	3.19±0.83
宽容型	3.85±0.68	4.41±0.54	3.45±0.79
权威型	3.72±0.70	4.28±0.69	3.54±0.82
$F(p)$	65.25(0.00)	37.49(0.00)	20.1(0.00)

注:忽略型/专制型 vs.宽容型和权威型间显著差异。

当代发展心理学认为,满足儿童参与的需求(核心是自主的需求)有助于儿童的心理发展,有利于儿童对自我身份的认定、潜能的发展,也是为儿童实现独立、探索外部世界创造机会。四种教养方式中,宽容型家庭的儿童参与的权利意识最强。当父母自身乐于积极参与社会、学校等的事宜,也会更加鼓励儿童积极参与与之相关的事务。

五、讨论

根据童年社会学的有关研究,儿童完全有能力积极参与社会活动,并做出有益的贡献。但要实现儿童真正的参与,需要我们创设环境,创设允许儿童参与与之有关的事物的环境和机制;其次,需要赋权儿童,帮助儿童获得参与与自身有关的事物与利用可参与的环境的知识、价值观和技能,在不允许参与的环境中创造供其参与的必要条件[50]。

1. 温暖理解的教养方式以及父母支持儿童参与是儿童实现参与的最直接有效的环境创设

不同的教养方式下,父母对儿童参与的认同与支持不尽相同。宽容型及权威型的家庭中,父母会更多关注、回应和支持儿童参与。宫秀丽等人研究认为,父母教养方式对儿童的权利行为倾向具有极其显著的预测作用[51]。美国心理学家高芬和苏珊认为父母对儿童成熟的要求和家庭温暖支持能够提高儿童的参与,而父母的控制则会减少儿童的参与[52]。本研究中的结论验证了高芬的结论,温暖支持的家庭环境,父母提供更为明确开放的沟通渠道,重视倾听、协商和相互尊重,因此相对民主,这样的家庭环境更有利于儿童参与,与高芬的结论不同的地方是,父母的干涉控制对儿童参与的权利意识有影响作用,并间接影响儿童的参与行为。

2. 父母教养方式和父母对参与的正向积极态度促进着儿童权利意识的形成和发展[53],影响儿童在家庭、学校或社会的参与行为

父母的教养方式在儿童认知和非认知技能的培养中起着重要作用[35]。Day 等人认为家庭在形成一个人对权利的态度和信念方面的作用是突出的[54]。父母关于权利的价值观念、知识和信念可以直接地,例如通过明确讨论与权利有关的问题和给予与保留权利的行为,或间接地,例如在解决家庭冲突的范围内,传给年轻人。儿童和青少年如何看待权利与他们如何在自己的生活中体验权利有关。如儿童对国家大事、公民意识程度受到父母的直接影响[55]。就如法国社会学家布迪厄(Pierre Bourdieu)惯习理念阐释[56],父母通过自身的文化资本安排儿童参加一系列活动,以父母潜移默化的思考方式或行为举止等来培养儿童的各项能力,在儿童参与能力上亦是如此。权威型教养方式的父母,尊重儿童的权利意识,不会把自己的观点和态度强加于儿童,并且会帮助儿童"找到自己的方法"来鼓励儿童,允许儿童自主。在这样的教养环境中,儿童能潜移默化地获得权益意识,形成富有权利概念的自主意识,即"我是有权利获得尊重,参与与我相关的事务等"。美国法律和政治学教授詹尼弗(Jennifer Nedelsky)认为,权利只有在集体中作为平等关系的标志才具有意义[57]。当儿童与父母处于平等关系,儿童权利才有意义和价值。而家庭内这种平等的动态互动,就是对儿童参与环境的积极营造。

3. 在日常生活中赋权儿童,才能真正实现儿童参与

此次调查中,儿童参与权利意识高而参与行为并不理想。造成儿童知行分离的根源,在于父母在儿童参与权及教育权上的偏好取舍。"家长常常不让儿童参与,甚至代替儿童参加某些活动。为了使儿童有更多时间进行应试学习,家长不允许儿童参加非考试课程的学习、不允许儿童做家务、看电视和上网,认为这样会影响学习。"父母在考量是否给予儿童参与机会时,会首先考虑与学业是否冲突、接送是否方便、参与是否有回报、是否会导致自己在教育管理上的麻烦等。儿童参与可以增强儿童的能力,帮助儿童发展辩论、交流、协商、优先考虑和决策的技能,增强自尊,让儿童产生自我效能感等。但一部分

父母没有认识到儿童参与的重要性和价值。事实表明，不少积极参与各类学校、社区活动的学生，在人际互动、学业成就等方面也毫不逊色。同时，部分父母也忽略了儿童经常性的参与，与父母一起活动，可以促进亲子间的亲密感和家庭成员间的信任感。与参与机会较少的儿童相比，经常参与的儿童在成年之后，在遭遇困难时会更多寻求家人的帮助或征询家人意见，而非朋友[58]。

六、总结

儿童参与的实现离不开成人的支持和鼓励。成人需要为儿童建立一种安全、轻松的参与环境，更多地认识到儿童参与对儿童认知与非认知能力的积极作用，给予更多参与机会。建议家长营造温情宽容的教养环境，给予儿童更多宽容与空间，减少干涉与控制；家庭内有更多的亲子互动与参与，合理的育儿分工合作，为儿童创造更为温馨民主的家庭氛围，激发儿童的权利意识和参与行为。

家长需要有意识地培养和熏陶儿童对自身参与权利的认知。只有儿童首先具有权利意识，对自身权利得到尊重保持必要的敏感，儿童的权益才有可能得到最大限度的维护。父母知行统一，通过自身的榜样作用，鼓励儿童积极参与与之相关的事务，将积极地激发儿童的参与行为，发展儿童的权利意识。不要事事为孩子做主，让不同年龄段的儿童能够参与与其年龄相应的理解和决策能力，激发孩子的参与自主意识。孩子有能力做出适合他/她年龄段的判断，鼓励孩子把自己的想法说出来，建立亲子沟通的渠道；设定自由与规矩的合理界线，儿童具备权利意识并不会带来不可控性。

第四节　父母在儿童社会参与中的积极作用
——以儿童议事会为例①

一、研究背景

家庭教育的最重要目标是将儿童送入社会，融入社会，成为一个独立自主的社会人。与"两耳不闻窗外事，一心只读圣贤书"的古代教育现象所不同的

---

① 本节数据来自复旦大学与上海市妇女儿童发展研究中心合作的重点课题"儿童议事会促进儿童公共参与提升的行动研究"，感谢课题主要负责者复旦大学社会发展与公共政策学院社会工作专业博士生张舒以及课题指导老师赵芳教授。

是，现代儿童教育心理学、儿童发展心理学、儿童社会学等研究中，均强调儿童社会性发展的重要性。儿童的成长本身就是这是一个社会化的过程，各种能力的发展，学习技能的积累，建立自尊与自信，学会适应新的环境，并为未来接受成年期的挑战做好准备。我们的社会文化早已将儿童视为积极的社会存在，他们在主动地构建和创造社会关系[59]。儿童参与是促进儿童社会发展的有效途径，鼓励儿童参与家庭、学校或社会是有助于儿童社会化的有效渠道，也是现代儿童健康成长的重要权利之一。

为推动儿童权利的保障与落地，联合国儿童基金会及联合国人居署提出"儿童友好型城市"，欢迎儿童参与街区或城市的规划之中，政府可以让儿童参与有关事务的过程中，畅通儿童参与和表达渠道，鼓励儿童参与社会事务和社会公益活动，提高儿童的社会参与能力，提升原有街区或城市对儿童的友好度。

在过去几十年里，世界各国做出了各种探索，儿童参与的领域与方式得到了全面的发展。儿童参与领域从正式领域如司法决策、公共福利政策与公民议事政治等，到非正式参与诸如邻里社区的改建、学校内的建言献策等。儿童参与的形式有儿童委员会如国内的红领巾理事会、儿童议事会、儿童规划师、儿童俱乐部等。其中，儿童议事会作为一个有效的机制为众多地区接纳并实践。儿童可以通过儿童议事会讨论正式或非正式议题，以向学校、社区、城市乃至国家层面表达意见。

上海为推进儿童友好社区创建试点工作，自2019年起，在不同社区开展儿童议事会项目的尝试，旨在搭建儿童参与社会管理的有力平台，培养儿童参与、发现、探索、思考等能力，进一步增强儿童社会责任感和使命感，让儿童能够有更多的渠道和方式参与到所居住社区的社会发展和城市建设中。儿童属于弱势群体，是限制民事行为能力的主体。因此，在儿童议事会项目的推进中，儿童往往需要家长等的监护，儿童家庭尤其是父母对儿童参与的支持作用不容忽视。

二、研究综述

在《儿童权利公约》的推动下，儿童社会参与活动持续增加中，我国的儿童友好型城市推进工作中，也尤其重视儿童参与的实现。对儿童社会参与及儿童权利实现的研究相应增加，从不同的维度来探析儿童参与的现状与价值。有研究者从法律、社会改善等层面认为儿童参与社会可以维护儿童的权利，履行法律赋予的责任,改善面向儿童的服务,提高儿童相关决策,促进儿童保护,加强社会民主[60]。有研究从儿童发展的角度认为儿童参与是一种公民教育,有利于促进儿童社会适应,提高青少年相对于成年人的地位[60]。也有研究认为儿童参与可以提高儿童的生存能力,提高自我效能或自我价值,加强民主公民权[61]。

儿童社会参与的实践与研究涉及范围颇广。除了以民主公民参与为基础的儿童自治机构的儿童参与[62],如儿童委员会;还有参与为特定目标而成立的儿童和青少年组织,如儿童议事会等;参与传统的儿童组织如儿童俱乐部、社团,或者参与为儿童相关公共服务的咨询工作[63],参加社区或民间社会组织开展的儿童工作,如为社区规划建言等;参与邻里社区的公共活动、学校内的活动,也有参与司法程序中关于家庭监护、儿童保护工作中的征询决策过程[64],更有邀请儿童参与儿童问题研究的研究[65]等。

儿童参与相关的实践或研究项目涉及学者、研究人员、实践者(专家等)、社区工作者或各级政策制定者,以及儿童和年轻人自身。但最重要的群体就是儿童的家人,尤其是其父母。通常情况下,成年人会对儿童参与的能力持保留态度,成人不太习惯聆听儿童独立的声音,而更偏向用自己的价值观来判断[66]或者帮助儿童做出决策。儿童的父母往往以儿童能力不足、儿童不感兴趣、学业为重以及为了更好地保护儿童免受挫折等理由拒绝让儿童参与社会活动。但也有父母从教育资源和文化资本积累的视角,鼓励儿童更多地参与课外探索活动和有组织的社会参与以增加儿童的竞争优势,促进儿童未来的职业发展,受过良好教育和富裕家庭的孩子也更愿意通过竞选加入一些组织[67]。弗莱彻(Fletcher)等人的研究发现,父母可以通过个人参与社区和加强子女的兴趣来树立榜样以促进社区参与,且确认参与可以加强积极的社会价值观、促进潜在的公民活动[68]。

国内对儿童参与的研究尚处于探索阶段,更多聚焦儿童更为熟悉的家庭、学校等领域。丁道勇等人调查了我国儿童参与权在各领域的实践情况,少数儿童对社会公共参与表现出兴趣,也较少有"努力改善公共生活"的行为[16]。周金燕等人聚焦不同群体的儿童参与,就城市与农村、白领与蓝领、父母教育水平不同家庭的儿童在家庭、学校、校外、社会公共生活乃至网络的参与进行了差异比较研究,研究中发现教育水平偏高的儿童父母更鼓励儿童参与本地社会问题、中国社会问题、国际政治问题、环境问题和改善公共生活等[69]。对儿童社会参与的实践多聚焦在儿童友好城市、社区的创建中,如有探讨儿童参与在儿童友好型公共空间设计中的应用[70],或参与到儿童友好型社区空间的微更新改造[71]等。

三、研究方法

研究团队前期到上海市某区各街镇儿童议事会进行实地调研,开展参与式观察,对儿童议事员、家长及儿童议事会运营工作人员进行访谈,累计访谈30人。在质性资料初步分析的基础上,结合文献研究,设计"儿童公共参与"调查问卷,进一步探究父母对儿童参与儿童议事会的影响作用。

问卷调查对象为上海市某区12个街镇的6—18岁儿童及其家长,包括参与过儿童议事会、其他儿童组织以及未参与任何儿童组织的儿童及其家长,共计629名儿童及625位家长填写问卷,最后保留有效问卷601份,如表3-4-1所示。

表3-4-1　　　　　　　　被调查的家长/家庭基本情况

维度	分类	人数(%)	维度	分类	人数(%)
儿童性别	男	316(52.58)	母亲学历	初中及以下	82(13.64)
	女	285(47.42)		高中	123(20.47)
家庭月总收入	5 000元以下	34(5.66)		本科	374(62.23)
	5 000—1万元	168(27.95)		硕士及以上	22(3.66)
	1万—1.5万元	140(23.29)	儿童学龄	小学	254(42.26)
	1.5万—2万元	123(20.47)		初中	292(48.42)
	2万—3万元	72(11.98)		高中	56(9.32)
	3万元及以上	64(10.65)	社会组织参与情况	儿童议事会	127(21.13)
父亲学历	初中及以下	64(10.65)		社区儿童规划师	12(2.00)
	高中	118(19.63)		红领巾理事会	14(2.33)
	本科	392(65.23)		少先队代表大会	78(12.98)
	硕士及以上	27(4.49)		未参加	366(60.90)

四、研究发现

(一) 儿童议事会参与实践的现状

1. 社区儿童议事会的人群覆盖面略广,核心骨干中班干部比例偏高

儿童议事会中,非班干部参与的比例比参与少先队代表大会、红领巾理事会略高,中小学阶段儿童更多属于普通成员(未担任任何学校班级职务),占35.43%,高于初中(19.93%)和高中(14.29%)阶段,男女性别各半。参与少先队代表大会、红领巾理事会的儿童对象中,班干部的比例显著高于非班干部,分别高出28.58和46.16个百分点。相对来说,儿童议事会的儿童群体覆盖面更广。

儿童自治组织的核心骨干中,班干部的比例显著高于非班干部,比例为87.5%∶12.5%。普通成员中,班干部的比例也相对略高,差20个百分点。不同儿童参与的情形与其自身的参与积极性有关,也与父母、教师等成人的肯定和支持相关。

2. 儿童社会参与的积极性较高,更多与父母协商参与

儿童在不同儿童自治组织中参与的频率不尽相同,儿童议事会中54.33%的儿童能够"充分参与,出席率在80%以上",红领巾理事会中,21.43%的儿童能够保持出席率在80%以上,57.14%的儿童表示能够"经常参与,出席率在60%—80%",参与少先队代表大会的儿童参与率比较分散。

儿童参与自治组织的不同状态下,当公共参与活动与补习班、兴趣爱好班

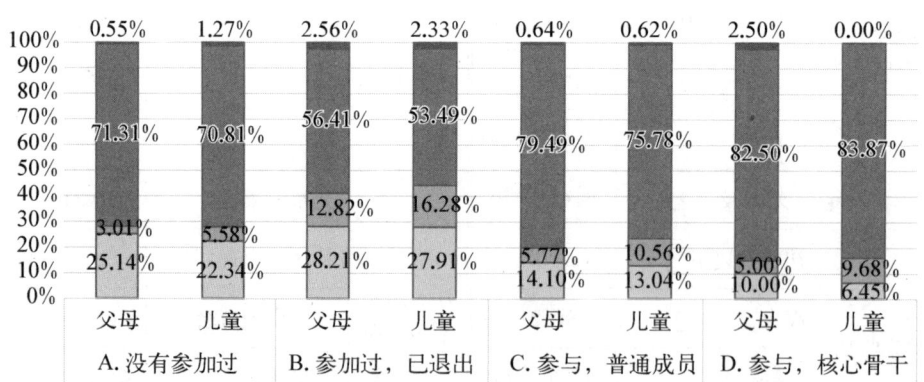

图3-4-1 不同儿童参与状态下亲子对公共参与与课程冲突的处理

发生冲突时,其做出的选择会略有差异,大部分亲子均选择了"与父母/儿童商议后再做决定",尤其是更高比例的参与自治组织的儿童会选择与父母协商决定。未参加自治组织或退出自治组织的儿童,其父母或儿童会更多选择"去上课,放弃公共参与活动";相对于父母,儿童较多期望"去参加活动,上课请假"。

3. 对改善公共生活有信心的亲子,公共参与的行为更积极

儿童与父母就"是否相信通过自己的努力能够改善公共生活状况"的态度趋于相近,近91.3%和父母和91.4%的儿童表示"完全相信""比较相信"自己能够改善公共生活状况。相对于父母,儿童完全相信"通过自己的努力可以改变公共社会"的高10个百分点,不存在性别差异。

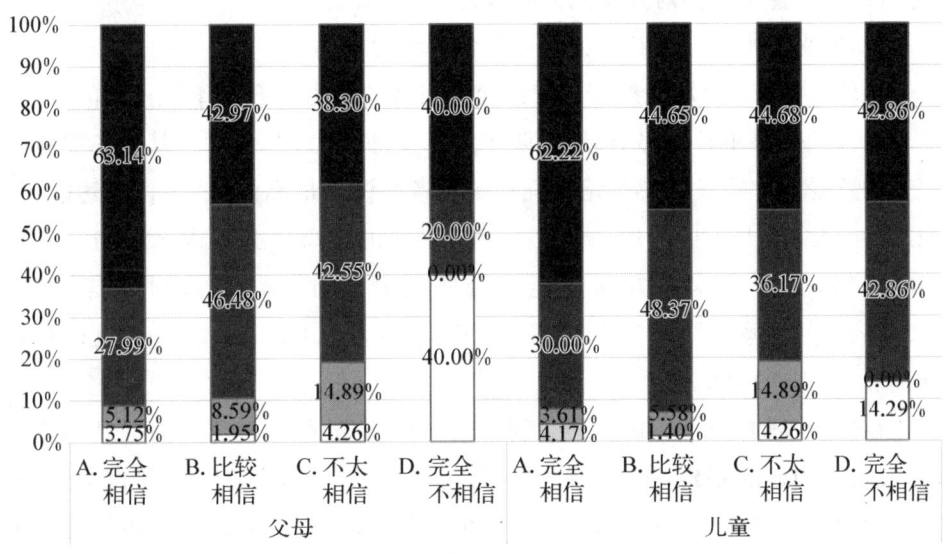

图 3-4-2 父母与儿童对改善公共生活状况的信心及对儿童参与的认知

对通过自己的努力能够改善公共生活状况更自信的父母与儿童,对"儿童参与"的认知更多倾向高阶梯,超六成以上的父母或儿童认同"儿童参与"应该是"儿童在家庭、学校、社会各个领域有参与决策的权利",近三成的父母或儿童认为"成人在决策时应考虑儿童的需求、意见"。在不相信通过自身努力可以改变公共生活状况的父母或儿童中,有更高比例的认为"儿童没有必要进行

公共参与",分别为14.29%的儿童和40.00%的父母。这说明了个体对自身能否参与并影响社会事务的认知态度将影响着对"儿童参与"的认知,持正向积极态度的父母或儿童,对儿童参与的认知也更乐观支持。

父母或儿童对自身改善公共生活状况的信心同时也影响其个体参与社会公共参与的行为表现,具体表现为相信自己可以改善的个体,其参与社会公共活动的频率会更高,近五成的父母(45.05%)和儿童(58.61%)会"经常参与"或"有时参与";而不相信自己可以改善公共生活状况的个体,60%的父母和71.43%的儿童"完全没参与"。

(二) 社会公共参对儿童能力的提升

1. 儿童及其父母对社会公共参与持积极肯定态度

总体上,父母对儿童参与儿童自治组织后的能力提升给予了正向的评价,两者的评价趋势不存在显著差异,除了人际交往能力,儿童对于其他各项能力提升的感受都比家长的感受略为强烈。两者均评价最高的是"语言表达能力"和"人际交往能力",近七成(70.2%—76.6%)的父母或儿童表示参与儿童自治组织后,儿童在这两方面的能力有所提升。对"学习主动性、自律性"(39.6%)"权利意识"(31.1%)"参与意识与能力"(45.1%)的评价上相对较低,但也有正向作用。

在比较参加儿童议事会的儿童和参加少代会的儿童对于能力提升的感受时,发现了明显的差异,参加少代会的儿童更多感受到责任感、学习自主性、自律性和独立思考能力的提升,这也许与少代会是扎根在学校,主要由优秀学生所组成的有关;而参加儿童议事会的儿童更多感受到了权利意识、参与意识与能力以及课堂外知识储备的提升。在访谈中,儿童对于自身能力的提升表达非常直观,认为自己独立思考能力有所提升,问题解决的能力提高了,获得了更多课外知识储备。

JDML-ET-04:"可以有主见,发表自己的心声。更大胆,语言表达更加优化。""学习的不是课本上的知识,非常实用。"

JDAT-ET-03:"做事的能力变强了,活动的时候会遇到一些困难,需要学会协商、讨论,特别锻炼领导能力。"

家长对儿童能力提升的关注,主要体现在儿童的人际交往能力和自信心方面,多次提到如参加儿童议事会"能锻炼孩子",孩子更愿意"表达自己""积极争取",变得"更自信"。

>JDML-JZ-04:以前我家孩子比较内向,不爱讲话表达。参加(儿童议事会)蛮锻炼他的。每次社区活动也好,儿童议事会也好,我都积极带他们两个参加,我觉得能开阔视野……他比以前更自信。通过一年多的参与,我觉得提升蛮大,他会积极争取、表达自己。

2. 儿童学习成绩提升,儿童与父母的积极性加强

在问及儿童及家长,在参加儿童自治组织后学习成绩是否有提升时,24.26%的家长和19.57%的儿童认为学习成绩有很大提升,存显著相关($r=0.17—0.20, p=0.00$),44.26%的家长和45.11%的儿童认为学习成绩有一些提升。

儿童议事会成员及家长的叙述中对于"学习积极性的提高"有如下表述:

>JDGYQ-JZ-01:我支持孩子参加社会实践活动,通过这些活动,带动他学习上面的积极性……
>
>JDGYQ-ET-01:有积极的一面,参加社会实践,不仅可以学到知识,还能锻炼交流。学习上也发挥作用,有自己的亲身体会,作文写得更加具体生动。

3. 儿童电子设备使用时间占比相对较少

研究者在调查之时设计了题目考察儿童课余时间的分配。在课业补习班的时间分配情况上,几类儿童间不存在显著的差异。相对而言,未参加自治组织的儿童课余时间占用分配上并不多,反而参与儿童议事会的儿童分配时间略多些。

公共活动占用课余时间的情况比较中,参与少先队代表大会的儿童分配时间占比相对偏高,占课余时间的30%—50%,高于其他两类儿童10个百分点以上,占时超50%的也高出其他两组近10个百分点。

但在自由玩耍、看电视、玩电子设备上，参与儿童议事会和少先队代表大会的儿童花更少的时间，近七成的儿童在电子类产品的使用时间上占比不到10%，超出未参加自治组织的儿童15个百分点以上。参加少先队代表大会的儿童在电子产品的时间分配占30%以上的人数显著低于其他两组儿童。这是一个积极的现象，说明参与自治组织，儿童花更多时间参加有组织的公共活动，相应减少在电子设备上的时间。电子设备的使用是困扰现代父母及儿童发展的重要问题之一，若能通过更多的社会参与而降低触媒时间，对于儿童、家长、社区来说都是一个可行且有价值的做法。

（三）社会参与促进了亲子间的和谐关系

因为参与儿童议事会，儿童的表达能力得到提升，愿意与家长沟通自己的需求和想法，家长受到儿童权利理念的影响，也逐渐意识到倾听儿童需求，尊重儿童意见的重要性，由此亲子沟通更为顺畅。儿童议事会也给儿童和家长带来了一些高质量相处的机会，组织一些能够让儿童和家长共同投入的活动，或交由儿童和家长一起去策划组织，亲子共处时光质量更高，也是促进亲子关系更为和谐的契机。

JDJD-FZ-Z：我们家长像一条龙服务，谁做什么，家长自己认领。家长说我能做，这个事情我来做，然后就是亲子完成这个环节。现在小朋友多才多艺，家长的才艺也很多，家长愿意为孩子的成长提供自己的一些资源。

JDAT-FL/JZ-03/04：小朋友能力都增长了，活动中可能学到课堂上学不到的东西。原来不听话或者是不太做作业，参加活动之后对父母更孝顺，学习上更努力、更有追求和目标，家长也比较开心。所以这是双向、多赢的。对社区来说，孩子共同参与也是一件好事。

儿童公共参与问卷（儿童版）中加入了"感知父母养育方式"量表，对"儿童感知的母亲关怀"维度得分的 T 检验显示，参加儿童议事会的儿童感知到的母亲关怀水平明显高于未参加任何组织的儿童（$t=-2.94$，$\Pr(T<t)=0.00<0.01$），也明显高于参加少代会的儿童（$t=-1.98$，$\Pr(T<t)=0.02<0.05$）。

五、儿童参加儿童议事会的影响因素分析

1. 父母教育水平较高，儿童参与概率更高，尤其受母亲教育水平影响

父母的因素中，母亲的受教育程度对儿童是否会参加儿童自主组织等有着影响作用，相对来说，受教育程度较高的母亲会比较鼓励和支持儿童参与社会活动和儿童自治组织。如参与自治组织的普通成员（父亲77.6％，母亲78.8％）或核心骨干的父母（父亲85％，母亲82.5％），其受教育程度本科及以上的比例显著高于未参加（父亲65％，母亲58.5％）或已退出的儿童群体（父亲64.1％，母亲66.6％）的父母。参与儿童议事会儿童父母的受教育程度普遍相对较高（父亲85％，母亲88.9％），比参与其他自治组织儿童父母的学历普遍高15—49个百分点。

许多家庭中，母亲属于日常照顾与教养、亲子互动的主要承担者。因此，儿童的成长受到母亲的影响更为显著。

> JDAT-FL/JZ-03/04：她（母亲）有充足的时间，要有时间。现在不少硕士生、博士生，为了在家里带小孩而放弃上班的。像这样的全职妈妈就会更注重小孩各种能力的培养。

> JDAT-ET-01：我们家长之间也觉得，要学习一些新的东西。现在接受这个概念的家长越来越多，学历高接受得比较快；潜移默化，就送孩子们来这里（参加儿童议事会）。

如上所述，教育水平较高的父母对于新的理念，尤其是儿童权利、儿童参与、儿童友好这些理念的接受度、认可度更高，学习意愿、学习能力更强。家长不仅鼓励孩子参加到儿童议事会这样的组织中，还充分发挥家长自身的资源和能力，投入到儿童议事会的组织运营发展中，身体力行、潜移默化地为儿童在儿童议事会中的成长做好铺垫，如JDJD-FZ-Z所述。

> JDJD-FZ-Z：大家都很愿意出力，很多事情都是家长来搞定，家长是幕后最大的支持者。
> ……我们议事会全程都是××妈妈，设计选举的整个流程；我们有工作组，包括摄影、logo设计……家长愿意为孩子搭台阶。汇聚来自不同的

家长做成这样的台阶,孩子踩上去,再来一个家长,孩子们又可以往上踩,这就是资源共享。

儿童议事会中,母亲的受教育程度普遍较高,起着显著影响作用。加上儿童议事会的招募中,偏向社区直接招募,不会设置太多选拔条件,更多受父母亲及儿童自身意愿的影响。而少先队代表大会和红领巾理事会等的会员选择或参与主要由学校老师和学生为主导,再结合学校学业成就及学校表现等综合因素来考量,较少受家庭背景因素的影响。

2. 父母自身公共参与积极态度、行为正向作用

父母参与所居住社区公共活动的频率对儿童参与儿童自治组织的行为有着显著的影响,父母参与公共活动的频率越高,儿童参与自治组织的比例越高,核心骨干的儿童家庭更为明显。相关分析结果显示,父母参与社区公共活动的频率与儿童是否参与自治、参与不同自治组织状态的相关系数达到0.88和0.92,存在显著正相关。

正如访谈对象JDAT-ET-01所说,从社区居民自治的角度来看,儿童议事会可以填补成人社区居民自治中一直以来儿童声音、儿童视角缺失的空白。热心社区自治的家长本身有较高的公共活动参与频率,也可能更愿意让自己的孩子参加社区儿童自治活动。

> JDAT-ET-01:XY这边儿童友好社区做得比较好,首先社区居民自治做得很好,家长和小朋友会涌现出来参加活动。鼓励居民共同参与解决社区问题。儿童议事会是小朋友们来参与,以前社区自治都是成年人参与,儿童议事会正好填补这一块的空白。

更值得探讨的是,比起通常所熟知的父母教育程度、职业类别、家庭经济状况等对于儿童参与态度及行为的影响,父母自身的参与态度及行为很可能对儿童的参与有着更为直接、直观的影响,正如下述从访谈中摘录的内容所展现的。

> JDAT-ET-03:从小到大,每次都是我妈妈拉着我参加活动。
> JDJYQ-JZ-04:孩子一年级开始我一直都是学校的家委会成员,所

以学校的任何活动基本上我都参加,包括寒暑假家委会组织的活动,去养老院慰问等。我都会让她们(两个女儿)积极参加。当学校推送可以参加儿童议事会,我第一时间让她去报名。

父母对儿童参与的认知观念也直接影响到儿童的参与行为。父母认同高阶梯的"儿童参与",即儿童可以参与与其相关的各领域的决策,其子女参与自治组织的比例越高,儿童自治组织核心骨干的父母基本都持有高阶梯"儿童参与"的认知。参与儿童议事会的儿童父母,其对"儿童参与"的认知也持高阶梯。值得关注的地方是,曾经参加过、现已退出自治组织的儿童家庭中,其父母对儿童参与的认知持相对不支持的态度,10.26%的父母认为"儿童没有必要进行公共参与",23.08%的父母认为"成人只需倾听儿童的需求、意见",高阶梯的"儿童参与"认知度显著低于其他几组。进一步分析,曾参加过、现已退出的儿童家庭相较于其他三组(未参加、普通成员、核心骨干),父母教养方式中温情维度得分最低,而控制维度得分最高,呈现出偏专制型的教养特点。

表 3-4-2　不同参与状态儿童的父母对"儿童参与"的认知(%)

	未参加	参加但已退出	普通成员	核心骨干
儿童没有必要进行公共参与	3.83	10.26	1.28	0.00
成人只需倾听儿童的需求、意见	6.56	23.08	7.05	0.00
成人在决策时应考虑儿童的需求、意见	42.08	35.90	28.85	22.50
儿童在家庭、学校、社会各领域有参与决策权利	47.54	30.77	62.82	77.50

3. 学业因素成为制约儿童社会参与的主要原因

在父母看来,主要影响儿童社会参与的原因首先是"可供孩子参与的活动和机会太少",占比 52.75%,其次是"工作忙,没有时间接送、陪伴孩子"(43.93%),再次是"孩子课外补习、兴趣班排太满,时间冲突"(39.77%),而这一点是不同参与状态、不同自治组织群体的儿童普遍存在的因素,例如曾参加过、现已退出自治组织的儿童,核心原因就是学业时间上的冲突(58.97%)。

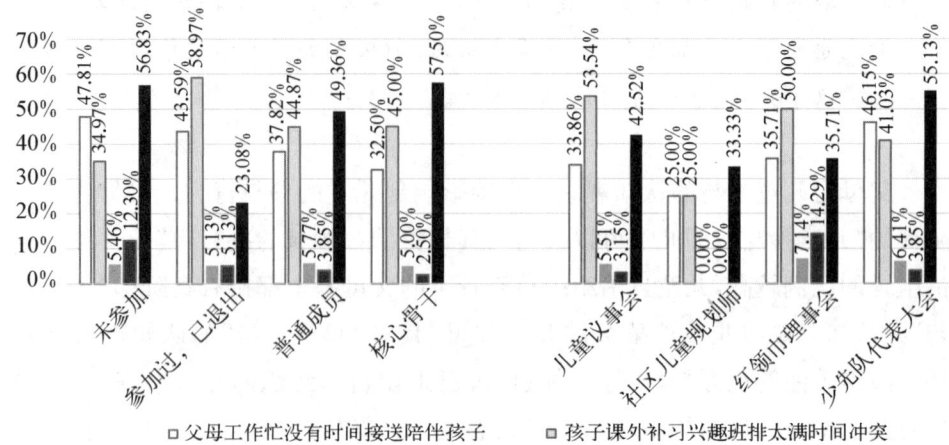

图 3-4-3　家庭在支持孩儿童提升公共参与方面存在的困难

相对来说，儿童不愿意参与相关活动的比例较低，总体上约为 8.99%，核心骨干儿童的家长反馈儿童不喜欢参与的比例较低（2.50%），儿童议事会的也较低（3.15%），但红领巾理事会的相对较高，约 14.29%，值得做进一步的分析。

分析处于不同参与状态的儿童家庭月总收入，发现参与自治组织的儿童家庭月总收入低于 1 万元以下的低于 25%，而未参与的儿童家庭中约有 38.25%。属于自治组织核心骨干的儿童家庭经济收入相对比较宽裕，有 42.5% 的家庭月收入在 2 万—3 万元以上，而未参与儿童家庭仅 19.40%。

六、研究讨论

1. 儿童社会参与的家庭"看门人"效应明显

儿童议事会项目实践过程中，发现中小学阶段是儿童参与兴趣、热情和信心最高的年龄阶段，而父母最为关心的学业压力也略轻，因此是鼓励和支持儿童积极参与社会公共事务的最佳时期。国外的研究也表明，青春期早期是公民发展的关键过渡期，通常在小学结束和高中开始之间，即 10 到 14 岁之间[72]。与中国文化相关，我国大部分儿童从小被教育服从听话，加上考虑到中小学生的独立自主外出的概率较小，更多依赖于家人的护送；儿童在参与社会公共活动时，偏向于与父母协商决定。父母等作为监护人的"看门人"效应明显。

大量研究表明父母的社会经济地位和教育程度与儿童参与的方式和程度有关[68]。受过更高教育水平的父母更愿意儿童积极参与各项社会活动,通过参加自治组织等提升儿童的组织、表达、决策、问题解决等能力。相比之下,受教育程度较低的父母更多关注儿童的学业学习、更多自然发展的时间,从另一个层面来看,父母有可能并未意识到儿童的社会参与有可能带给儿童的成长。是否重视儿童的社会参与,是否认识到儿童社会参与对儿童个体成长的积极作用,受父母的教育理念与眼界决定,同样体现了"看门人"的效应。

2. 父母注重儿童的社会性发展,儿童社会参与受重视

受现代儿童教育观的影响,儿童社会性发展对其未来成长的重要性已为大部分家庭教育所认可。虽然儿童议事会、儿童社区规划师等属于新兴事物,但仍受到了不少儿童及其家长的关注,尤其为受教育程度较高的父母所热捧。相较于红领巾理事会、少先队员代表大会等组织性更强,需要更多资格条件,社区内的儿童议事会给予了更为宽松的参与环境,也提供了更自由、更大范围的儿童自主参与权。在过程中,父母为了更好地支持和协助儿童完成相应的任务,积极参与倾听,为儿童出谋划策,有些甚至动用自己的社会资源来协助儿童。充分的亲子互动与沟通,使得儿童及其父母在参与过程中的参与感、感受度、满意度相对更好,大都得出了积极正向的参与成果,对儿童的个性发展、语言表达能力、组织协调能力等有着促进作用;为了更好地参与和表现,儿童花费更少的时间在电子产品或网络上,学业成绩等也有所提升。这些都是父母允许并期待儿童社会参与带来的正向结果。

3. 父母的社会参与可以成为预测儿童社会参与的重要影响因素

儿童议事会的实践中,乐于参与社会公共服务的儿童,更多受到其父母的行为和观念影响。有研究解释家庭是一个重要的中介,负责向儿童灌输积极的价值观,影响并决定着儿童的公民态度和价值[73]。也有研究证明父母的参与行为与儿童的社会观念、志愿服务等的认知方式之间存在显著关系[74];父母和家庭关系是不断预测公民参与的重要因素[75]。

虽然从儿童公共参与的政策决策角度上,本研究中的儿童议事会的实践成效并未取得圆满成功,但"确保儿童议事会不仅仅是'装饰门面'的关键因素是,政府表明他们愿意听取儿童的意见,考虑儿童提出的建议和问题,并在可能的情况下采取行动……儿童能够发展他们自己的民主责任感,因为他们意

识到自己受到了重视"[76]。从儿童及其家庭来说,他们在参与中或多或少地受益了。

参考文献

[1] 霍雨佳,肖凤秋,谢娟. 城市家庭中儿童权利保护状况的调查研究[J]. 教育理论与实践,2017,37(11):24-26.

[2] 关颖. 家庭教育之本:对儿童权利的尊重与保护[J]. 青少年犯罪问题,2009(3):20-23.

[3] DECI E L, RYAN R M. Intrinsic motivation and self-determination in human behavior [M]. New York: Plenum, 1985: 9.

[4] PÉREZ J C, CUMSILLE P, MARTÍNEZ M L. Brief report: Agreement between parent and adolescent autonomy expectations and its relationship to adolescent adjustment[J]. Journal of adolescence, 2016, 53: 10-15.

[5] BI X, YANG Y, LI H, WANG M, ZHANG W, DEATER-DECKARD K. Parenting styles and parent-adolescent relationships: the mediating roles of behavioral autonomy and parental authority[J]. Frontiers in psychology, 2018, 9: 2187.

[6] SCHIFFRIN H H, ERCHULL M J, SENDRICK E, et al. The effects of maternal and paternal helicopter parenting on the self-determination and well-being of emerging adults[J]. Journal of child and family studies, 2019, 28(12): 3346-3359.

[7] WON S J, YU S. Relations of perceived parental autonomy support and control with adolescents' academic time management and procrastination[J]. Learning and individual differences, 2018, 61: 205-215.

[8] 温静怡. 父母教育卷入与流动儿童认知能力的关系:自主发展水平的中介作用[J]. 中国人民大学教育学刊,2020(3):114-129.

[9] COBB-CLARK D A, SALAMANCA N, ZHU A. Parenting style as an investment in human development[J]. Journal of population economics, 2019, 32(4): 1315-1352.

[10] YOUNG B J, WALLACE D P, IMING M, et al. Parenting behaviors and childhood anxiety: a psychometric investigation of the EMBU-C[J]. Journal of child and family studies, 2013, 22(8): 1138-1146.

[11] 李永占. 父母教养方式对高中生学习投入的影响机制研究[J]. 中国临床心理学杂志,2018,26(5):997-1001.

[12] AXPE I, RODRÍGUEZ-FERNÁNDEZ A, GOÑI E, et al. Parental socialization styles: the contribution of paternal and maternal affect/communication and strictness to family socialization style[J]. International journal of environmental research and public health, 2019, 16(12): 2204.

[13] HAREKET E, YEL S. Which perceptions do we have related to our rights as child? Child rights from the perspective of primary school students[J]. Journal of education and learning, 2017, 6(3): 340-349.

[14] HAREKET E, GÜLHAN M. Perceptions of students in primary education department related to children's rights: a comparative investigation[J]. Journal of education and

learning,2017,6(2):41-52.
[15] 吴波,方晓义,李一飞.青少年自主研究综述[J].心理发展与教育,2003(1):89-96.
[16] 丁道勇,霍雨佳,李烨.中国儿童参与的基本状况[J].中国校外教育,2018(1):4-12.
[17] 李丽.家长参与及其与学生学习动机、学业成绩的关系研究[D].济南:山东师范大学,2004:3.
[18] 刘秀丽,高丽.我国儿童家庭投入的现状及问题研究[J].东北师大学报(哲学社会科学版),2008(6):33-37.
[19] 张光珍,梁淼,梁宗保.父母教养方式影响学前儿童社会适应的追踪研究:自我控制的中介作用[J].心理发展与教育,2021,37(6):800-807.
[20] 陈世民,张莹,陆文春.父母教养方式的影响因素综述[J].中国临床心理学杂志,2020,28(4):857-860.
[21] 宫秀丽.儿童权利意识的本体价值与培养理念[J].青少年犯罪问题,2009(4):59-62.
[22] UNICEF. The State of the World's Children 2003:meaningful child participation from every region of the world[R/OL].[2022-10-08]. https://www.unicef.org/reports/state-worlds-children-2003.
[23] 李秀芬.亲子双方对儿童权利的认同差异及其与亲子冲突的关系研究[D].上海:华东师范大学,2008:48.
[24] HOOVER-DEMPSEY K V, SANDLER H M. Why do parents become involved in their children's education?[J]. Review of educational research,1997,67(1):3-42.
[25] 黄彩清.父母参与对儿童发展的关系研究综述[J].心理学进展,2014,4(1):11-16.
[26] 新华网."美丽的中国梦属于你们"——以习近平同志为核心的党中央关心少年儿童工作纪实[EB/OL].(2020-7-22)[2022-10-08]. http://www.xinhuanet.com/politics/2020-07/22/c_1126270750.htm.
[27] GONZÁLEZ M, GRAS M E, MALO S, et al. Adolescents' perspective on their participation in the family context and its relationship with their subjective well-being[J]. Child indicators research,2015,3(8):93-109.
[28] HART R. Children's participation:from tokenism to citizenships innocenti essays[R]. Florence:UNICEF,1992.
[29] CARL J D, DEBORAH H, CAROL M T, et al. Young children's participation in everyday family and community activity[J]. Psychological reports,2002,91(3):875-897.
[30] 王川.聆听儿童声音,探索儿童友好型城市建设[N].上海法制报,2018-12-10.
[31] BRONFENBRENNER U. Environments in developmental perspective:theoretical and operational models[M]// FRIEDMAN S L, WACHS T D, eds. Measuring environment across the life span:emerging methods and concepts. American Psychological Association,1999:3-28.
[32] PROUT A. Taking a step away from modernity:reconsidering the new sociology of childhood[J]. Global studies of childhood,2011,1(1):4-14.
[33] MARTIN S, FORDE C, HORGAN D, et al. Decision-making by children and young people in the home:the nurture of trust, participation and independence[J]. Journal of child and family studies,2018,27(1):198-210.

[34] 中国儿童中心.把儿童参与作为促进和保障儿童全面发展的大事[J].中国校外教育,2018(2):1-10.
[35] 周金燕,冯思澈.儿童参与和学校表现之间关系的实证分析[J].中国校外教育(下旬刊),2018(4):2-6.
[36] HELWIG C. The development of personal autonomy throughout cultures [J]. Cognitive development, 2006, 21(4): 458-473.
[37] FITZGERALD R, GRAHAM A. "Something amazing I guess": children's views on having a say about supervised contact[J]. Australian social work, 2011, 64(4): 487-501.
[38] PERCY-SMITH B, THOMAS N. A handbook of children and young people's participation: perspectives from theory and practice[M]. 1st ed. London: Routledge, 2009.
[39] KOSHER H, BEN-ARIEH A. Children's participation: a new role for children in the field of child maltreatment[J]. Child abuse & neglect, 2020, 110(part1): 104429.
[40] PERCY-SMITH B, DAY L, RUXTON S, et al. Evaluation of legislation, policy and practice of child participation in the EU[R/OL]. Luxembourg: Publications Office of the European Union, 2015. https://resourcecentre.savethechildren.net/document/evaluation-legislation-policy-and-practice-child-participation-european-union-eu/.
[41] SIANKO N, KAPLLANAJ M, SMALL M A. Measuring children's participation: a person-centered analysis of children's views[J]. Child indicators research, 2021, 14(2): 737-767.
[42] 曾凡林,何彩平,陈建军.家长视野中的儿童参与状况调查[J].青少年犯罪问题.2006(3):30-35.
[43] RUCK M D, PETERSON-BADALI M, DAY D M. Adolescents' and mothers' understanding of children's rights in the home[J]. Journal of research on adolescence, 2002, 12(2): 373-398.
[44] TOMANOVIĆ S. Negotiating children's participation and autonomy within families [J]. The international journal of children's rights, 2003, 11: 51-71.
[45] RYAN R M, DECI E L. Self-determination theory and the facilitation of intrinsic motivation, social development, and well-being[J]. American psychologist, 2000, 55(1): 68-78.
[46] GAUVAIN M. Cultural tools, social interaction and the development of thinking[J]. Human development, 2001, 44(2/3): 126-143.
[47] 包运成.论中国家庭教育中的儿童参与权保障[J].河北北方学院学报(社会科学版),2016(1):56-67.
[48] BOLIN J H. Review[J]. Journal of Educational Measurement, 2014, 51(3): 335-337.
[49] 朱美静,刘精江.教养方式对儿童学业能力的影响.[J]社会发展研究,2019,6(2):43-62,243.
[50] 史秋琴.儿童参与公民意识[M].上海:上海文化出版社出版.2007:31.
[51] 宫秀丽,刘长城,魏晓娟.家庭社会经济地位、父母教养方式与儿童权利意识的相关研

究[J]. 中国特殊教育,2012(1):85-89,96.

[52] GAUVAIN M, PEREZ S M. Parent-child participation in planning children's activities outside of school in European American and Latino families[J]. Child development, 2005, 76(2):371-383.

[53] 宫秀丽.2016,从受保护权利到自主权利——西方儿童权利研究的理念与实践[J]. 青少年犯罪问题,2016(2).

[54] DAY D M, PETERSON-BADALI D, RUCK M D. The relationship between maternal attitudes and young people's attitudes toward children's rights [J]. Journal of adolescence, 2006, 29(2):193-207.

[55] 徐静. 初中生公民意识现状调查与对策[D]. 上海:华东师范大学,2014.

[56] HONG Y, ZHAO Y. From capital to habitus: class differentiation of family educational patterns in urban China[J]. The journal of Chinese sociology, 2015, 2(1):18.

[57] 宫秀丽. 从受保护权利到自主权利——西方儿童权利研究的理念与实践[J]. 青少年犯罪问题,2016(2):62-68.

[58] 刘艳,蒋索. 青少年行为自主研究的现状与展望[J]. 北京师范大学学报(社会科学版), 2018(4):39-49.

[59] SINCLAIR R. Participation in practice: making it meaningful, effective and sustainable [J]. Children and society, 2004, 18(2):106-118.

[60] MATTHEWS M H. Children and regeneration: setting an agenda for community participation and integration[J]. Children & society, 2003, 17(4):264-276.

[61] THOMAS N P. Towards a theory of children's participation[J]. The international journal of children's rights, 2007, 15(2):199-218.

[62] WALL J, DAR A. Children's political representation: the right to make a difference [J]. The international journal of children's rights, 2011, 19(4):595-612.

[63] 雷越昌,魏立华,刘磊. 城市规划"儿童参与"的机制探索——以雷根斯堡市和深圳市为例[J]. 城市发展研究,2021,28(5):52-59.

[64] KRÄNZL-NAGL R, ZARTLER U. Children's participation in school and community: European perspectives[M]//PERCY-SMITH B, THOMAS N P, eds. A handbook of children and young people's participation. London & New York: Routledge, 2009:164-173.

[65] 张增修,卢凤,曾凡林. 让儿童成为儿童问题的研究者——促进儿童参与研究的策略 [J]. 基础教育,2017,14(5):50-60.

[66] 薛巧巧. 透过儿童的视角去探究——英国儿童参与式研究提供的借鉴[J]. 四川师范大学学报(社会科学版),2020,47(4):109-117.

[67] KIILI J. Children's public participation, middle-class families and emotions [J]. Children & society, 2014, 30(1):25-35.

[68] FLETCHER A C, GLEN H, ELDER J R, et al. Parental influences on adolescent involvement in community activities[J]. Journal of research on adolescence, 2000, 10(1):29-48.

[69] 周金燕,邹雪. 同群体的儿童参与:家庭背景差异的比较[J]. 中国校外教育,2018(11):

3-8.

[70] 刘贝,邓凌云. 儿童参与视角下的儿童友好型社区空间微更新[C]//中国城市规划学院,编. 活力城乡 美好人居——2019 中国城市规划年会论文集(20 住房与社区规划),2019:347-355.

[71] 叶鑫,邱乐,毛志强. 儿童参与在儿童友好型公共空间设计的应用[C]//中国城市规划学院,编. 共享与品质——2018 中国城市规划年会论文集(07 城市设计),2018:1262-1269.

[72] HOPE E C, JAGERS R J. The role of sociopolitical attitudes and civic education in the civic engagement of black youth[J]. Journal of research on adolescence, 2014, 24(3): 460-470.

[73] RABAGLIETTI E, ROGGERO A, BEGOTTI T, et al. Family functioning's contributions to values and group participation in Italian late adolescents: a longitudinal study[J]. Journal of prevention & intervention in the community, 2012, 40(1): 37-48.

[74] DUKE N N, SKAY C L, PETTINGELL S L, BOROWSKY I W. From adolescent connections to social capital: predictors of civic engagement in young adulthood[J]. Journal of adolescent health, 2009, 44(2): 161-168.

[75] AHMADU T S, BIN Y, AMZAT H. The role of parents' participation and citizens norms in youth's civil participation[J]. Asian journal of educational research, 2017, 5(3): 1-14.

[76] LANSDOWN G. Promoting children's participation in democratic decision-making[R/OL]. Florence: UNICEF Innocenti Research Centre, 2001. https://www.unicef-irc.org/publications/290-promoting-childrens-participation-in-democratic-decision-making.html.

第四章 儿童友好型家庭创建

第一节 儿童友好城市中的友好家庭营造

一、研究背景

儿童发展与城市发展之间的权衡,是一个重要的议题。儿童友好城市是一个明智政府在城市所有方面全面履行儿童权利的结果,创建目标旨在保障儿童权利,将儿童发展纳入城市发展规划中。

"儿童友好城市是一座承诺实现儿童权利的城市或地方政府系统,是一座把少年儿童的呼声、需求、优先权和利益作为公共政策、公共项目及公共决策有机组成部分的城市,是一座适合所有人群的城市。"[1]儿童友好城市意味着社会和物质环境能够给儿童带来归属感,使儿童感觉受到重视和被尊重,能够给予儿童独立自主的机会。在友好城市中,儿童还能拥有便利的、安全的活动空间,与朋友交流、玩耍,能在充满野趣的大自然中畅玩。

我国对儿童友好城市建设的研究和关注时间不长,刚开始主要从儿童公园设计入手,近几年开始有学者介绍国外友好型城市建设的案例与经验,也有儿童教育、校外教育领域的专家开始关注生态环境对儿童身心健康成长的重要性。但总体而言,我国的城市建设中尚未给予儿童空间足够的重视,城市的儿童友好营造尚处于理念的推广。

本章研究①强调基于儿童视角的公共参与,关注儿童在城市社区、学校、家庭等领域的决策参与,以及儿童如何感知和体验周围的城市生活环境。从儿

---

① 本章数据来自2019年上海市妇女儿童发展研究中心的重点课题,主要研究人员为何彩平、黎洁。

童的视角,让儿童作为城市的主角,聚焦与儿童生活密切相关的领域和"城市"的缩影——社区、学校,尤其是儿童家庭,评估和探讨目前上海市在与儿童相关领域的建设和发展。

二、研究方法

1. 调查问卷

本研究采用问卷的调查方式。问卷的设计框架主要依据联合国评判"儿童友好城市"的指标体系、基本框架和组成要素;原始问卷主要采用儿童友好城市倡议(CFCI)运动中,由儿童观察国际研究网络(the Childwatch International Research Network)和 UNICEF Innocenti Research Centre (IRC)2008 年发起并设计的一套参与性评估工具中的儿童参与性问卷"A Child Friendly Community Assessment Tool for Children (8 - 12)"和"A Child Friendly Community Assessment Tool for Adolescents(13 - 18)"[2]。问卷通过翻译,并在原有基础上,进行本土化,在部分维度增加了上海市儿童比较关注和重视的内容。

表 4 - 1 - 1　　　　　　　　问卷设计维度及内容

维　度	具　体　内　容	题　量
娱乐休闲	安全的游玩和运动场所 残疾儿童可以获得无障碍的游乐区域 有与朋友互动的机会 ……	10
参与感与公民权利	参与社区决策 对互联网的使用 可以获取有关儿童权利的信息 ……	11
安全与保护	社区内的行动安全(步行、骑自行车或公共交通) 尊重多样性/不歧视 可以获得对儿童友善的司法保护 ……	15
健康和社会服务	有可使用的保健设施 可获得出生登记服务 获得社会服务和咨询服务 ……	9

续 表

维 度	具 体 内 容	题量
教育和资源	进入学校(学前,小学,中学) 性别平等(平等机会) 有时间玩耍和娱乐 ……	14
家庭生活	可以获得水(饮用水和生活用水) 可以获得安全的住房或充足的住房条件 家里的安全 ……	11

为确保问卷的信效度,本研究开展了试问卷调查。问卷的分维度与总体量表的内部一致性系数均在 0.89—0.93,表明此量表的可靠性较好。使用 AMOS 软件验证结构方程模型,χ^2/df 为 4.5,RMSEA 为 0.11,NFI、RFI、IFI、TFI 及 CFI 各拟合指数达到了 0.906—0.955,拟合良好。

根据六大维度,每个维度有不同数量的题目,用陈述句的方式阐述,并要求儿童进行 5 级主观性评价,分为"非常不符合""不符合"直至"非常符合",得分从 0—4 分计;不同维度的得分按总计得分的平均分来确定。

基本情况调查问卷包括儿童性别、年龄、户籍、独生子女与否,以及家庭社会经济地位等内容。家庭社会经济地位的测量方式参考国内外相关文献后,采用父母受教育程度和家庭财产状况两个变量:父母受教育程度调查选项分别为未上过学、小学、初中、高中(含中专)、大学(含专科)、研究生及以上 6 个等级,并转换为受教育年限进行分析,未上过学赋值 3,小学赋值 6,研究生及以上赋值 19,原始分标准化后最大值 1.73,最小值-3.08。家庭财产状况由调查家庭拥有物品间接获得,从电器、家庭工具、书籍等项目进行综合评分,题目组内部一致性信度 0.76,信度处于可以接受范围。采用因子分析的计算方法,将相关指标进行因子分析,KMO 值为 0.72,总方差解释在 62.3%。将家庭社会经济地位的综合指标进行统计计算,并以总人数的每 25% 为分界将家庭分为 4 组。

2. 研究对象

本研究采用简单分层整群抽样的方法,选取具有代表性的四个区,并根据学校综合水平、学段、年级等条件,选择以自然班的儿童为群体抽样对象,下发问卷 3 600 份,有效问卷 3 004 份,有效率达 83.4%。具体抽样情况如表 4-1-2。

表4-1-2　调查对象的基本信息

区域	人数	学段			性别			独生子女与否			户籍*		
		小学	初中	高中	男	女	缺省	是	非	缺省	本市	外省市	外籍
城区	816	275	267	274	402	411	3	550	264	2	559	245	10
城郊区	790	291	260	239	346	442	2	599	188	3	658	119	11
近郊区	697	180	264	253	325	370	2	466	226	5	521	167	8
远郊区	701	187	253	261	314	385	2	545	155	1	605	93	1
总体(%)	3 004 (100.0)	933 (31.1)	1 044 (34.7)	1 027 (34.2)	1 387 (46.2)	1 608 (53.5)	9 (0.3)	2 160 (71.9)	833 (27.7)	11 (0.4)	2 343 (78.0)	624 (20.8)	30 (1.0)

注：*表示有2%的缺省值。

三、研究发现

1. "儿童友好城市"指标中家庭维度的评价最高

整体上,上海市儿童对儿童友好城市维度的评估均尚可。非参数检验显示在 0.01 水平上存显著差异,家庭生活维度的评估分最高,其次为安全与保护以及教育资源两个维度,娱乐休闲和健康社会服务略低,参与感与公民权利维度的得分最低。

表 4-1-3　　　　"儿童友好城市"指标评估分(儿童)

维　度	平均分(标准差)	非参数检验秩均值
娱乐休闲	2.67(0.67)	2.86**
参与感与公民权利	2.31(0.71)	1.79**
安全与保护	3.13(0.59)	4.43**
健康与社会服务	2.65(0.79)	2.83**
教育资源	3.10(0.67)	4.38**
家庭生活	3.21(0.68)	4.71**
总分	2.84(0.55)	—

注:**表示在 0.01 水平上显著差异。

具体分析,家庭生活维度是儿童六大维度中评分最高的一个领域。其中,儿童对家庭的硬件环境创设、家庭生活安全诸如没有暴力、意外伤害以及父母的帮助等给予了较高评价;在尊重儿童的意见、空间隐私、家庭民主氛围、亲子陪伴、家人关爱及重视儿童个性发展方面,儿童给予的评价略低;在家庭邻里互动的方面,儿童的评价得分显著最低。

在参与感与公民权利维度,儿童对自身能主控、可参与、与自身相关的参与事项上给予了更高的评价,而对社区规划决策、政府对儿童相关的政策、学校少代会、家庭内的重大事务等参与不多,评价得分显著较低。

休闲娱乐方面,儿童对目前游玩运动的地方、亲自然性、互动的朋友以及儿童活动场所中有面向儿童的讲解等方面的评价显著较高,其次对游戏休息的时间、社区中活动设施的适龄性以及适合儿童观看的电影、电视剧的评价居中,关于网络与电子游戏的适龄性和有益性,儿童的友好度评价显著最低。

安全与保护方面,儿童对免受虐待、暴力和欺凌的安全、对自护安全及网络安全的了解方面,整体评价较高,对安全保护相关的实践活动、应对危险的解决措施知晓等评价也略高,但对基本的生活安全角度诸如轨道交通安全、行车骑车安全、食品安全以及口头暴力及网络安全(暴力或色情的信息暴露)、寻求家庭外的帮助或法律援助等方面的评价显著低于信息的宣传与获悉维度。

2. 儿童对各维度"儿童友好"的评价呈年龄递减,家庭维度亦然

从城市、社区、学校和家庭四个方面整体评估上,儿童对家庭的评价是最高的(平均数 3.39±0.92),其次是学校(平均数 3.30±0.94),最后是社区(平均数 3.19±0.96)和城市(平均数 3.19±0.97)。

表4-1-4 不同年龄段儿童对"儿童友好城市"指标的评估比较

维度	娱乐休闲	参与感与公民权利	安全与保护	健康与社会服务	教育资源	家庭生活
小学	2.91±0.62	2.47±0.71	3.27±0.57	2.88±0.78	3.26±0.61	3.38±0.64
初中	2.64±0.65	2.29±0.74	3.18±0.57	2.64±0.79	3.09±0.69	3.18±0.68
高中	2.49±0.66	2.17±0.66	2.95±0.60	2.44±0.75	2.95±0.67	3.09±0.69
总体	2.67±0.66	2.31±0.71	3.13±0.59	2.65±0.79	3.10±0.70	3.21±0.68
F	106.8**	45.46**	82.86**	80.61**	55.5**	46.98**

注:**表示在0.01水平上显著差异。

随着儿童年龄增大,对儿童友好城市维度评价呈相对降低的趋势,即小学阶段的孩子评价较高,高中阶段孩子的评价较低,各维度发展趋势近似。

家庭生活维度在六大维度中属于评分最高的,目前家庭比较注意尊重儿童及其空间隐私,儿童在"没有受到家庭暴力和虐待"以及"有自己的空间和隐私"方面,没有年龄差异。但在"家庭氛围民主,父母听取我的意见""父母除陪伴学习外,给予我足够陪伴""需要帮助时,父母或家人给我积极回应""父母更注重我的全面发展而不单纯是学习成绩"等方面,小学阶段儿童的评价得分显著高于初中与高中阶段,后两组不存在显著差异。

3. 家庭生活领域实现性别平等

不同性别儿童在城市儿童友好度各维度的评价方面,在安全与保护和家庭生活两个维度不存在显著差异,在娱乐休闲、参与感与公民权利、健康与社会服务以及教育资源方面,存在显著差异,表现为女童普遍比男童的评价高。

表4-1-5 不同性别儿童在"儿童友好城市"指标上的差异比较

	娱乐休闲	参与感与公民权利	安全与保护	健康与社会服务	教育资源	家庭生活	总体
男	2.64±0.72	2.23±0.74	3.12±0.63	2.61±0.83	3.04±0.69	3.21±0.67	2.81±0.56
女	2.71±0.63	2.37±0.69	3.14±0.56	2.68±0.76	3.15±0.63	3.22±0.68	2.88±0.53
t值(Sig.)	−2.8** (0.00)	−5.4** (0.00)	−0.9 (0.37)	−2.6** (0.01)	−4.4** (0.00)	−0.29 (0.80)	−3.5** (0.00)

注:**表示在0.01水平上显著差异。

4. 城市各维度的儿童友好感受度与儿童家庭密切相关

本研究聚焦儿童生活密切相关的领域,即其居住的社区、家庭以及相应的学校为调查对象,这些领域呈现的是儿童家庭所处的社区环境,儿童与社区环境的互动直接受儿童家庭影响,儿童家庭的友好度与城市各维度的友好感受度之间存在显著相关。

表4-1-6 "儿童友好城市"指标维度间的相关

r(p)	娱乐休闲	参与感与公民权利	安全与保护	健康与社会服务	教育资源
娱乐休闲	1				
参与感与公民权利	0.61(0.00)**	1			
安全与保护	0.54(0.00)**	0.52(0.00)**	1		
健康与社会服务	0.58(0.00)**	0.61(0.00)**	0.58(0.00)**	1	

续 表

r(p)	娱乐休闲	参与感与公民权利	安全与保护	健康与社会服务	教育资源
教育资源	0.54(0.00)**	0.63(0.00)**	0.69(0.00)**	0.62(0.00)**	1
家庭生活	0.45(0.00)**	0.46(0.00)**	0.62(0.00)**	0.50(0.00)**	0.63(0.00)**

注：**表示在0.01水平上显著差异。

儿童对家庭生活、安全与保护、教育资源上的评价普遍更为积极，对休闲娱乐、健康与社会服务的评价略好，但在参与权与公民权利的评价上较为消极。从与儿童友好型指标相关的儿童四大权利的保护状况分析可以发现，上海市儿童感知到父母给予了儿童相关权利的保护和支持，父母尽可能给孩子提供最好的物质环境和发展机会。在儿童参与权方面，家长、老师等成人已经意识到要平等地对待孩子、尊重儿童自己的选择权。但当理念要付诸具体行为时，仍有可能很大程度上剥夺了儿童的参与权[3]。所以儿童对参与感和公民权利的现状评估体现得相对消极。儿童参与权、发展权如何更好落地实践，与父母等是否鼓励儿童参与有关，也与社区、社会是否为儿童参与搭建了平台相关，值得进一步研究探讨。

四、家庭因素对儿童友好城市评价的影响

为了解不同类型儿童在城市儿童友好度评价上的差异，本研究将与儿童相关的年龄、性别、家庭社会经济文化水平（SES）、区域分类、户口性质以及家长的受教育程度等进行影响因素分析。回归分析中剔除影响因素：是不是独生子女、父亲受教育程度、母亲受教育程度，具体分析结果如下表4-1-7。

表4-1-7 "儿童友好城市"指标评估的影响因素之回归分析

儿童友好型维度		娱乐休闲	参与感与公民权利	安全与保护	健康与社会服务	教育资源	家庭生活
影响因素	SES	0.15	0.13	0.17	0.17	0.15	0.25
	年龄	−0.17	−0.10	−0.14	−0.15	−0.12	−0.10
	性别	0.05	0.10	—	0.05	0.09	—

续 表

儿童友好型维度		娱乐休闲	参与感与公民权利	安全与保护	健康与社会服务	教育资源	家庭生活
影响因素	本市	0	0	0	0	0	0
	非本市	0.08	0.10	0.09	0.08	0.09	—
	城区	0	0	0	0	0	0
	城郊区	−0.11	−0.16	−0.14	−0.15	−0.19	−0.15
	近郊区	−0.10	−0.12	−0.08	−0.12	−0.14	−0.08
	远郊区	−0.18	−0.24	−0.21	−0.15	−0.29	−0.17
F(Sig.)		40.55(0.00)	41.77**(0.00)	48.23**(0.00)	36.54**(0.00)	54.08**(0.00)	46.41**(0.00)
t 值(Sig.)		−9.01—8.03(0.00)	−10.8—6.61(0.00)	−9.51—8.60(0.00)	−8.23—8.55(0.00)	−13.2—7.89(0.00)	−7.76—13.20(0.01)
r^2		0.09	0.09	0.09	0.08	0.12	0.10

注：＊＊表示在 0.01 水平上显著差异。

1. 非本市户籍家庭的儿童对儿童友好城市各维度的评价普遍较高

从户籍分类分析，本市户籍与外籍的儿童对儿童友好城市各指标的评价趋于接近，除家庭生活的评价外，非本市户籍的儿童对其他维度的评价普遍高于本市户籍儿童。

在参与感与公民权利方面，在家庭重大事务的决策、参与社区规划与决策、参与改造社区的活动三个方面的得分普遍较低；在家庭重大事务的决策、做出与儿童相关的社会重大决策方面，不同户籍儿童的评估分没有显著差异。但本市户籍儿童在"我能决定与自身相关的事情（如选择培训班、穿着打扮、周末休闲时间的安排等）""我了解少代会，并且参与了少代会代表的投票和选举""社区的规划与决策上听取社区儿童的意见""参与改造社区的活动""知道儿童有哪些权利"等各方面评估得分低于非本市儿童。

安全保护方面，在"乘坐轨道交通""社区行走和骑自行车""知道互联网的上网风险"以及"在家庭内，碰到潜在危险知道找谁寻求帮助"四个方面，不存在儿童户籍的差异。在"我们每天吃的食物都有安全保障""我知道去哪里寻求法律援助""家庭外,碰到潜在危险知道找谁寻求帮助"方面,外省市籍贯的孩子评分高于上海籍贯的儿童。在其他诸如"上网时没有受到网络暴力、色情不良信息""没有受到口头的暴力和威胁""没有受到身体的暴力与虐待""不会被其他孩子欺负""学过安全自护相关知识""参加过安全自护的现场演练等活动"等方面,本市户籍的儿童评估分低于非本市儿童。

在家庭生活方面,不存在显著的户籍差异。仅在"若有兄弟姐妹,父母给我的爱不会减少"及"我们家经常与邻居互动"方面,本市户籍的儿童评价略低于外省市与外籍儿童。

2. 家庭居住区域影响儿童对"儿童友好"指标的评价

相对来说,城区儿童对儿童友好城市的各指标评估高于郊区儿童。教育资源和家庭生活方面,同样存在三个水平的评价差异,即城区儿童评价最佳、城郊与近郊儿童中等、远郊儿童最低,城郊与近郊区的儿童在各方面的评价差异不显著。其中,参与感与公民权利方面,郊区儿童在"家庭内重大事务的决策""了解成人的权利"以及"参与儿童自主管理的团体"方面,评价显著低于其他类型的儿童,其他三组儿童没有显著差异。

3. 家庭社会经济水平影响对"儿童友好城市"的评价

不同家庭经济水平收入的儿童在各维度的评分上存在,随着家庭经济水平收入的增加,评价普遍越高。收入水平处于较高位置(上部25%)的儿童在各维度评价得分显著高于其他三类儿童,而经济水平收入位于较低位置(下部25%)的儿童,其评价得分显著低于其他儿童。

从各个维度的评价与父母亲的受教育程度的相关分析来看,除教育资源(学校)之外,其他各维度的评价得分与父母受教育水平大致呈现显著正相关。其中,在安全与保护维度,父亲受教育水平高的儿童,在互联网风险、不被其他孩子欺负、安全自护知识等方面的评价显著偏高。

这一结论与2011年韩国首尔的城市儿童友好度评测结论相一致。从环境创设上,城区儿童就儿童相关的教育资源、社区设施、公共服务设施以及儿童参与的环境与机会等评价显著高于远郊区;家庭环境的营造上,家长对儿童教育重视程度、教育理念等方面,也受家庭经济文化因素的影响。家长文化程度的提高、家庭收入的增高,使儿童各方面的权利受到更好的家庭保护,与前期的研究结果一致($r=0.03—0.09, p=0.01$)。

表 4-1-8　　　"儿童友好城市"指标评价家庭社会经济水平的比较

家庭社会经济地位	娱乐休闲	参与感与公民权利	安全与保护	健康与社会服务	教育资源	家庭生活	总体
SES1	2.6±0.65	2.2±0.7	3.0±0.6	2.5±0.8	3.0±0.7	3.0±0.7	2.7±0.6
SES2	2.6±0.7	2.3±0.7	3.1±0.6	2.6±0.8	3.1±0.7	3.2±0.6	2.8±0.5
SES3	2.7±0.6	2.4±0.7	3.2±0.5	2.7±0.7	3.2±0.6	3.3±0.6	2.9±0.5
SES4	2.8±0.7	2.4±0.7	3.2±0.6	2.8±0.8	3.2±0.6	3.4±0.6	3.0±0.5
F(Sig)	19.5** (0.00)	9.41** (0.00)	15.6** (0.00)	17.74** (0.00)	11.89** (0.00)	46.97** (0.00)	28.55** (0.00)
差异组	1*2/3/4 2*3/4	1*2/3/4 2*4	1*2/3/4 2*4	1*2/3/4 2*4	1*2/3/4 2*3/4	1*2/3/4 2*3/4	1*2/3/4 2*3/4

注：**表示在0.01水平上显著差异。

4. 女孩对城市儿童友好度的评价更为积极

在开展儿童权利保护的现状调查中同样发现：家长对女孩在生存权、受保护权、发展权和参与权上的评价显著高于男孩。这可能与女孩对各维度的参与度以及身心发展成熟度显著优于同年龄阶段的男孩有关。但这一结论与2011年韩国首尔的城市儿童友好度评测结论正好相反，首尔城市友好型评价中，男孩比女孩的评价更为积极[4]。

上海市就儿童权利保护的现状调查研究显示，女童普遍认为自己的权利比男童得到了更好的保护[3]；而家长对孩子保护的行为评价过程中，也呈现对女孩的权利保护显著高于对男孩的保护（见第四节）。可以说，在上海基本不存在重男轻女的现象；相对来说，给到女童的环境创设还要略高于男童。

5. 低龄儿童的评价普遍高于青少年

随着孩子的年龄增长，儿童对城市、社区、家庭等的儿童友好度评价呈降低趋势。这一结论与2011年韩国首尔的城市儿童友好度评测结论相一致。这与儿童认知的成熟度以及主观评价标准有关；但值得我们反思的是，在城市规划与发展上，如何倾听青少年的声音。

青春期儿童对自身权利受到家庭保护的满意程度均显著低于低龄阶段儿童。相关研究认为主要原因有青春期儿童生心理日渐成熟，有了更为成熟的认知,有强烈摆脱成人保护的倾向[3]。但青春期阶段的儿童对家庭、学校、社会等各方面的认知可能更为成熟和全面,也有了相对独立的见解;在儿童友好城市建设过程中,更需要倾听儿童主体的心声。上海市城市规划和国土资源管理局局长庄少勤在"2040城市规划听取青年汇智团意见"青年汇智营中就说,"要明确明天的方向,就要知道后天的需要。[5]"

五、研究总结

1. 家庭生活环境总体状况良好,但仍有提升的空间

相较于学校、社区等领域的儿童友好环境创设,家庭的教养环境得到了儿童普遍的认同,儿童普遍认为父母及其家庭给予了相对友好的环境。但我们仍可以看到地域差异以及家庭相关因素的影响,造成家庭间的差异,影响到儿童对其所居住社区和城市环境的感受度。父母需要认识到营造良好的家庭环境对儿童个体成长的重要性,儿童更期待温暖的、安全的、丰富的家庭生活。父母能否提供儿童期望的、可以使其健康成长的教养环境,主要依赖于父母的家庭教育理念,也依赖于父母能否在与其子女的互动沟通中不断调整教养方式,从而缓解随着年龄的增加,儿童对家庭的评价逐渐降低的发展趋势。

2. 家庭教育影响着儿童与外部世界的互动

家庭是儿童出生之后最先接触的、也是影响最为深远的微环境系统,家庭教养环境直接影响着儿童个体的个性、身心健康以及人际互动方式等。相对来说,成长在给予儿童高度安全感的家庭中,儿童对外部世界的积极性、认同度等也会相对改善。根据布迪厄的关系社会理论,我们的习惯中包括了信任倾向。信任是一个动词,是在人与人的互动中形成的、涉及关系维系的过程[6]。信任是一种习惯,如社会信任、制度信任等。通过内部和外部的权利关系约束,我们也同样基于诚信机制的关系认为父母会照顾儿童。而儿童个体信任他人的能力是通过早期的亲子关系发展而来,并通过参与社会融合,体验并学习是否值得信任他人,这个过程将贯穿一生。

家庭教育中,父母将成为影响儿童社会发展、社会融合的重要因素。儿童有着参与社会、探索世界的渴望。儿童的权利意识更好,儿童参与社会也更为积极。正如有的儿童表示:"我想让所有的儿童都有自己的权利,每个人都关注儿童的成长,不强迫儿童做自己不想做的事情,而是要培养兴趣。""想要建成一座让孩子觉得安全、开心的城市,应该多听听孩子怎么想,让我们来当'儿

童友好城市'的评委。"儿童能否实现儿童参与权,家庭很容易形成看门人效应。儿童参与意识及行为能力的提高需要有意识地培养。父母或成人社会对儿童参与的鼓励行为将有利于儿童自主、权利意识的萌发,同时对儿童参与行为、参与环境营造等有着积极的促进作用。儿童的参与,有利于强化孩子的自我认识,提高儿童的责任感和主人翁意识,增强儿童的社会责任感。

3. 当家庭处于不利处境时,需要政府政策与社会支持

对于城市中的处境不利儿童来说,处境不利是社会转型和改革的产物[7]。对儿童来说,处境不利有可能来源于家庭本身,例如家庭贫困、家庭暴力等,也可能来自社会外界,如战乱或疫情等。原本家庭应该是儿童个体安全成长的第一道屏障,但当家庭无法起到我们预期的作用时,国际社会达成共识,由国家、政府或社会采取必要的措施,通过加强制度和法规建设来改善处境不利儿童的处境及感受,为处境不利儿童的权益保障提供支持,集合多方力量,构建社会支持系统,促进处境不利儿童的发展。政府创建儿童友好城市,更应倾听儿童的诉求,考虑城市环境创设的公平性与普惠性,相对倾斜资源欠缺的处境不利的儿童及其家庭。

第二节 儿童视角下的儿童友好型家庭特征

一、研究背景

家庭作为城市的社会基本单元[8],是家国同构及国家现代化转型的载体,更是儿童社会化成长最重要的场所。我国历来重视家庭建设,《习近平谈治国理政》中强调家庭的社会功能不可替代。自1992年签署受世界各国普遍接受的《儿童权利公约》[9]以来,我国从立法和社会关爱等多维度保障和保护儿童权利,2021年更是出台《家庭教育促进法》来推动家庭教育责任的落实,以促进儿童全面健康发展。家庭对儿童个体的发展影响深远,幸福、关爱和谅解的家庭环境营造对儿童成长的重要性毋庸置疑。

《家庭教育促进法》第十五、十六、十七条中,明确规定了父母或其他监护人在家庭教育中应当"为未成年人健康成长营造良好的家庭环境",并细化了家庭责任落实的具体内容和教养方式。该法传承我国优良传统家风和家庭美德的同时,也延续了《儿童权利公约》的原则和理念,全面保障和保护儿童的各

项基本权利。

与家庭相关的研究大都从成人的视角去探讨家庭环境因素对儿童各方面发展的影响作用,较少立足儿童权利视角,也较少基于儿童本位立场。"重构家庭教育就是在肯定权利的前提下努力培育情感和德性。"[10]现代儿童观认为儿童有能力也有权利参与与之相关的事务[11]。因此,本研究从儿童的视角探讨儿童友好家庭的环境营造,梳理和总结儿童友好家庭的共性特点,宣传并倡导家庭从儿童更为看重的视角来创设儿童成长环境。家庭建设中,赋予儿童话语权,评价家庭环境是否友好的过程中,让父母或其他监护人意识到家庭教养环境中的优势与不足,鼓励监护人发展更多儿童友好养育行为,保障儿童在家庭内的合法权益,全面优化儿童成长环境。

二、"儿童友好家庭"的界定

对"儿童友好家庭"的界定与研究较少,研究内容更多偏向于"儿童友好城市"和"儿童友好社区"。分析"儿童友好城市/社区"(Child-Friendly City/Community,UNICEF)、"儿童友好型学校"[12](Child-Friendly School,UNICEF)、"儿童友好空间/家园"[13](Child-Friendly Spaces,Save the Children)、"儿童友好家庭"[14](Child-Friendly Family,UNICEF[15])以及Ballantine[16]的研究中对儿童友好环境的定义,归纳总结共同特点:一是安全、受保护,无暴力;二是友善的环境,能够确保儿童利益;三是尊重儿童,允许儿童参与。

本研究对儿童友好家庭的界定沿用联合国儿童基金会(UNICEF)对"儿童友好环境"的定义,认为儿童友好家庭应该是禁止一切形式的直接或目睹的暴力的,以儿童最佳利益来照顾和保护儿童,尊重并鼓励儿童表达与参与的家庭。[1]定义遵从 UNICEF 及 CFCI 的根本宗旨与原则,家庭应创设适宜儿童的(无暴力的)家庭环境,突出"儿童优先、儿童平等、儿童参与"理念,贯彻"无歧视原则、儿童利益最大化原则、尊重权利与尊严原则、尊重儿童观点原则"(简称"四大原则"),促进儿童健康、全面、有个性地发展和成长。

三、研究方法

1. 访谈法

研究分别选择小学、初中及高中共计 80 位年龄从 9—17 岁的儿童开展 3

次专题小组讨论,男女各半,以了解儿童对"儿童友好家庭"的理解。访谈由儿童各抒己见,从不同角度来描绘他们眼中的"儿童友好家庭"。通过对原始访谈记录的编码,生成初始概念范畴,然后归纳汇聚成照料/管教、无暴力/情感忽视等主范畴。

2. 文献法

家庭环境一般分为家庭条件、居住空间等硬环境和父母教养方式、家庭互动、亲子依恋以及家庭氛围等软环境[17—18]。根据家庭系统理论,家庭系统的稳定、和谐、健康对于孩子的成长有重要影响。因此,本研究着重聚焦父母互动、亲子关系等核心家庭的人际互动影响。

目前家庭环境相关的量表很难符合"儿童友好家庭"的自评要求。分析与家庭相关的量表,有用来评价家庭环境、家庭功能的家庭环境量表中文版[19]、家庭亲密度和适应性量表中文版[20]等;用于家庭教育、亲子关系相关的量表如父母养育方式评价量表[21]、父母亲职特点及亲子关系质量量表[22]等;用于了解个体对生活的主观满意度感受的,如生活满意度评定量表和青少年家庭满意度量表[23]、儿童少年生活质量量表[24]等。现有的部分量表与儿童友好家庭的测量有部分相关性,但有的偏病理治疗(疾病),有的测量时长过长,有的要求成人填写(语句儿童不易理解),均不适用。

分析实务经验中建构、针对儿童家庭环境的评估量表,如英国政府在儿童保护的社会工作中,采用了儿童及家庭需求评估框架[25]。该框架从儿童的发展需求、家庭环境和父母育儿能力/职能三个维度来衡量儿童及其家庭可能需要的服务。其中,父母育儿能力的评估具体包括基本照料、保护儿童安全、情感关怀、鼓励、边界和稳定性。该框架从社会工作者的角度来评估家庭教养环境中的风险因素,以儿童发展需求为核心,但缺乏儿童本位视角。

3. 问卷法

经过试问卷、正式施测,采用 SPSS 的信效度分析、因子分析和高阶因素分析(AMOS 结构方程模型)等,最终形成 28 个题项的"家庭儿童友好自评量表"。

(1) 施测对象

研究采用分层整群抽样的方法。以 2018 年上海 16 区 GDP 从低至高排序,隔 5 取 1 共选取 3 个区;并以当年度 3 区在校学生总人数的 5‰ 进行抽样,预计 1 100 人。研究抽取从小学三年级至高中三年级总计 21 所学校各 1 个自然班(约 50 人)进行测试,实际回收有效问卷 1 127 份。

表 4-2-1　　　　　　　调查对象的人口统计学信息

		总体	男	女	缺省
年龄	8—11 岁	327(29.02%)	172(15.26%)	157(13.40%)	4(0.36%)
	12—15 岁	439(38.95%)	219(19.43%)	218(19.34%)	2(0.18%)
	16—18 岁	361(32.03%)	163(14.46%)	198(17.57%)	0
	总计	1 127(100%)	554(49.16%)	573(50.84%)	0
学龄段	小学	340(30.17%)	177(15.71%)	160(14.20%)	3(0.26%)
	初中	315(27.95%)	167(14.82%)	145(12.87%)	3(0.26%)
	高中	294(26.09%)	149(13.22%)	145(12.87%)	0
	中职	178(15.79%)	61(5.41%)	117(10.38%)	0
是否独生子女	独生子女	849(75.33%)	433(38.42%)	411(36.47%)	5(0.44%)
	非独生子女	278(24.67%)	121(10.74%)	156(13.84%)	1(0.09%)
户籍	本市	802(71.16%)	387(34.34%)	411(36.47%)	4(0.35%)
	非本市	273(24.22%)	140(12.42%)	132(11.71%)	1(0.09%)
	缺省	52(4.62%)	27(2.40%)	24(2.13%)	1(0.09%)
区县	Q 区	394(34.96%)	188(16.68%)	204(18.10%)	2(0.18%)
	J 区	388(34.43%)	196(17.39%)	190(16.86%)	2(0.18%)
	C 区	344(30.61%)	169(15.00%)	173(15.35%)	4(0.26%)

(2) 调查工具

自编"儿童友好家庭自评量表"：根据儿童访谈、文献研究等编制的"儿童友好家庭自评量表"。

自尊量表(self-esteem scale, SES)：由 10 个条目组成，四级评分，总分范围 10—40 分；分值越高，自尊程度越高，自我接纳度高[26]。

一般自我效能感量表(General Self-Efficacy Scale, GSES)：由 10 个条目组成，四级评分，总分范围 10—40 分；分值越高，自我效能感和自信心越高[27]。

效度指标题：本研究采取儿童主观自评题作为效度指标，要求儿童评价自己家庭的儿童友好度、对家庭和父母的喜好程度以及对家庭生活的总体满意度。同时，围绕儿童四大权利的相关内容，请儿童就家庭内的生活条件、安全保护、成长发展及平等参与进行主观评分。采用十分评分法，从非常不友好/不满意(1分)到非常友好/满意(10分)。

OECD国家儿童健康福利的儿童问卷指标：本研究采用OECD国家儿童健康福利[28]以儿童为调查对象的问卷指标，根据自身及其家庭的实际情况进行填写；内容涵盖家庭经济、教育资源、家庭关系、健康及危险行为等。

四、研究发现

1. 儿童视角下，儿童友好型家庭具备4个核心特征

经过儿童对具体评估项目的选择与评价、试问卷调查和数据分析，本研究获得了儿童眼中的儿童友好型家庭具备的四个核心特征，如下统计分析旨在说明儿童友好型家庭四个核心特征之问卷的信效度。

统计分析表明问卷信度良好，项目—总分相关系数在0.50—0.84，项目间相关系数在0.31—0.69。信度克朗巴哈系数为0.95；分半信度在0.87—0.93。

经过主成分分析旋转迭代后，问卷题项收敛形成四因素模型（见表4-2-2），KMO=0.97，累计贡献率57.04%。所有因素负荷均较强（>0.50），具有较好的收敛效度。因素之间的相关系数在0.42—0.79，各因素与总分之间的相关达0.68—0.95。

表4-2-2　四因素的因子负荷矩阵及具体内容（$n=1127$）

	M±SD	因素				项目
		1	2	3	4	
a26	3.0±1.0	0.89				父母能从我的角度看问题
a12	3.1±1.0	0.86				父母会抽时间陪我聊天或聆听我的心事
a13	3.1±.97	0.84				我可以跟父母自由表达自己的想法

续 表

项 目	M±SD	因素 1	因素 2	因素 3	因素 4
a8	3.1±.98	0.79			
a16	2.9±1.0	0.73			
a4	3.1±0.92	0.73			
a18	3.3±0.88	0.72			
a11	3.3±0.89	0.66			
a40	2.7±1.1	0.66			
a25	3.3±0.86	0.65			
a36	3.2±0.86	0.59			
a21	3.4±0.74		0.77		
a32	3.5±0.76		0.75		
a37	3.2±0.91		0.69		
a7	3.4±0.84		0.58		
a15	3.5±0.76		0.58		
a19	3.3±0.83		0.57		
a3	3.6±0.71		0.56		
a24	3.4±0.86		0.53		
a1	3.1±0.91			0.79	
a9	3.4±0.82			0.65	
a5	3.2±0.90			0.64	
a17	3.4±0.85			0.59	

项 目 (continued)
我能跟父母分享我的感受
若父母有错,他们会向我道歉
父母能够懂我,理解我
父母主动关心我的感受
需要时,我能从父母那里获得情感上的帮助和支持
我经常与父母一起消磨时光
父母对我说鼓励、安慰、欣赏或亲切的话
父母接纳我的意见
父母的管教对我是有益的
父母能满足我的生活需要
父母赏罚分明
我的父母是值得信赖的
父母能给予我保护和安全感
父母会以我的利益为先(为我考虑)
我受到父母悉心的照顾
父母能共同分担家中的事务,如家务、子女教育等
我可以参与商讨家里的事情
我可以在一些事情上自己做决定
我可以参与决定一些家庭事务
我可以参与规划/计划自己的未来

续 表

项 目	M±SD	因素 1	因素 2	因素 3	因素 4
a39	3.3±0.91			0.56	
a6fan	3.5±0.88				0.84
a2fan	3.1±1.0				0.75
a33fan	3.4±0.83				0.73
a31fan	3.0±1.0				0.56

通过 AMOS 结构方程模型,将因素分析得到的公共因素作为变量进行高阶因素分析,获得儿童友好家庭的二阶因素分析。结构方程模型的拟合度良好,拟合指数 $\chi^2=0.02(df=1;n=1\,127)$,$p>0.89$,RMSEA=0.00,CFI=1.00,TLI=1.00,RMR=0.01。

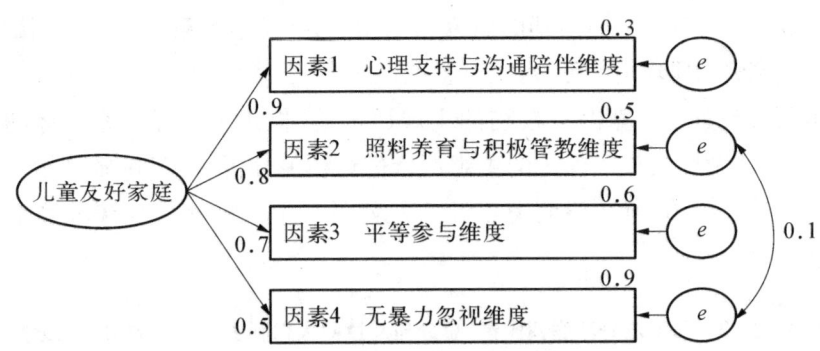

图 4-2-1 儿童友好家庭四因素模型图

根据四因素模型,本研究分别命名儿童友好家庭自评的四个维度"心理支持与沟通陪伴""照料养育与积极管教""平等参与"和"无暴力忽视",总分体现家庭环境的儿童友好状况。这四个方面是儿童认为能够体现家庭内儿童友好度的核心维度。

四因素的得分与效标相关系数均在 0.43—0.67(0.4—0.8 比较理想),与家庭儿童友好度的主观评价得分相关系数达到 0.72,说明四因素模型能较好地反映家庭对儿童的友好度状况。

2. 四因素模型能够体现家庭对儿童权利的保护

儿童的参与被认为是评估儿童友好的关键因素[1],本研究编制过程中尊重并强调儿童的看法,由儿童共同编制的家庭儿童友好度自评量表既体现了家庭环境营造的儿童适宜性,同时也体现了儿童的主观态度认知。

本研究形成的量表内容基本上呈现了不同年龄段儿童对"儿童友好家庭"的共同认识,比较全面地涵盖了儿童关心和强调的重点。此次研究的结论、儿童专题访谈的内容与 Ballantine 的观察结果相似;也与陈高凌等人的研究相近[14]。亲儿童的家庭环境能够让儿童感知到友好程度,能够促进儿童健康成长,使得儿童更乐于与父母协商,促进儿童自主性发展[29]。同时,量表内容也体现了联合国儿童基金会对"儿童友好环境"的界定[30]。

采用非参数检验比较自评量表四因素得分,存在显著差异。其中照料养育与积极管教得到儿童最高的评价(3.41,4 分制),其次是无暴力忽视维度(3.31)、平等参与维度(3.23),得分最低的是心理支持与沟通陪伴(3.11),说明儿童普遍认可家庭提供了较好的养育发展的生活条件,大部分儿童获得了安全保护和尊重爱护,但儿童很期待能够更多地参与,也希望得到父母的陪伴互动,增加亲子沟通,这与前期的研究结论相吻合(见本章第三节)。也就是说,父母偏重家庭物质环境的创设,相对忽视了精神、情感等方面的互动交流[31]。

本研究设置了儿童四大权利的主观评价题,将儿童友好家庭指标的四因素、总分与儿童四大权利保护的主观评价进行相关分析,均存在显著相关($r=0.38—0.72,p<0.01$),说明家庭儿童友好的环境能够积极保障儿童的各项权利。

表 4-2-3 儿童友好家庭四因素、总分与儿童四大权利主观评价的相关性分析

满意度	心理支持与沟通陪伴维度	照料养育与积极管教维度	平等参与维度	无暴力忽视维度	儿童友好家庭总分
生活条件	0.52**	0.54**	0.40**	0.40**	0.56**
安全保护	0.51**	0.58**	0.38**	0.45**	0.57**
成长发展	0.61**	0.62**	0.43**	0.48**	0.65**
平等参与	0.68**	0.64**	0.55**	0.53**	0.72**

注:**表示在 0.01 水平上显著相关。

3. 儿童友好型家庭可以反映儿童的健康福利水平

研究中采用OECD国家儿童健康福利的儿童问卷指标。数据分析表明，家庭的儿童友好度评价中，第一组给予低分的儿童家庭在儿童健康福利指标上不利表现的比率显著高于其他三组（见表4-2-4），说明儿童能够真实地反映自己家庭内的情况，能够清晰捕捉并在友好度的感知上真实反应。

表4-2-4　不同分组家庭儿童友好度总分在OECD国家儿童健康福利指标上的差异分析(%)

		第一组	第二组	第三组	第四组	与第一组的差距（百分点）
家庭经济情况	无独立的房间	30.2	17.9	14.1	10.3	12.3—19.9**
	无电脑	9.4	12.5	4.6	4.6	—
	无机动车	29.05	19.8	16.8	13.1	9.3—16*
	无亲子旅游	30.6	13.0	10.7	5.6	17.6—25*
教育资源	无家庭网络/宽带	8.05	3.8	2.8	0.3	4.3—7.8
	无安静的学习场所	36.2	11.7	6.0	3.6	24.5—32.6**
	无书桌	13.4	3.6	3.9	2.0	9.9—11.4**
	无课外辅导书	10.7	14.3	4.6	9.7	
	无用于学习的电脑	37.6	36.5	23.5	22.9	1.1—14.7**
	家庭图书≤10本	26.8	17.4	12.6	8.6	9.4—18.2**
健康	不太吃早餐	18.9	16.3	8.8	6.0	2.6—12.9**
	较少吃水果	41.9	40.8	27.2	21.5	1.1—20.4**
	较少吃蔬菜	23.6	18.6	9.9	7.7	5.0—15.9**
	经常吃糖果	19.6	18.4	19.4	17.8	—
	经常吃含糖软饮料	20.3	12.1	14.5	9.4	5.8—10.9*
	龋齿	35.6	31.7	25.2	23.8	3.9—11.8**

续　表

		第一组	第二组	第三组	第四组	与第一组的差距（百分点）
健康	肥胖	22.2	21.9	22.1	12.9	0.2—9.3**
	近视	52.5	54.6	52.6	54.8	—
家庭结构关系	共同就餐频率<1次/月	21.1	10.5	3.5	3.0	10.6—18.1**
	亲子聊天频率<1次/月	54.5	20.6	10.0	4.3	33.9—50.2**
危险行为	经常打架	23.5	11.2	6.3	3.6	12.3—19.9**
	有抽烟	3.4	2.8	2.1	1.3	—
	家庭满意度<5分	56.3	13.5	3.6	0.7	42.8—55.6**

注：按照四分位数间距分为四组，第一至第四组分别以25%、50%和75%为分界线；*表示在0.05水平上显著差异；**表示在0.01水平上显著差异。

在家庭经济方面，给予低分的儿童家庭中，没有"属于儿童的独立房间"（差距在12.3%—19.9%之间）、"没有机动车"（差距在9.3%—16%之间）或者"近一年内家庭没有外出旅行"（差距在17.6%—25%之间）的比率显著高于其他组。家庭经济基础直接影响着家庭在育儿过程中经济职能的发挥，受经济条件影响，儿童的需求、发展、照料等会受到限制。

在教育资源方面，让儿童感觉到"不友好"的家庭中，儿童的教育资源真实地存在更多短缺或不足。更多第一组家庭的儿童表示家中"没有安静的学习场所"（36.2%），"家庭图书（不含教辅书、杂志等）不满10本"（26.8%）。

在家庭关系方面，较多的单亲/离异家庭儿童会给予家庭"不友好"的评价。评分较低的家庭中，21.1%的儿童表示家长"一月没几次或者极少"共同进餐，54.5%的儿童表示家长"一月没几次或者极少"与自己沟通聊天，而这些现象在其他组的家庭中发生率相对较低。

健康和危险行为方面，环境不友好的家庭中，家长比较忽视儿童的饮食，如忽视每日早餐、水果或蔬菜，更多地放任儿童喝碳酸饮料，因此肥胖和龋齿的发生率显著高于其他组。打架的发生率也显著较高，相差12.3%—19.9%。

生活满意度方面,第一组主观评价大都给予消极的、不幸福的评价,56.3%的第一组儿童(高分第四组仅0.7%)生活满意度评价偏低(6分及以下,十分制)。

综上所述,家庭儿童友好度自评量表在一定程度上可以鉴别出家庭经济条件、教育资源、家庭关系、家庭教养情况不佳的儿童家庭。

4. 量表拓展前人研究的特征指标,增加"无暴力忽视"和"平等参与"维度

陈高凌等总结"儿童友好家庭"的两个核心特点为"具备儿童友善的环境"和"无暴力"[15],其两因素模型包含心理支持与积极纪律和照顾与保护,即其儿童友好家庭的两因素模型中并未将"无暴力"特点纳入指标中;而是将"家庭儿童友好环境"与家庭内各类暴力现象进行相关研究,相关系数达负向的0.18—0.57。本研究过程中,儿童普遍认为"无暴力忽视"是儿童友好的重要指标,若家庭中存在对儿童的暴力忽视行为,或者家庭内经常有吵架,这样的环境对儿童并不友好。"暴力忽视"与儿童友好环境虽不相容,但"无暴力忽视"应是儿童友好环境的最基本标准。联合国儿童基金会和以往家庭研究的结果表明,亲儿童的家庭会提供尊重的环境,与儿童的家庭暴力经历呈显著负相关[30]。

目前,家庭中的暴力、谩骂、情感伤害、语言攻击等现象并不鲜见,但由于家庭教育、家庭事务等属于相对私领域的事件,使得儿童在目睹或遭遇暴力、情感虐待、忽视等损害儿童身心发展、侵害儿童权益的现象时无法得到及时的关注。此次调查中,14.83%的儿童表示"我家中有打骂的情况发生",27.60%的儿童表示"父母有使用武力,如砸东西、打闹",14.64%的儿童表示"父母对我的态度比较粗暴",28.57%的表示自己的"需求经常被忽略",这些家庭现象比较常见,但因尚未达到《中华人民共和国反家庭暴力法》中对"家庭暴力"的界定。联合国儿童基金会对儿童友好环境的界定中要求"照顾并保护儿童,禁止一切形式的直接暴力或目睹的暴力"。因此,"无暴力忽视"维度应该纳入"儿童友好家庭"的指标体系,作为重要的内容进行社会倡导。

此外,儿童参与也应是儿童友好环境的重要指标之一。儿童参与是儿童的基本权利之一,也是儿童发展之所需。在访谈中,儿童普遍提出"儿童参与"很重要。"我能够参与一些事情……""(家庭)规则是(亲子)两方商讨处理的,父母先给出一个框架,然后有调整,能商量的商量……"儿童的言语体现了儿童对"平等参与"的重视,也表明儿童有能力参与"与之相关的事务"。

从"儿童友好"的定义、联合国儿童基金会对"儿童友好环境"的界定,到

"儿童友好城市""儿童友好社区""儿童友好学校"等的定义,都有关于"无暴力"和"儿童参与"的核心特点描述;二者也与《儿童权利公约》中的受保护权和参与权相对应,有利于儿童发展权,使得儿童友好家庭的指标相对更全面。

5. 量表聚焦友好环境营造,促进儿童身心全面发展

良好的家庭环境是儿童身心健康发展的重要保障。不良的家庭环境会对儿童的自尊、自我效能感等产生影响[32—33]。将家庭友好环境的不同维度纳入回归分析(见表4-2-5),验证了家庭因素(诸如亲子关系[34]、家庭气氛[35]等)对儿童自尊和自我效能感发展的影响作用[15],儿童的自尊水平与家庭友好环境的所有维度密切相关,而自我效能感的发展则与家人(主要是父母)的心理支持与沟通陪伴、平等参与这两大维度相关,说明父母的支持与鼓励、自身参与的经验等有助于儿童自我效能感的形成。

表4-2-5 儿童友好环境各维度与自尊、自我效能感的回归分析

维度	自尊得分	自我效能感得分
心理支持与沟通陪伴	1.81	2.75
照料养育与积极管教	1.12	
平等参与	1.26	1.86
无暴力忽视	1.48	
F	129.01***	169.08***
r^2	0.32	0.23

注:***表示在0.001水平上显著。

将家庭儿童友好度指标与儿童的身体素质、语数外成绩进行相关分析可以看出,家庭环境的友好度与儿童的身体素质、语数外学业成就等都有着显著相关($r=0.18—0.21, p<0.01$)。

五、总结

1. 友好家庭环境营造以儿童权益保护为基础,赋权儿童参与家庭建设

以儿童为主体,以家庭为对象,由儿童来阐述他们对友好家庭环境的认知,也由儿童来评价目前生活的家庭对其的友好状况,体现了尊重儿童意愿的

原则。"虽然儿童正处在发展中,但是作为独立的个体,他们有自己的感情和对事物的意见,他们在表达自己的需要时是最有发言权的。"[36]同时,家庭建设需要推动儿童友好环境创设,也需要赋权儿童参与,这是儿童的基本权利,也是其成长和发展的基本需要。本研究再次证明了儿童是有主见、有能力的个体。儿童可以在家庭建设中发挥自身的作用,《家庭教育促进法》第十七条要求父母或其他监护人要"尊重其参与相关家庭事务和发表意见的权利",在家庭中"相互促进,父母与子女共同成长"。

2. 儿童能够多维度评价家庭环境

儿童个体在与家庭环境、人际关系、社会环境等的互动中形成自我并发展人格。在儿童成长的过程中,家庭需要提供儿童发展所需的物质、教育,给予必要的保护和协助,营造幸福关爱的家庭气氛等。与儿童幸福感、儿童生活质量满意度等研究主题相似,儿童在评价家庭的儿童友好度时,也能够多维度评价,有反映家庭对儿童友好的具体客观表现,也有父母积极的教养行为;有确保儿童参与发展的机会,也要杜绝家庭内的打骂等不良现象。

本研究的家庭儿童友好度指标量表遵从《儿童权利公约》的理念与原则,指标维度体现儿童四大权利,遵从四大原则。儿童关切的要点也正好对应了《家庭教育促进法》第十七条要求的教养方式,即父母双方共同参与、亲自养育,儿童期待父母可以加强亲子陪伴,父母可以严慈相济、关心与管教并重,做到言传身教,父母能够尊重儿童,鼓励并支持儿童参与,也期望能够寓教于乐,关心儿童身心健康,减少不良教养行为等。研究结果验证了家庭内儿童友好环境创设对儿童的身心发展、学业成就等都有着积极的促进意义。因此,父母需要树立自己是家庭教育第一责任人的意识,用正确的理念、合理的方法来教育和引导儿童成长。

3. 从优化儿童最直接家庭环境来呼吁:儿童保护立足广义的儿童福利

目前,我国儿童福利的概念、体系或儿童权益尚未实现广义的儿童权益保护,未将父母或者其他监护人监护出现问题的所有儿童纳入保护范围,也未"以家庭为中心"构建儿童保护体系[37],同时因缺乏"儿童视角"而导致一些针对儿童的、构成家庭暴力的行为被忽略[38]。

本研究中的儿童友好家庭的定义与英国儿童贫困研究与政策中心(The Children Poverty Research and Policy Centre)对儿童贫困的定义正好对立统一。CHIP认为"儿童贫困是指儿童以及青少年在生长过程中无法获得和使用各种类型的资源,而这些资源对于他们的福祉和潜能的发挥至关重要。一是缺乏充足的生活资料;二是缺乏人类发展所必需的机遇;三是没有得到家庭和社区组织的养育和保护;四是缺乏话语权。[39]"CHIP定义了多维的不利于儿童成长的环境;而本研究则从多维度界定有利于儿童成长的家庭环境,从广义的儿童福利理念来呼吁成人世界关注和优化儿童生活的最直接环境来保护儿童的权利。

尚晓媛等曾将儿童福利的对象分为三类:"儿童福利对象由仅覆盖第一类(狭义的儿童福利)逐步向覆盖第二类和第三类(广义的儿童福利)的推进,体现了一个国家和社会的文明演进。"[40]社会和家庭的变化是影响儿童的首要根源,家庭收入、家庭结构、父母监护缺位、父母的养育能力等都有可能导致儿童处于相对不利的家庭环境中。与医学的三级预防原理相似,由儿童主体发声,让家庭或社会提早意识到家庭内可能存在的不利因素,由儿童告知怎样的生活空间是儿童渴望。对第三类及第二类对象的介入可以实现早预防、早发现、早干预,经济成本投入相对少但简单易解决,社会成效也会更显著,对儿童和家庭都是有效的保护。

本研究的不足在于,为聚焦核心家庭的儿童友好环境创设,忽略了大家庭结构或者家庭结构不完整情况下的社会支持力量对改善儿童生活环境的作用。在父母缺位的情况下,多代抚养或朋辈社会资本对儿童自尊的发展有着积极作用[41]。因此,家庭的社会支持资源是否可以新增为家庭的儿童友好指标之一,有待后期研究的进一步探索。

第三节　从儿童友好看上海儿童家庭的环境营造

一、研究背景

"儿童友好"是城市可持续发展的根本要义。习近平总书记强调:"全社会都要了解少年儿童、尊重少年儿童、关心少年儿童、服务少年儿童,为少年儿童提供良好社会环境。"[42]2019年起,上海积极推进落实《中国儿童发展纲要(2011—2020年)》《上海市妇女儿童发展"十三五"规划》《上海市城市总体规划(2017—2035年)》等文件中的政策,在全市范围内开展儿童友好社区创建试点工作,提升儿童福祉,构建儿童友好、可持续发展城市。

目前,研究多偏向"儿童友好型城市"和"儿童友好型社区",较少界定和研究"儿童友好家庭"。但家庭对儿童个体的发展影响深远。对儿童友好的家庭是儿童友好型城市、儿童友好型社区的基本单元。

对我国家庭教育、亲子关系等的研究综述来看,研究聚焦家庭因素如父母教养方式、婚姻关系质量、家庭结构改变、父母冲突等对青少年或问题青少年发展的影响[43—44],较少有研究从儿童的视角、儿童参与家庭互动来促进亲子关系或改善家庭教育。依据皮亚杰儿童认知发展理论[45],儿童与环境的互动作用受到个体主观能动性的调节,父母营造的家庭环境、参与氛围等与儿童实际的参与行为之间,还受到儿童认知水平、主观能动性的影响。实践表明:儿童经常参与家庭事务,可以提高其主观幸福感[46]。儿童参与可以提高家庭生活的幸福度,也能积极地改善亲子关系,增强家庭的凝聚力。

二、研究对象

本研究从儿童发展环境中的微系统之家庭,从儿童的视角来探讨目前家庭的儿童友好度,梳理上海部分家庭教育意识、对良好家庭环境营造的理念和能力上的局限,以宣传和倡导家庭积极创设儿童友好环境,提高父母家庭教育理念,发展更多儿童友好养育行为,从而全面保护儿童身心健康,保障儿童合法权益,促进儿童的健康全面发展。调研研究采用与儿童合作自编的"家庭儿童友好度自评量表",经过儿童讨论、筛选,由专家与研究者进行编制实测,聚焦和提炼"儿童友好家庭"的核心重要特征,形成共计28个题项、4个维度的自评量表,四个维度分别是"心理支持与沟通陪伴""照料养育与积极管教""平等参与"和"无暴力忽视"。语言相对简单明了,达到小学三年级儿童的理解水平,采用四级评分。本研究分别于2019年和2021年开展两次相似的调查分析,具体情况见表4-3-1。

表4-3-1 调查研究的抽样对象情况与问卷信息

调查研究时间	2019年	2021年①
取样情况		
方法	分层整群抽样	分层整群抽样

① 2021年的数据来自2021年上海市妇女儿童发展研究中心的重点课题,主要研究人员为华怡佼。

续 表

调查研究时间	2019 年	2021 年
区域	16 区排序取 3	16 区排序取 4
比例	2018 年度 3 区在校学生人数的 5‰	2019 年度 4 区在校学生人数的 6‰
人数	小学 3 年级—高中 3 年级 1 127 人	小学 4 年级—高中 3 年级 1 404 人
男女比例	49.2% vs. 50.8%	54.1% vs. 45.9%
独生子女与否	75.3% vs. 24.7%	53.3% vs. 46.7%
自编问卷信效度		
KMO	0.97	0.97
累计贡献率	57.1%	64.5%
信度克朗巴哈系数	0.95	0.92
分半信度	0.87—0.93	0.88—0.95
其他问卷内容	部分 OECD 国家儿童健康福利指标 自尊量表（self-esteem scale, SES） 一般自我效能感量表（General Self-Efficacy Scale, GSES）	抑郁情绪量表（Patient Health Questionnaire, PHQ-9） 广泛性焦虑障碍量表（Generalized Anxiety Disorder-7, GAD-7）

三、研究发现

（一）本市家庭总体体现儿童友好，男女平等

1. 家庭友好度评价总体偏高，生活满意度高

家庭儿童友好度自评量表得分上，2019 年 86.7% 的儿童、2021 年 89.4% 的儿童给予了 2.5—4 分（4 分制），2019 年 46.2% 和 2021 年 46.8% 的儿童给予满分。家庭儿童友好度主观评价单项题（10 分制），同样 74.8% 的儿童对自己家庭打了 8—10 分，46.5% 的给予满分。主观评价和客观自评量表得分一致，相关系数达到 0.72，百分比分布相近。家庭友好环境创设直接影响儿童的

主体感受,友好度越高,儿童对家庭、对父母的喜欢度也越高,家庭生活满意度也高,相关系数达到0.72—0.77。两次调查数据表明,家庭内儿童友好环境的营造,有利于促进亲子关系的融洽,能够提高儿童的生活满意度和幸福感。

表4-3-2 家庭儿童友好度两种自评得分比较

主观评价单项题（10分制）	2019年调查百分比	2019年调查百分比	2021年调查百分比	家庭儿童友好自评量表总分(4分制)
1	1.6%			
2	0.9%	2.7%	0.5%	<1.5
3	1.2%			
4	1.8%			
5	7.5%	10.6%	9.9%	1.5—2.5
6	3.5%			
7	8.5%			
8	13.9%	40.5%	42.6%	2.5—3.5
9	14.4%			
10	46.5%	46.2%	46.8%	3.5—4

2. 本市儿童家庭在环境创设上体现了男女平等原则

儿童对家庭友好度评价、生活满意度等,在性别、户籍、是否独生子女等类型比较中,均未显现性别差异,说明本市家庭(含非沪籍)在儿童生活环境的创设中,基本做到男孩女孩同等对待,父母在养育、教育、亲子互动等过程中,也做到了男女平等。访谈过程中,儿童也表达了父母没有在兄弟姐妹的教育过程中有偏心或差异对待。男女平等的理念深入儿童内心,有儿童表示"不能以经济收入来决定家庭话语权",应该"男女平等"。

3. 照料养育与管教获普遍认可,亲子沟通与对儿童的心理支持有待加强

家庭环境创设中,家庭教育养育方面做得最好,无暴力忽视情况及儿童平等参与也较好,但在心理支持与沟通陪伴的亲子互动方面相对欠缺,有待加

强。访谈中,不少儿童表示陪伴很重要。"我更希望可以陪我到处去玩,适当缓解一下我的压力,这样的父母陪伴最重要",期待父母"会花时间跟我们聊天,相互谈谈一些内心的东西"。性别、是否独生子女的类别比较上不存在组内差异,呈现同样的趋势,即儿童家庭重照料管教,轻亲子沟通互动。父母已经有亲子沟通的积极意识,会主动关心询问儿童,鼓励支持,给予帮助;但要获儿童认同与信任仍需努力。

表4-3-3　　　　　儿童友好家庭指标各维度间比较

	2019年调查($n=1\,127$)		2021年调查($n=1\,404$)	
	平均值(SD)	平均数等级	平均值(SD)	平均数等级
心理支持与沟通陪伴	3.08(0.75)	1.97	3.17(0.75)	1.92
照料养育与积极管教	3.41(0.56)	2.93	3.53(0.55)	2.94
平等参与	3.24(0.62)	2.43	3.36(0.67)	2.49
无暴力忽视	3.29(0.71)	2.67	3.33(0.84)	2.65
总分	3.23(0.58)		3.35(0.56)	

(二) 家庭环境有待改善促进儿童友好体现

1. 儿童期望家庭规则平等适当

两次调查数据分析及平均值趋势线相近,家庭照料养育与积极管教的友好环境营造得到了儿童的一致认可,满足儿童生活需要、提供基本安全保护,儿童认可父母的管教、对父母家庭中的分工合作评价较高(3.5—3.6,4分制)。相对而言,儿童觉得父母在儿童利益最大化、赏罚分明方面(3.2—3.4)等规则制定上有待改善。儿童表示在规则管教上不存在性别差别,但表示规则要适当,期待更多亲子间的平等对话。"有的父母自我为中心,觉得自己讲的都是对的,没有考虑我们儿童的想法。""家里要有适当的规则,不能放纵孩子,但也不能太严""规则需要父母和儿童都认可……相对一个有度的规则。父母需要在发现孩子做这种事前先约法三章,不能事后算账。最好通过家庭会议或讨论的方式……""父母不能以身作则,但对我要求特别高那种……""要平等的……""规则是两方商讨出来的,父母可以事先给个框架,然后可以调整,能商量的商量,有些实在不能商量的,我们也会执行。"

2. 儿童认为应杜绝不同形式、不同程度的打骂、情感暴力或忽视现象

儿童友好环境应该是"……照顾并保护儿童,禁止一切形式的直接暴力或目睹的暴力。[31,47]"本市儿童家庭中,家长使用武力、对儿童态度粗暴的情况总体较少,不存在性别和年龄差异,85%的儿童表示这些现象不太符合或不符合家庭实际状况,2021年度的调查数据略比2019年有所改善。但仍有家庭中父母态度粗暴(4.6%—6.5%)、动用武力(6.7%—9.1%)、打骂现象(不一定针对儿童,11.3%—11.5%)、对儿童需求的经常性忽视(9.1%—10.5%)。儿童对暴力、情感虐待或忽视等有着比较理性的认知。"不友好的家长酗酒、家暴。""父母偶尔的处罚责打,不构成家庭暴力;只有持续的、经常性的才算。""如果是我做错事情挨打了,属于父母的正常管教。我觉得父母这样做会起到震慑作用,虽然那时候我肯定希望别打,但回想起来我感觉对我是有效的,我不会再犯同样的错误。"因管教与暴力的界定不清晰且难以区分,且这些现象具有隐蔽性;不构成家庭暴力、虐待或严重忽视,但对儿童身心造成影响的现象(如目睹暴力或者经常性地贬低责骂)更为普遍。

3. 儿童期待更高参与阶梯的家庭参与机会

儿童参与意识显著提高,儿童对自身相关事务的参与状况最为理想,对家庭事务也能了解;但在家庭决策与商讨参与上相对减弱。"儿童需要参与……儿童没有发言权,没有决定权,这样是不对的。""在一个家庭中儿童也要有相对的权利,就比如说要决定做一件事情之前,父母先询问一下儿童的意见,要有尊重儿童的一些想法和权利。""要参与,可以给出自己的意见,不听不要紧,但至少让我们参与;至少可以让我们发表自己的想法;当然我更希望他能在哪一点上采纳我的意见,哪怕是一点点也好,这会让我感觉我也是家庭中重要的一员,我也能参与这件事情,我也长大了。"

两次调查数据略有起伏,但不同年级组间的差异相对一致。即随着儿童年龄增长,高阶梯儿童参与逐步提高。年龄组间差异呈现初中生处于亲子沟通的矛盾阶段,较多给予消极评价。因此家庭参与在家庭矛盾冲突中相对处于低谷阶段,这与以往的研究结果相似。

4. 父母看重亲子沟通,儿童看重亲子互动

两次调查数据趋势趋同,表现为父母普遍关注儿童内心、亲子聊天。从数据分析中可以看出,父母已有意识需要抽时间来陪儿童聊天或聆听心事,

71.5%的儿童表示父母会一周几次甚至每天与自己聊天。亲子沟通中父母持主动态度,但儿童与父母沟通交流时有所保留或迟疑,这与儿童身心发展有关,也与亲子沟通的质量和成效相关。这或许与父母是否从儿童角度看问题、父母若有错是否会道歉(这两方面的得分也不高)等相关。访谈中,儿童表示父母会特别关注学业,这让儿童感觉父母看重的是"成绩"而不是"儿童自身"。

亲子间消磨时间等互动状况并不理想,且不存在年龄差异。仅32.6%的儿童表示家中父母能够做到"一起消磨时光",26.4%的比较符合,41.1%的儿童表示不太符合甚至完全不符合。从调查访谈中也了解到,目前儿童的课余时间安排满档,晚上与双休日等时间基本被作业、补课等排满,难得有时间可以亲子互动或休闲娱乐。这一现象在不同年龄段中呈现相似的结果,无显著差异,说明亲子休闲互动的状况并不会因为年龄大小有所差异。儿童在家的自由支配时间(除去做作业、参加兴趣班等的时间)中,以独处为主,包括看书、听音乐、自己玩等。

从《中国儿童发展报告》中父母与孩子对游玩的看重程度比较可以看出双方存在显著差异。[48]父母对"出去游玩"的看重比例0.7%—4.8%,排名靠后;不同年龄段儿童的看重比例17.5%—46.5%,排名首位。儿童希望父母"能接受孩子玩的新奇东西……""带孩子去体验一些他这个年龄体验不到的东西,不应该什么都不让他做;小时候不让他出去玩,等他(长大)要出去玩了,又没时间。"

(三) 影响家庭儿童友好环境营造的家庭因素

儿童友好家庭的创建中,不受儿童年龄、性别、家庭内儿童个数以及家庭的经济收入等影响;但受到父母受教育水平、户籍、家庭结构等客观因素影响。

1. 父母受教育程度

父母的受教育水平对家庭内儿童友好环境的创设有正向影响,有利于儿童的成长。总体上,父母的受教育水平与儿童对家庭友好度量表总分之间呈显著正相关,相关系数在 0.08—$0.18(p=0.00)$,即随着父母受教育水平的提高,家庭环境相对来说对儿童更友好些。受教育程度高的父母更注重对儿童的心理支持与沟通陪伴,注重无暴力忽视环境营造,普遍给予儿童更多参与的机会,均呈显著正相关。其中,父亲($r=0.19, p=0.00$)对儿童参与的影响略显著于母亲($r=0.15, p=0.00$),这一研究结果与父母教养方式对儿童参与影响研究中的结论相一致[49]。2019年的调查数据显示,父母受教育水平高的家庭中,能够做到完全无暴力、无忽视的比率显著高于受教育水平低的家庭,大学本科及以上的家庭在无暴力、无忽视的认同度(反向选项为"非常不同意")上比其他受教育水平的家庭高11.1%—18.8%;2021年的调查数据差距也在9.3%—19.8%。

但在不良教育行为上,父母的学历并非决定因素。将父母最高的受教育水平分类后进行比较分析,较多发生家庭内暴力或忽视的现象的家庭中,父母的学历水平上不存在显著差异;即不论父母学历高低,父母都可能有暴力或忽视现象,更多情绪上的宣泄压迫。两次调查数据表示,父母不同学历背景下,6.6%—17.2%的儿童表示"我家中有打骂的情况发生",6.3%—17.2%的儿童表示"我的需要经常被忽视"。儿童也表示"有时候父母的情绪控制上面,真的有待提高。""家里不要拿孩子开刀,也不要在平常跟他说,'如果不是因为你,我们两个早就过不下去了'等的话,把父母亲之间的问题推到孩子的身上……经常抱怨或唠唠叨叨,把自己不开心的情绪发泄在孩子身上。"

2. 户籍

本市户籍儿童与非本市户籍的常住儿童在家庭儿童友好度的评价中,略有差异,具体表现为在平等参与维度和无暴力忽视维度。本市儿童家庭中参与度显著优于非本市户籍儿童,相对而言,本市儿童会更了解家庭事务、更多参与商讨家庭事务,更多决定自己的事情。

表4-3-4　不同户籍儿童对家庭儿童友好度的评价比较($n=1\,127$,2019年)

维　度	本市户籍	非本市户籍	t值
心理支持与沟通陪伴	3.12	3.03	1.58
照料养育与积极管教	3.42	3.41	0.34
平等参与	3.30	3.14	3.67**
无暴力忽视	3.34	3.21	2.49*
总分	3.27	3.19	2.06*

在非本市户籍的儿童家庭中，家中有打骂现象的比率显著高于本市户籍家庭，对家中打骂现象表示"比较同意"与"非常同意"的比率比本市儿童高出15%。分析原因可能是，流动儿童父母的受教育程度相对较低，往往会采用专制型教育方式，忽视了对儿童的引导和教育而采用打骂等方式约束孩子的不良行为[50]，相对于城市中产家庭父母对学习的细心查看、耐心指导，流动儿童父母提供的帮助十分有限[51]。

非本市户籍的亲子沟通与父母陪伴不足，显著低于本市户籍儿童。具体表现为"我经常与父母一起消磨时光""父母会抽时间陪我聊天或聆听我的心事"方面显著较少。这可能与父母的意识有关，也可能与父母是否有时间陪伴儿童有关。调查发现，"许多流动儿童家庭一方面由于缺乏一定的经济基础和富余时间，不能为给孩子提供价格高昂的先进电子产品，也鲜有时间带他们去图书馆、博物馆等文化场所……另一方面，由于教育水平和管理意识的欠缺，流动儿童家长对孩子使用电子产品的态度处于两极化态势，或者完全杜绝让孩子使用电子产品，或者完全放任使用。"[52]

3. 父母共育

家庭结构不完整影响到了儿童友好环境的创设。单亲/离异家庭或者其他类型（如儿童与祖父母居住）的家庭中，儿童对家庭环境的友好度评价、对家庭父母的喜欢度以及生活满意度等显著低于完整家庭的儿童，儿童对父母给予的照料养育环境、安全保护等方面也给予显著较低的分数，也存在较多的暴力或忽视现象。对"家中有打骂的情况发生"表示"比较符合"和"完全符合"的儿童比核心或主干家庭等多10%—15%。对儿童的需求忽视也比较明显，单亲离异家庭中儿童需求忽视的认同率也高出10%左右。

家庭结构发生变化，其核心是父母关系的变化产生了单亲家庭、再婚家庭或者是由祖辈照料的其他类型家庭。父母育儿责任共担更有助于营造儿童友好的家庭环境。在家庭育儿过程中，父母离异或丧偶等导致的一方亲职缺位，会在儿童生活环境、亲子关系等维度上产生不利因素，降低儿童对家庭生活的满意度、对父母的信赖度。同样，在结构完整的家庭中，父母是否育儿责任共担，也直接影响到儿童对家庭友好环境的评估。这些均说明了一方父母的亲职功能削弱，会影响家庭育儿氛围，也会影响环境创设，即便是核心家庭和主干家庭亦是如此。

(四) 儿童友好的家庭环境有利于儿童健康成长

1. 家庭环境友好与儿童自尊、自我效能感呈显著正相关

家庭儿童友好环境各维度的创设对儿童的自尊心发展以及自我效能感的增强有着积极的正向作用,呈现显著正相关。

表4-3-5　家庭儿童友好环境与儿童自尊、自我效能感的相关分析($n=1\,127$,2019年)

相关系数	心理支持与沟通陪伴	照料养育与积极管教	平等参与	无暴力忽视	总分
自尊	0.52**	0.49**	0.45**	0.40**	0.56**
自我效能感	0.46**	0.41**	0.42**	0.26**	0.47**

注:** 表示在0.01水平(双侧)上显著相关。

将家庭儿童友好环境总分与儿童自尊、自我效能感分类进行列联表分析(见表4-3-6),儿童友好度低的家庭中,儿童低自尊的比例(55.7%)显著高于高自尊(10.7%)的比例,相差45个百分点;与之相反,儿童友好度高的家庭中,高自尊的儿童比例显著高于低自尊的比例,相差57.6个百分点。而儿童自我效能感的发展上,儿童友好度低的家庭中,自我效能感普遍偏低,仅20.8%的儿童有高自我效能感,近23.5%的儿童自我陈述自我效能感偏低甚至很低。而儿童友好度高的家庭中,69.5%的儿童自我效能感很高,仅2.3%的儿童自我陈述自我效能感偏低。

表4-3-6　不同家庭儿童友好自评得分与儿童自尊、自我效能感的列联表分析($n=1\,127$,2019年,单位:%)

儿童友好度自评分类	低($n=149$)	中($n=542$)	高($n=436$)	总体
低自尊	55.7	26.8	7.3	23.1
中等自尊	33.6	52.7	27.8	40.5
高自尊	10.7	20.5	64.9	36.4
自我效能感很低	4.0	0.0	0.0	0.5

续　表

儿童友好度自评分类	低($n=149$)	中($n=542$)	高($n=436$)	总　体
自我效能感偏低	19.5	4.2	2.3	5.6
自我效能感偏高	55.7	66.1	28.2	50.0
自我效能感很高	20.8	29.7	69.5	43.9

2. 家庭儿童友好环境可以降低儿童抑郁、焦虑的发生率

2021年的调查数据中，儿童抑郁的检出率在28.1%，其中轻微抑郁倾向为16.5%，中度6.8%，中重度和重度为4.8%，与《中国国民心理健康发展报告(2019～2020)》的检出率相近。儿童焦虑水平中轻度焦虑检出率13.9%，中度为6.1%，重度为2.9%。家庭儿童友好环境与儿童抑郁和焦虑水平呈现显著负向相关，即家庭环境的儿童友好度越好，儿童抑郁或焦虑的发生率越少。

表4-3-7　　家庭儿童友好环境与儿童抑郁、焦虑的相关分析($n=1404$，2021年)

相关系数	心理支持与沟通陪伴	照料养育与积极管教	平等参与	无暴力忽视	总　分
抑郁	−0.52**	−0.46**	−0.40**	−0.33**	−0.53**
焦虑	−0.46**	−0.42**	−0.35**	−0.31**	−0.48**

注：**表示在0.01水平上显著相关。

从家庭儿童友好环境与儿童抑郁、焦虑的列联表分析发现，儿童友好度高的家庭中，儿童无抑郁倾向的占比71.9%，轻度抑郁的检出率为6.8%，中重度与重度的不足1.1%；与之相反，中等友好度的家庭中，轻度抑郁倾向的检出率略高，为25.1%，其他不同程度的抑郁倾向比例相对较低，而儿童友好度低的家庭中，无抑郁倾向的仅为27.3%，不同抑郁水平的检出率比较接近，均在10%—20%左右。与抑郁状况相似，在儿童友好度高的家庭中，90.7%的儿童未显现焦虑倾向，轻度焦虑检出率6.1%，中、重度合计不足3.2%。而在儿童友好度低的家庭中，无焦虑倾向的仅32.2%，其他不同程度的焦虑水平检出率相对接近，分别在19.0%—27.3%。从中可以发现，儿童友好环境的创设对儿

童心理健康的影响显而易见。

表4-3-8　家庭儿童友好环境与儿童抑郁、焦虑的列联表分析
(n=1 404,2021年,单位:%)

家庭儿童友好度自评分类	低(n=121)	中(n=658)	高(n=686)	总体
无抑郁倾向	27.3	61.5	89.7	71.9
轻微抑郁倾向	22.3	25.1	7.3	16.5
中度抑郁	22.3	9.0	1.9	6.8
中重度抑郁	16.5	2.9	0.7	3.0
重度抑郁	11.6	1.5	0.4	1.8
无焦虑倾向	32.2	71.3	90.7	77.1
轻度焦虑	27.3	19.6	6.1	13.9
中度焦虑	21.5	7.1	2.3	6.1
重度焦虑	19.0	2.0	0.9	2.9

3. 家庭儿童友好环境促进儿童健康成长

回归分析发现,家庭儿童友好环境中,心理支持与沟通陪伴维度对儿童的自尊、自我效能感发展、抑郁和焦虑水平均有显著影响作用,而照料养育与积极管教维度和无暴力忽视维度对儿童的自尊心有积极作用,对抑郁、焦虑水平也有显著负向影响,对自我效能感的发展影响不显著。鼓励和支持儿童平等参与维度对儿童的自尊心和自我效能感发展有显著正向影响,但对儿童的心理健康发展影响不显著。

表4-3-9　儿童友好环境各维度与自尊、自我效能感的回归分析

维度	自尊得分	自我效能感得分	抑郁状态	焦虑状态
心理支持与沟通陪伴	1.81**	2.75**	−2.45**	−1.80**
照料养育与积极管教	1.12**	0.08	−1.12**	−1.07**

续　表

维　度	自尊得分	自我效能感得分	抑郁状态	焦虑状态
平等参与	1.26**	1.86**	−0.04	−0.02
无暴力忽视	1.48**	0.00	−0.82**	−0.79**
F	129.01	169.08	200.06	151.74
r^2	0.32	0.231	0.29	0.24

注：**表示在0.01水平上显著。

其中，家庭内父母是否分担家庭事务直接影响到家庭内的友好环境创设，也对儿童的健康成长有着显著的作用。在父母不分担或很少分担的家庭中，儿童低自尊的比例在47.7%（双亲参与的家庭为1.7%），而高自尊仅15.1%（双亲参与的家庭为40.2%）。儿童自我效能感很高的家庭中，双亲参与的家庭比非双亲参与的家庭，儿童自我效能感高23.7个百分点；而自我效能感偏低或很低的家庭中，双亲参与的家庭比非双亲参与的家庭低16.9个百分点。非双亲参与的家庭中，儿童无抑郁倾向或无焦虑倾向的比例也显著低于双亲参与的家庭，相差31.2和26.8个百分点。

四、研究建议

1. 儿童视角下家庭儿童友好以多维度呈现，更偏向人际互动的环境营造

本研究所用的儿童友好家庭自评量表本身以儿童为主体，以家庭为对象，由儿童来阐述他们认为对其友好的家庭环境体现在哪些方面，也由儿童来评价目前家庭的友好状况，体现了《儿童权利公约》尊重儿童意愿原则。儿童友好的家庭需要在环境营造上适合儿童、有利于儿童生活成长，同时环境等也要给到儿童主观感受上的亲近和善。因此，对儿童来说，友好的家庭是多维度呈现的，既反映家庭在创设环境中客观表现，也看重亲子间的互动、父母的心理支持、允许儿童平等参与等各方面。

目前，上海家庭在儿童友好环境的创设中存在着不同维度上的不足。解决这些问题，需要从儿童本位出发，呈现儿童需求，实现多维度对儿童权利的保护，提升儿童家庭生活幸福感，通过与父母对话、亲子互动、儿童参与助推的方式，共同促进家庭环境创设及关系调节。儿童有能力清晰地感知家庭环境创设中的不足,可以帮助家长反省亲子关系、养育行为,前提是家庭需要让儿童一起参与进来。

改变教育观念,重视儿童参与,实现平等互动。随着科技的发展和社会的进步,儿童的认知与知识水平已不仅仅局限于靠家庭、学校培养,更多受社会和互联网的影响。父母知识权威的丧失、削弱,儿童自主参与意识的提升,加大了家庭教育的困难。加上现在家庭边界离散化[52],人与网络世界的紧密接触,导致人际互动的减少与情感联系的减弱,这些都使得父母的权威和家庭教育受到挑战。父母需要调整家庭教育的观念,自我学习,积极了解儿童的身心发展特点,关注儿童的需求,减少传统说教式的方式,增加平等交流的意识。改变父母的权威心态,通过反向社会化,向儿童了解新奇事物,与儿童一起探索孩子感兴趣的事物。

2. 父母需明晰家庭教育目标方向,营造儿童友好家庭环境促进儿童健康成长

家庭环境对儿童健康成长的影响毋庸置疑,尤其是对儿童个体的自尊、自我效能感等个体人格重要特质的形成,以及对儿童个体心理健康水平的影响。国内外的研究认为,家庭教养环境中,父母温情的、理解接纳的、乐于交流的养育方式有助于提高亲子依恋质量,让儿童感受到家庭的爱护,有助于儿童自尊水平的发展[53],促进儿童自我效能感和情绪智力的提升[54]。自我效能感会影响到个体的行为选择、思维模式和情感反应模式,也会影响到实施任务的持久性[55]。儿童的高自尊、高自我效能感、高情商等与儿童的学业成就、个体发展存在正相关[56]。而过于严厉的教养方式,或过高的教养期望,会导致儿童自我效能感低下[57]。家庭关系和家庭环境是否对儿童友好,也对儿童心理健康有着直接影响。研究表明,当家庭环境不佳,父母对子女的教养方式以拒绝或放任、过度干涉保护或采取严厉惩罚等为主,儿童抑郁检出率显著高于民主友善的家庭环境[58—59],也易激发儿童的焦虑水平[60]。

本研究的调查数据表明,被儿童认定为是儿童友好度高的家庭中,儿童的自尊水平、自我效能感等显著高于友好度偏低的家庭;儿童出现抑郁或焦虑倾向的检出率也显著较低。其中,家庭的心理支持与沟通陪伴维度、无暴力忽视维度等对儿童心理健康的作用验证了高质量的亲子依恋关系有助于降低儿童的心理问题[61],而家庭内冲突,尤其是父母的婚姻冲突、采用心理攻击或惩罚等教养方式易导致儿童出现焦虑等心理症状[62]。

中国父母对儿童的高期望已成为普遍现象。九成的父母希望孩子的受教育程度在本科及以上[63]，2021年的调查数据亦如此。与儿童密切相关、又受到父母们普遍关心的就是儿童学业的自我效能感。自我效能感低下的个体，往往低自尊，自信心不足，自主能力偏弱。父母的高期望带来教养过程中的脾气暴躁、唠叨、过激行为等，易造成儿童焦虑、抑郁等心理问题，继而引发儿童心境低落，学习困难等现象，严重时儿童甚至产生自杀想法和行为，给家庭带来巨大的负面影响。因此，家庭养育过程中，父母需要明晰儿童教育的目标方向，营造儿童友好的家庭环境更有利于儿童成长与学习进步。

3. 家庭教养环境中宣传呼吁父母共育，形成社会共识

孩子成长过程中父母是关键合作伙伴。父母共育的过程中，父母可以协商各自的父母角色、责任和作用[64]。"当两个个体成为父母时，可以说是有一个视野的合并。父母间逐渐相互了解和理解对方的教养方式。在共同抚养孩子的过程中，父母共同面对挑战与失败的意愿会紧紧地将两人联系在一起。"[65]稳固的共育关系可以提高父母间的相互支持，有助于儿童的情感安全感，对儿童的社会能力、自我调节、行为抑制、依恋关系等都有影响作用。

让父母共育的理念、父母参与的意识深入人心有其必要性。经济学研究资源配置中，时间是稀缺资源。亲子互动时间是儿童所稀缺又期待的。目前我国的亲职教育中，呈现的是父亲参与的缺失。究其原因，与根深蒂固的传统性别分工理念有关，也有育儿矛盾冲突导致一方（父亲居多）退出，再有就是父亲需要面对更强的理想员工要求，较少采取弹性的岗位就业，导致父母双方在可支配的时间资源上不对等[66]。在大多数父母合作育儿的家庭中，父亲更多以辅助母亲教养行为的方式参与到对子女的教育过程中[67]。父亲良好的协同教养促进父母的互动，让儿童感受到家庭的爱护，提高父子依恋质量，有利于儿童良好自尊的培养[68]。既然父母共育更有利于儿童成长，我们就需要改变传统的根深蒂固的性别分工模式，让父母双方都成为孩子具体教育责任、生活照料责无旁贷的参与者[69]。

强调共同养育子女原则。西方不少国家提出了"父母共育"，2001欧盟家庭法委员会设定共同养育成为共同原则[70]。澳大利亚2006年通过了《家庭法（共同父母责任）修正案》，鼓励共同养育，确保"子女能够从父母双方有意义地参与子女的生活中获益，最大限度地符合子女的最佳利益"。法国用"亲权"取代"监护权"的用语，以合作型父母原则为法律基础，从而维护孩子与其父母之

间持久的关系。美国法律研究协会也肯定了父母之间公平的必要目标,强调父母双方有意义的参与,如在科罗拉多州,法院要"裁决父母责任的分配,包括养育子女时间和做出子女相关决定的责任"。[71]《民法典》中明确规定,"夫妻双方平等享有对未成年子女抚养、教育和保护的权利,共同承担对未成年子女抚养、教育和保护的义务。"《未成年人保护法》也提到,"父母或者其他监护人应当创造良好、和睦的家庭环境,依法履行对未成年人的监护职责和抚养义务。"但目前我国的法律对婚姻存续、非婚生子女以及离婚后对子女的抚养权利与义务,最多涉及的是生活费、教育费及探望权利,提倡但没有规制教育子女过程中的亲职责任对等或具体的家庭义务责任。虽然法律层面的改变和推动来自确保父母离婚后对子女的权益保护的考量,但父母共育的理念应该贯彻在所有的儿童家庭中。

4. 提升父母(照料者)亲职能力,倡导有效参与,促亲子关系良性发展

儿童对父母的陪伴既有量的需求,更有质的要求。家庭的社会资本三个维度,家长的参与度、亲子关系和陪伴时间中,亲子关系成为父母相对关注和重视的重点,儿童认可并感知到了父母对其的关心与爱护;但相对而言,儿童更渴望父母的亲子互动,渴望亲子可以更多一起休闲消磨的时间,更多"用心倾听""从我的言行中观察到我的需求"。

这就向父母提出了给予儿童更多有效参与、更多有效陪伴的要求。在儿童参与课外班呈现日常化趋势下[50],儿童的课余自由支配时间被严重压缩;而儿童在家的自由支配时间(除掉做作业、参加兴趣班等的时间)中,以独处为主。儿童期望父母能有更多"休闲娱乐""不要总是盯着我的成绩",希望可以"带我看看新事物""了解下我玩的、我感兴趣的那些东西。"陈辉认为,"低质量陪伴削弱孩子主体性……过度干预和不必要限制,让孩子在父母陪伴中感受到的,就不是快乐,不是爱,而是沉重的心理负担和精神压力。"[72]父母应参与儿童的成长过程,不要因工作忙碌或者过度督促儿童学习而忽略了亲子互动的重要性。陪伴不在时间长短,而在用心投入;陪伴重在沟通,但也重在互动休闲。因为对儿童而言,除了专注学业,还要学会生活。

5. 协调发展家庭的社会支持系统,赋能家庭提升养育环境

探索发展家庭服务支持系统,强调家庭优势,积极整合社会资源,有效支持家庭,面向能力不足的父母或监护人提供多元的服务。从家庭儿童友好环境的研究中发现,导致环境不友好的原因各有不同,有难以改变的客观因素如家庭经济收入处于困境、家庭结构不完整等,也有父母的教养理念与教养能力不足,如父母情绪自控能力较差,将情绪宣泄到儿童身上;更有父母未清楚地认识到儿童参与对儿童成长的重要性,一味强调以学业为主而剥夺了儿童参与的机会等。这些问题,需要父母(照料者)自身加强学习,改变理念之外,更需要政府或社会提供多元的面向家庭的社会服务,如针对低收入家庭的家庭教育、父母情绪调节培训、对单亲家庭或父母缺位家庭的父母亲职教育等。鼓励更多社会专业力量参与社区家庭服务领域,针对不同儿童及家庭的需求,提供专业的、个性化的服务与支持,提升父母(照料者)教养能力,增强家庭功能来改善儿童家庭环境。儿童的家庭环境发生变故时,建议通过强调"实质性的重要时间""父母有意义的参与""共同教养的对话过程"等方式,明确父母双方的监护责任,强化父母在教养子女的具体过程中的权责分工。

社区资源中协调加强对非本市户籍儿童及其家庭的人文关怀、家庭服务支持和社区融入。刘玉兰梳理了近30年流动儿童的研究轨迹与政策发展,提出从儿童权利视角下探讨流动儿童所处生态系统的权利保护,厘清家庭和国家在流动儿童权利保护中的嵌合机制和路径,积极探索综融性的保护政策和流动儿童为中心的保护服务体系等。[73]她建议充分发挥和依托社区资源,为城市流动儿童的求学、医疗、卫生、安全等方面提供服务,通过流动儿童及其父母喜闻乐见的方式加强宣传教育,赋权增能,改善流动儿童家庭的友好环境创设,切实保障儿童合法权益。

儿童友好家庭是儿童友好型社区、城市建设中最基础、也最重要的环节。如何全面营造对儿童友好的家庭环境,减少家庭内对儿童权利的忽视或侵害,值得每一个家庭、每个照料者自省反思。

第四节 儿童友好型家庭指标体系的建构

一、研究背景

前期的研究从儿童视角出发,聚焦儿童权利保护,辨析儿童友好的家庭因素,以促进父母责任的落实。与儿童合作编制的"家庭儿童友好度自评量表"聚焦在儿童最为关心的四个核心维度,体现儿童四大权利的保护,遵循《儿童权利公约》的"四大原则",肯定儿童友好的家庭在保护儿童和保障儿童身心健康方面具有最重要的潜在作用[74]。家庭稳定越来越依赖于夫妻与亲子这两种亲密关系的好坏。父母的动态关系是极具影响力的力量,影响孩子的社会适应性发展。"友好"的感知偏向主体反馈,在与之相关的事务上,儿童的感受和愿望必须被考虑进去,应从儿童的视角和观点来获悉家庭对儿童的友好情况。

在儿童研究的基础上,本研究聚焦儿童发展环境中的微系统之一——家庭,从专业的视角来探讨儿童友好型家庭的指标体系。在儿童友好型家庭的核心指标上,从立德树人、培育和践行社会主义核心价值观,促进儿童全面健康成长的家庭教育根本任务出发,倡导家庭从各方面积极创设儿童友好的家庭环境,提高父母家庭教育理念,发展更多儿童友好教育行为;优化儿童环境,确保儿童安全,保护儿童身心健康,保障儿童合法权益,促进儿童健康全面的发展。

二、研究对象

1. 参与研究对象

为帮助家长或家庭帮扶的社工了解家庭内儿童友好环境创设的情况,从而教育引导父母或其他监护人调整或更好地营造适宜儿童成长的环境,使家庭成为儿童健康成长的温馨港湾,使家庭成为国家发展、民族进步、社会和谐的重要基点。从专家的视角来建构儿童友好型家庭指标体系,主要采用文献法、德尔菲专家调查法。

2. 研究方法

以匿名反馈函询法就儿童友好型家庭的指标内容征得专家的意见之后,进行整理、归纳、统计,再匿名反馈整理修改。

此次德尔菲法总计开展5轮,第1—3轮,选择7位不同领域的核心专家(涉及儿童保护、家庭教育、青少年研究、社会工作、儿童心理等领域),均为副高或高级职称,年龄在22—43岁,男女比4∶3;采取匿名方式,专家各自判断,提出修改意见,研究者对专家提出的意见进行整理并反馈给专家,形成新一轮的指标体系。3轮中充分聚焦儿童友好型家庭的特征,论证指标体系的理论框架,选择更具针对性的、可获得性、导向性的核心指标表述,精简、提炼三级维度共86个项目,最终修改形成2个一级指标、10个二级指标,47个三级指标的指标体系。

在此基础上,拓展参与专家,开展第4—5轮专家评分,最终形成3个一级指标、9个二级指标、42个三级指标的儿童友好型家庭指标体系。

德尔菲法一般要求遴选相关领域内具有权威性、代表性的专业人员,数量以15至50位为佳。本研究选择的标准是:(1)本市儿童相关领域的专家和基层儿童家庭工作者;(2)本科及以上学历,专家具有副高级以上职称;基层工作者中级职称,要求10年以上工作经验;(3)愿意配合完成多次专家咨询。最后选取了与儿童相关工作的不同专业背景的专家25位,一线资深儿童家庭工作者15位,最终参与36人。其中,高级职称占42.8%(博士生导师25.7%,硕士生导师17.1%),副高职称占14.3%,中级或其他占42.9%。专家的专业领域覆盖儿童教育、儿童发展、儿童心理、社会工作、家庭教育、儿童法律、早期发展、特殊教育、少儿卫生、德育、儿童家庭基层工作等。

三、儿童友好型家庭指标建构结果

1. 专家积极程度

第4轮发出专家咨询表40份,回收36份,专家积极系数为90%;第5轮专家咨询发出36份,回收34份,专家积极系数94.4%。大部分专家对本研究的参与程度高,其中26位专家就维度框架、文字措辞、可操作性、增减条目等提出了修改意见,参与率72.2%。

2. 专家权威程度

本研究中,专家权威系数(Cr)=0.86,专家判断系数(Ca)=0.94,专家熟悉系数(Cs)=0.78。专家的权威系数超过了0.8,参加本研究的专家权威程度较高,结果可信。

表4-4-1 德尔菲专家调查法第4—5轮的专家情况

	男性	女性	平均年龄(岁)	平均工龄(年)	Cr	Ca	Cs
各领域专家	10	11	53.5	28.3	0.88	0.96	0.80
一线资深工作者	3	12	40	16.1	0.83	0.93	0.74
总体	13	23	47.7	23.1	0.86	0.94	0.78

3. 专家意见的协调程度

第4—5轮的专家咨询中,每个指标专家咨询的变异系数在 0.05—0.19 范围内,均小于 0.2(小于 0.25 为佳)。经统计,两轮专家咨询后,一级指标的肯德尔协调系数(Kendall's W)为 0.32,二级指标的协调系数为 0.38,三级指标的协调系数为 0.42(一般在 0.5 的范围波动[75])。协调系数的卡方检验,$p<0.05$,说明协调系数具有显著性,可认为专家对指标的评价结果具有一致性。最终评分者内部一致性系数(克隆巴赫 α 系数),一级指标的评分者一致性系数为 0.82,二级 0.87,三级为 0.96,内部一致性信度良好。

表4-4-2　　　　专家意见的协调程度与内部一致性程度

指标	第4轮		第5轮		变异系数 CV(<0.25)
	Kendall's W	克隆巴赫 α 系数	Kendall's W	克隆巴赫 α 系数	
一级指标	0.008	0.82	0.32*	0.82	0.11
二级指标	0.084	0.80	0.38*	0.87	0.10—0.19
三级指标	0.216*	0.95	0.42*	0.96	0.05—0.19

注:*表示在 0.05 水平上显著一致。

4. 指标筛选结果

专家咨询第 4 轮结果:根据指标筛选结果,以及与核心专家组讨论决定,将二级指标"儿童发展性"调整为一级指标"儿童状态",同时保留二级指标更名为"儿童发展"。修改的理由为更符合儿童友好型家庭指标体系的理论架构(理论框架并未告知咨询专家)。二级指标中"生活条件"与"养育环境"内容有重叠交叉,较难区分,最终合并形成"养育能力"指标;三级指标的内容根据一级、二级相应调整,并根据不同专家提出的修改意见进行了适当的删减、措辞修改等。删除平均分低于 3.9 的三级指标 1 项,内容重复性指标 1 项,操作性不强、代表性不强的三级指标 4 项,拆分三级指标 2 项。

专家咨询第 5 轮结果:根据第 4 轮修改后的指标体系进行重新打分,其中研讨二级指标"社会资源"的内容计分不高,个别几位专家认为该指标维度在目前家庭环境中较为薄弱,社会支持力度有待加强。虽然得分较低,但考虑社会支持系统、资源的维持对个体及家庭都有着积极正向意义,有助于儿童个体的良好社会适应,维持社会秩序。此外,《教育部关于加强家庭教育工作的指导意见》中强调要加快形成家庭教育社会支持网络,尤其是社区支持体系。《中共中央关于坚持和完善中国特色社会主义制度、推进国家治理体系和治理能力现代化若干重大问题的决定》中要求家庭建设与基层社会治理互相促进。因此,该指标仍予以保留。

表4-4-3　儿童友好型家庭一级指标重要性和可行性评价结果

	平均数	标准差	变异系数	满分频率(%)	可行性
家庭环境	4.8	0.53	0.11	85.7	4.4
儿童—家庭互动	4.8	0.53	0.11	85.7	4.2
儿童状态	4.74	0.61	0.13	77.1	4.1

表4-4-4　儿童友好型家庭二级指标重要性和可行性评价结果

	平均数	标准差	变异系数	满分频率(%)	可行性
养育能力	4.69	0.58	0.12	74.3	4.7
预防/保护	4.74	0.51	0.11	77.1	4.5
家庭氛围	4.83	0.45	0.09	85.7	4.4
社会资源	4.31	0.68	0.16	42.9	4
可达性	4.46	0.70	0.16	57.1	4.2
互动性	4.77	0.49	0.10	80.0	4.2
参与性	4.60	0.65	0.14	68.6	4.1
融合性	4.54	0.74	0.16	65.7	4.2
儿童发展	4.74	0.61	0.13	82.9	4.1

5. 儿童友好型家庭指标体系具体内容

经过第4—5轮专家咨询,形成了最终的儿童友好型家庭指标体系,包括一级指标 3 项,二级指标 9 项,三级指标 42 项,具体见表 4-4-5。

表 4-4-5　　儿童友好型家庭指标体系的权重分配

一级	权重	二级	权重（组合权重）	三级	权重（组合权重）
家庭环境	0.475	养育能力	0.12(0.12)	有稳定收入保障儿童生活和发展所需	0.047(0.022)
				儿童有相对独立、自主的生活空间	0.057(0.027)
				获得适当的医疗照顾	0.049(0.023)
				提供健康、营养均衡的饮食	0.048(0.023)
				培养儿童规律的生活作息,保证睡眠	0.056(0.027)
				有适当的户外活动与锻炼的时间	0.044(0.021)
				父母成为儿童的稳定照料者	0.039(0.019)
		预防/保护	0.13(0.13)	保护儿童不受身心虐待	0.047(0.022)
				预防儿童发生常见意外伤害	0.058(0.028)
				尊重儿童的隐私权	0.047(0.022)
				有适龄的自护知识教育	0.058(0.028)
				培养儿童抗击挫折的能力	0.056(0.027)
		家庭氛围	0.10(0.10)	家庭有简单明了的家庭规则	0.057(0.027)
				家庭角色分工明确,界限清晰	0.048(0.023)
				家人间沟通良好	0.054(0.026)
				父母有良好的情绪管理能力	0.035(0.017)
				父母关系和睦	0.038(0.018)
		社会资源	0.12(0.12)	有需要时从亲戚朋友获得必要的帮助	0.039(0.019)
				有需要时从邻居邻里获得帮助	0.038(0.018)

续　表

一级	权重	二级	权重（组合权重）	三级	权重（组合权重）
家庭环境	0.475	社会资源	0.12(0.12)	社区对家庭友善,有需要时提供支持	0.03(0.014)
				与学校关系良好,获得必要的支持	0.055(0.026)
儿童—家庭互动	0.344	可达性	0.11(0.09)	儿童的合理需求可以获得满足	0.065(0.022)
				儿童可以获得助其发展的信息	0.062(0.021)
				儿童有经常与父母直接互动的时间	0.066(0.023)
		互动性	0.1(0.08)	经常对儿童表达关爱,给予积极评价	0.058(0.02)
				能察觉到儿童的感受,并积极回应	0.063(0.022)
				鼓励儿童尝试,允许犯错	0.068(0.023)
		参与性	0.12(0.09)	鼓励儿童做力所能及的事情	0.062(0.021)
				儿童有与自己年龄相适应的选择权	0.054(0.019)
				儿童可以参与商讨家庭事务	0.053(0.018)
				鼓励儿童发展自己的兴趣	0.066(0.023)
		融合性	0.11(0.09)	鼓励儿童的独特性与个性化发展	0.065(0.022)
				鼓励儿童结交朋友	0.06(0.021)
				鼓励儿童参与学校内的各种活动	0.066(0.023)
				鼓励儿童积极参与社区活动	0.065(0.022)
				教导儿童良好的社会行为、遵纪守法	0.066(0.023)
				鼓励儿童热爱国家和民族	0.061(0.021)
儿童状态	0.181	儿童发展	0.09(0.18)	情绪稳定	0.24(0.043)
				正确认识、悦纳自我	0.202(0.037)

续　表

一级	权重	二级	权重（组合权重）	三　级	权重（组合权重）
儿童状态	0.181	儿童发展	0.09(0.18)	社会适应良好	0.19(0.034)
				同伴关系良好	0.185(0.033)
				身体健康	0.184(0.033)

（1）家庭环境指标：家庭能够提供注重安全与发展的物理环境以及良好氛围的家庭社会环境。家庭环境指标中，主要从家庭硬环境和软环境角度切入，分析对儿童友好的、有利于儿童身心发展的家庭环境需要具备的基础的、必要的基础条件，包括基本的养育条件、对儿童基本的保护、良好的家庭氛围以及家庭有效的社会支持资源等。

① 养育能力：提供基本物质经济条件，确保儿童日常所需的照护、医疗和稳定生活环境。该指标体系中，涵盖了儿童养育过程中需要家庭提供的基础条件，也是家庭成员需要掌握的养育能力，包括家庭需要稳定的经济收入、提供儿童相对独立的生活空间、有能力提供适当的医疗、健康营养的饮食、培养儿童良好的生活作息、鼓励儿童适当体育锻炼，也鼓励家庭中父母成为儿童稳定的照料者，为儿童的生存发展提供坚实的生活环境。

② 预防/保护：确保儿童得到充分保护，免受伤害或危险。受保护权是儿童的四大基本权利之一。《儿童权利公约》强调，"缔约国应采取一切适当的立法、行政、社会和教育措施，保护儿童在受父母、法定监护人或其他任何负责照管儿童的人的照料时，不致受到任何形式的身心摧残、伤害或凌辱，忽视或照料不周，虐待或剥削，包括性侵犯。"因此，预防/保护指标包括预防或保护儿童免受身心虐待（含忽视）、意外伤害、性侵害等，保护隐私信息安全，并在家庭教育中增加自我保护、抗挫折能力等。

③ 家庭氛围：家庭内形成的良好稳定的处事态度和环境氛围。家庭氛围客观地存在于每个家庭中，其对处于身心迅速发育发展中的儿童个体来说有着显著的影响作用。良好的、有利于儿童成长的家庭氛围中，需要有明确的家庭规则，家庭角色界限清晰，家庭教育等相对一致，家人间沟通顺畅和睦相处，氛围和谐愉快。

④ 社会资源：家庭在社会关系网络中可以提供支持功能的资源。安全可靠的家庭社会资源对家庭而言有着积极的作用，有助于儿童个体的良好社会适应，也可以为儿童创造更广阔、更友好的生活环境，在家庭资源或缺的情况下，有利于儿童在其家庭社会支持网络中找到有力的支持。

（2）儿童—家庭互动指标：家庭能够营造适宜儿童社会化成长的、注重儿童自主和参与的家庭教育环境，即注重儿童与成长环境的双向互动性。在儿童视角的"家庭儿童友好度自评量表"的研制过程中，在生活条件相对有保障的情况下，儿童更重视亲子间的互动，也关注家庭内的话语权与参与度。因此，在儿童友好型家庭指标体系中，将儿童与家庭的互动作为重要的一级指标之一，强调家庭环境营造中，要尊重儿童，调动儿童主观能动性，实现家庭环境营造的可及性、互动性，便于儿童参与，促进儿童社会融合。

① 可达性：有利于儿童对家庭各类资源的可达或获得。对儿童发展而言，尤其是对年幼的或者具有残疾的儿童个体，需要提供无障碍的生态环境，包括儿童生活教育资源的获得、文化信息的通畅以及家庭亲子互动时间的保障等。目前儿童的时间被学业等大量挤占，亲子互动时间和机会明显不足。

② 互动性：有利于亲子互动、促进情感表达、理解接纳的积极教养。亲子互动中，情感回应、鼓励和教导能够比较有效地衡量亲子互动的质量。

③ 参与性：有利于儿童参与与其自身相关的事务。与儿童视角的"平等参与"相匹配，在家庭生活中，要创设允许儿童参与与之相关事物的环境和机会，包括与其密切相关的兴趣爱好、学习、家庭事务等，同时也要培养儿童参与的知识、技能和价值观，鼓励儿童做力所能及的事情，培养选择与决策的能力等。

④ 融合性：有利于儿童社会适应和社会文化融合。教育的目标是培养一个为社会所需要的、独立自主、成熟的社会成员，需要在家庭教育中，为儿童参与社会生活奠定基础，鼓励儿童结交同伴，积极参与学校、社区乃至社会等的各项活动，提高其社会适应能力。

（3）儿童状态指标：家庭应营造良好家庭环境，培养积极向上的、健康成长的儿童。家庭教育过程中，家长需要不断去观察和反思，家庭环境与教养环境的营造是否有利于儿童各方面的发展，是否需要根据儿童的年龄特点与个性发展，进行教育方式与教养环境的调整。

儿童发展：有利于儿童健康、全面、有个性地发展和成长。以儿童个体健康的标准来衡量儿童的发展,包括身体上、心理上和社会适应等的良好状态。

考虑儿童年龄跨度较大,不同年龄的需求存在差异性,有专家提出需要在不同指标上呈现出年龄差异。在第5轮的专家咨询中,开展了针对5个年龄段儿童的家庭友好指标体系权重配比的征求意见,具体统计结果如表4-4-6。

表4-4-6 不同年龄段在儿童友好型指标体系中的权重分配

		0—3岁	4—6岁	7—11岁	12—15岁	16—18岁
家庭环境	养育能力	0.160	0.137	0.120	0.105	0.085
	预防/保护	0.140	0.136	0.135	0.123	0.120
	家庭氛围	0.115	0.101	0.099	0.096	0.094
	社会资源	0.120	0.118	0.112	0.116	0.127
儿童—家庭互动	可达性	0.090	0.093	0.092	0.087	0.080
	互动性	0.080	0.090	0.084	0.078	0.075
	参与性	0.066	0.078	0.093	0.100	0.110
	融合性	0.068	0.078	0.088	0.103	0.109
儿童状态	儿童发展	0.161	0.169	0.177	0.192	0.200

6. 儿童家庭风险因素排查表

儿童家庭风险因素排查表(见附录3)从儿童及家庭环境两个角度,梳理了对儿童成长不友好的影响因素,与儿童友好型家庭指标体系从正反两个方面来明晰家庭环境对儿童友好度的优势或不足。儿童的风险因素对家庭环境营造提出更高要求,需要针对有特殊需要的儿童采取有效的家庭教育措施;家庭的风险因素则梳理了对儿童成长而言有着消极发展结果可能性的家庭环境影响因素,如负面的生活事件、家庭结构、家人有特定问题、家庭遭遇困境等。

四、研究结论

1. 倡导家庭儿童友好创建必要且迫切,需有效推动家庭监护责任的落实

随着社会经济发展,我国的家庭教育面临着复杂多变的形势和前所未有的困境。比较突出的问题是重智轻德,拔苗助长,一些家庭教育方式违背了儿童身心健康成长和认知,过于追求文化科目的学习而忽视了儿童其他领域的发展;也有一些父母因忙于工作或出于其他家庭变故,出现"生而不养""养而不教"等现象。此外,育儿陪伴与工作压力的双重叠加给年轻的父母带来了极大的育儿焦虑感,父母无意中将此焦虑感传递给儿童进而影响儿童的心理健康。迫切需要呼吁家庭教育区别于学校教育,不应成为学校教育的延伸,而更应回归到其本来的教育本质和目标,那就是学会生活的教育,是社会文化传承的教育,是人的灵魂奠基和塑造的教育。

儿童友好型家庭指标体系中呼吁与提倡的内容与《未成年人保护法》中的家庭监护责任一致。此次《未成年人保护法》第十六条明确了家庭监护责任,规定未成年人父母或监护人应当学习家庭教育知识,创造良好、和睦、文明的家庭环境,明确了儿童四大权利保护的10项具体监护职责;第十七条则规定了不得实施的11项具体行为,对家庭环境的营造提供了法律支撑。

2. 构建科学合理的指标体系旨在正向引导、科学预防

正向引导起到预防指导。儿童友好型家庭指标体系的构建,不同于以往的家庭文明建设的指标,将研究的重点聚焦在家庭教育,尤其是亲子关系的建设上,核心目标是探讨积极正向的家庭教育理念与方向,引导家庭教育,尤其是父母责任的落实。文献研究结果显示,与家庭相关的量表或测量问卷很多,但存在偏向心理、亲子关系等某个测量维度,或者偏向病理等消极的评估,较少有全面评估家庭环境是否有利于儿童健康成长的评估指标工具。本研究从儿童的视角以及成人视角分别构建了儿童友好型家庭的指标维度,以正向积极的指标项目为导向,目的是通过儿童的自评问卷,让儿童表达自己对家庭及家庭亲子关系的感受度,从主体视角反馈给父母以反省家庭教育。父母可以通过指标体系来检视在家庭环境营造过程中是否体现了儿童友好,哪些维度有待调整与改善,起到预防作用,指标体系也可作为家庭服务社工的工具,借以分析服务家庭在儿童成长环境中的不足之处,给到家庭有效建议。

科学构建指导家庭建设。儿童友好型家庭指标体系的编制过程中,参与咨询的专家工作年限平均在28年,一线资深的儿童家庭社工均在相应的岗位上工作10年以上,工作研究方向均为儿童、家庭相关领域,具备了相应的专业能力和素养,也具有丰富的实践经验。回收率、专家的平均权威程度等都表明参与的专家具有权威性和代表性。在咨询过程中,专家为匿名认真填写,提出

了 108 条修改意见,最终采纳率 72.5%。虽未明确告知儿童友好型家庭指标体系的理论背景,几位专家提出调整指标维度的合理建议正好与理论背景的内在逻辑相吻合。

理论支持聚焦儿童发展。采用文献法对儿童发展的理论进行分析中,依据生态系统理论和家庭社会系统模型,分析家庭对儿童个体各方面发展的影响因素。其中儿童发展生态系统理论出自布朗芬布伦纳提出的个体发展理论,强调发展个体嵌套于相互影响的一系列环境系统之中,环境与个体相互作用并影响着个体发展。布朗芬布伦纳后期提出的以人的发展为核心的生态学模型则从关注环境转变为关注过程,理论包含了四个定义性特征以及它们之间的动态相互作用关系,主要包括过程(个体与环境的相互作用、各类人际关系的互动等)、环境(家庭环境)、个人(儿童的身心发展、情绪、社会认知等的各方面发展)以及时间四者的相互联系、相互作用[76]。在衡量家庭是不是儿童友好时,需要考虑家庭环境的创设,也要考虑儿童与环境的互动(主动/被动),考量儿童的发展水平以评判友好型的家庭对儿童个体发展的作用。

表 4-4-7　　儿童友好型家庭指标体系的理论依据

儿童发展生态理论	一级维度	二级维度	ERG(人本主义需要理论)
环境	家庭环境	养育能力	生存需要
		预防/保护	
		家庭氛围	相互关系的需要
		社会资源	
儿童—环境互动	儿童—家庭互动	可达性	
		互动性	
		参与性	
		融合性	成长发展的需要
儿童—时间	儿童状态	儿童发展	

成人视角指标体系的构建在儿童版本的基础上进行进一步完善,包括儿

童个体发展所需以及儿童权利的保障目标,需要满足儿童不同层面的需要。ERG理论是美国耶鲁大学克雷顿·奥尔德弗在马斯洛提出的需要层次理论基础上的延伸,他认为在个体成长的过程中存在三种核心的需要,即生存的需要(包括物质、生理与安全等各类需要)、相互关系的需要(包括稳定的人际关系、尊重等)与成长发展(发展与自我实现等)的需要[77],而且这些需要可以同时存在和作用。本研究将二级指标相应地分为了这三类需要,也就是说儿童友好型的家庭需要提供相应的家庭物质基础、互动环境以及营造有利于儿童个体自我完善、自我发展的可能性。

3. 立足儿童本位视角,鼓励儿童主体参与

儿童友好型家庭指标体系构建及量表制定过程中,以儿童为主体,以核心家庭为对象,由儿童来阐述他们认为对其友好的家庭环境体现在哪些方面,也由儿童来评价目前生活的家庭对其的友好状况,并在儿童自评量表的基础上拓展构建儿童友好型家庭指标体系,体现了《儿童权利公约》尊重儿童意愿原则。"虽然儿童正处在发展中,但是作为独立的个体,他们有自己的感情和对事物的意见,他们在表达自己的需要时是最有发言权的。"家庭内推动儿童友好环境创设需要儿童的参与,"这不仅是他们基本的权利,也是他们成长和发展的基本需要。"[78]而此次儿童参与的研究,再次证明了儿童是有"主见"、有"能力"的独立个体。

儿童友好型家庭指标体系与家庭儿童友好度自评问卷之间在内容上有较高的一致性。从文本分析来看,儿童视角的自评问卷78.5%的题项在儿童友好型家庭指标体系中有所呈现,偏向个人主观评价的内容未纳入,例如"我的父母是值得信赖的""父母能从我的视角看问题"等。儿童友好型家庭指标体系面向18岁以下儿童的家庭,考虑到儿童年龄跨度,对不同指标维度的权重进行了调整,以便更好地反映家庭内的友好环境创设。

关注家庭互动促进儿童发展。儿童友好型家庭指标体系的构建除了考察家庭的软硬件环境外,更应重视儿童与家庭环境间的互动,即要求家庭营造良好的家庭环境,以允许儿童自由地探索、互动,实现社会性的发展。这里强调了儿童的主观能动性,既体现了《儿童权利公约》中儿童参与权,也体现了皮亚杰的儿童认知发展理论。根据童年社会学的有关研究,儿童是社会能动的成员,完全有能力积极参与家庭、社会活动。儿童的参与需要两个必要的因素:第一,创设环境,指创设允许儿童参与与之有关的事物的环境和机制。第二,

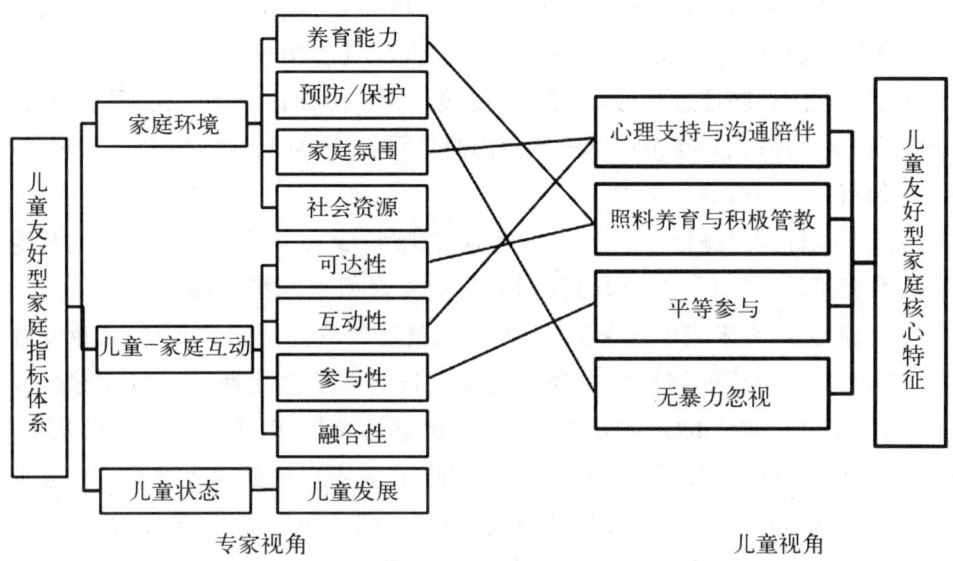

图 4-4-1 儿童友好型家庭指标特征的专家与儿童视角比较

儿童赋权,让儿童具备参与的知识、理念和技能。[79]因此,对儿童友好的家庭环境,不仅仅是家庭营造了环境,还在于环境能够允许儿童可达(资源、信息等可获得)、可互动、可参与,最终促进社会融合。

4. 多维度评价家庭环境创设,促儿童微环境优化

尚晓媛等从国家层面、宏观政策角度,以儿童权利的框架出发来界定儿童福利层面的五个维度,细分为生存、健康、保护、发展和参与。[80—81]与之相应,家庭中儿童友好环境创设也是多元的而非单一的。在儿童成长的过程中,家庭给予儿童的环境本身就包含了多方面的内容,包括提供确保儿童发展所需的生活条件或物质环境、教育环境给予必要的保护和协助,营造幸福、爱和谅解的家庭气氛等。指标维度体现儿童四大权利,内容遵从儿童利益最大化、尊重儿童意愿等原则,信效度良好。家庭内儿童友好环境创设对儿童的身心发展、学业成就等都有着积极的促进意义。

指标体系的建构联结了个人、家庭与社会,注重积极全面儿童观的实现,强调对儿童多元需求的回应,促进儿童自我、社会性的全面发展,是对《家庭教育促进法》家庭发展方向的回应,也是多维优化家庭建设路径指引。

5. 优化儿童家庭环境,维护儿童权益推进家庭建设

营造儿童友好的家庭环境旨在促进儿童健康发展。社会和家庭的变化是

影响儿童的首要根源,家庭收入、家庭结构、父母监护缺位、父母认知能力或受教育年限、父母的养育能力等都有可能导致儿童处于相对不利的家庭环境中。与医学的三级预防原理相似,对第三类及第二类对象的介入可以实现早预防、早发现、早干预;相对经济成本投入少而简单易解决,社会成效也会更显著,对儿童和家庭都是有效的保护。

儿童友好型家庭倡导广义的儿童福利,呼吁成人世界关注和优化儿童生活的最直接环境来保护儿童的权利。儿童友好型家庭指标体系的构建遵从《儿童权利公约》《未成年人保护法》中对儿童发展权益保护的原则,儿童友好型的家庭环境应该能够提供有利于儿童成长的物质生活环境确保其健康成长,也应提供全方位的安全保护与教育确保其远离伤害,更应营造尊重儿童、鼓励儿童参与的家庭氛围,提高儿童自主能力,为更广泛而深入地参与社会生活奠定基础,同时也应积极鼓励儿童走出家庭,结交朋友,参与学校、社区等社会生活,注重规则与道德等积极的教育理念,营造良好的家庭教育环境,促进儿童身心健康、自我、社会性发展等全面发展。

"未来社会合格公民的形成与培养,高科技背景下人们情感生活的平衡,均有赖于良好家庭的支撑。"[82]"父母之爱子,则为之计深远",期待每一个家长努力提升家庭教育的观念与能力,有效地引导教育儿童,建设儿童友好的家庭,培养出身心健康的下一代。

参考文献

[1] UNICEF. Child friendly cities and communities handbook[R/OL]. (2018-04)[2022-10-08]. https://www.unicef.org/eap/reports/child-friendly-cities-and-communities-handbook.

[2] Child Friendly Cities and Communities Assessment Toolkit[EB/OL]. [2022-10-08]. https://www.childwatch.uio.no/projects/activities/child-friendly-cities-and-communities-research-project/finaltoolkit2011.html.

[3] 杨雄,郝振. 上海市儿童权利家庭保护的现状与挑战[J]. 社会科学,2008(6):82-88,190-191.

[4] HONG S-A, LEE J-Y. Children and adolescents' assessments of child friendly cities[J]. Korean journal of child studies, 2011, 32:53-70.

[5] 周胜洁. 明确明天的方向 先要知道后天的需求 沪2040城市规划听取青少年意见[N]. 青年报,2015-08-03(5).

[6] FREDERIKSEN M. Relational trust: outline of a Bourdieusian theory of interpersonal trust[J]. Journal of trust research, 2014, 4(2):167-192.

[7] 解翠玲.城市处境不利儿童的成因结构及改善策略研究[J].江苏大学学报(社会科学版),2016,18(6):89-92.
[8] 联合国.世界人权宣言[EB/OL]. https://www.un.org/zh/udhrbook/.
[9] 联合国.儿童权利公约[EB/OL]. https://www.unicef.org/zh.
[10] 魏缙,邱昆树.我们需要怎样的家庭教育?——基于"传统与现代"双向批判的视角[J].中国特殊教育,2021(4):3-7.
[11] PROUT A. Taking a step away from modernity: reconsidering the new sociology of childhood[J]. Global studies of childhood, 2011, 1(1): 4-14.
[12] UNICEF. Child-friendly school manual[R/OL]. https://www.unicef.org/reports/child-friendly-schools-manual.
[13] Save The Kids. Child Friendly Spaces Facilitator Training Manual[R/OL]. https://resourcecentre.savethechildren.net/document/child-friendly-spaces-facilitator-training-manual/.
[14] Hong Kong Committee for UNICEF, Department of Social Work and Social Administration the University of Hong Kong. Study on child-friendly families: immunity from domestic violence [R/OL]. https://www.unicef.org.hk/upload/NewsMedia/dowload/local/Chird-friendly_Families.pdf.
[15] CHAN K L, CHEN Q Q. The development of the inventory of the child-friendly family [J]. Violence and victims, 2019, 34(2): 312-328.
[16] BALLANTINE J H. Kids' "Open House": creating a child-friendly environment: for parents particularly[J]. Childhood education, 2001, 77(3): 169-170.
[17] 刘航,刘秀丽,郭莹莹.家庭环境对儿童情绪调节的影响:因素、机制与启示[J].东北师大学报(哲学社会科学版),2019(3):148-155.
[18] 梁宗保,张光珍,邓慧华,等.从婚姻关系到亲子关系:父母情绪表达的中介作用[J].心理学报,2013,45(12):1355-1367.
[19] 薛亮,朱熊兆,白玫,等.家庭环境量表简式中文版在青少年学生应用中的信度与效度[J].中国健康心理学杂志,2014(6):881-883.
[20] 戴晓阳.常用心理评估量表手册[M].北京:人民军医出版社,2010:163-166.
[21] 戴晓阳.常用心理评估量表手册[M].北京:人民军医出版社,2010:167-173.
[22] 石丹理,韩晓燕,李美羚.青少年对父母亲职及亲子关系质量的认知:香港与上海的比较[J].社会,2006(3):143-163,214-215.
[23] 邱海棠,罗庆华,蒙华庆,等.青少年家庭满意度的理论构建及量表的初步编制[J].中国心理卫生杂志,2007(9):606-609.
[24] 戴晓阳.常用心理评估量表手册[M].北京:人民军医出版社,2010:209-216.
[25] GRAY J. Framework for the assessment of children in need and their families[J]. Child psychology and psychiatry review, 2001, 6(1): 4-10.
[26] 戴晓阳.常用心理评估量表手册[M].北京:人民军医出版社,2010:251-253.
[27] 王才康,胡中锋,刘勇.一般自我效能感量表的信度和效度研究[J].应用心理学,2001(1):37-40.
[28] UNICEF Office of Research. Child well-being in rich countries: a comparative overview [R]. Florence: UNICEF Office of Research, 2013: 5-37.

[29] MARTIN S, FORDE C, HORGAN D, et al. Decision-making by children and young people in the home: the nurture of trust, participation and independence[J]. Journal of child and family studies, 2018, 27(1): 198-210.

[30] UNICEF. Child Friendly Spaces/ Environments (CFS/ E): an integrated services response for emergencies and their aftermath[R]. New York: United Nations Children's Fund, 2004.

[31] 蔡迎旗,刘庆. 家庭教育中父母履职的现状、困境及对策研究——基于对武汉市1083名儿童及其父母的调查分析[J]. 少年儿童研究,2021,328(5):40-48.

[32] 潘颖秋. 初中青少年自尊发展趋势及影响因素的追踪分析[J]. 心理学报,2015,47(6):787-796.

[33] MOGHADDAM M, VALIDAD A, RAKHSHANI T, et al. Child self-esteem and different parenting styles of mothers: a cross-sectional study[J]. Archives of psychiatry and psychotherapy, 2017, 19(1): 37-42.

[34] 王金霞,王吉春. 中学生自尊水平与家庭因素的关系[J]. 中国心理卫生杂志,2005(10):667.

[35] 徐佳,赵旭东. 初中生不同自尊水平的社会人口学和系统家庭动力学相关因素[J]. 中国心理卫生杂志,2019,33(2):114-119.

[36] 联合国. 儿童权利公约[EB/OL]. https://www.un.org/zh/documents/treaty/files/A-RES-44-25.shtml.

[37] 赵芳,徐艳枫,陈虹霖. 儿童保护政策分析及以家庭为中心的儿童保护体系建构[J]. 社会工作与管理,2018(9):67-77.

[38] 佟丽华. 从福利视角构建反对针对儿童的家庭暴力制度体系[M]//尚晓援,王小林,主编. 中国儿童福利前沿(2012). 北京:社科文献出版社,2012:76-95.

[39] MARSHALL J. CHIP Briefing 1: Children and poverty — some questions answered[R]. London: Childhood Poverty Research and Policy Centre (CHIP), 2003.

[40] 尚晓援,王小林. 中国儿童福利前沿(2013)[M]. 北京:社科文献出版社,2013.

[41] 王淼,李春凯. 社会资本与多代抚养对儿童自尊的影响研究——基于天津市单、双亲家庭的对比分析[J]. 华东理工大学学报(社会科学版),2017,32(6):45-54.

[42] 申亚欣,杜晨歌. "大朋友"习近平寄语儿童:美丽的中国梦属于你们(N/OL). 人民网(2017-06-01)[2022-10-08]. http://politics.people.com.cn/n1/2017/0601/c1001-29310399.html.

[43] 李海云,刘潞. 我国家庭亲子关系研究进展[J]. 教育理论与实践,2020(17):19-22.

[44] 廖传景,吴倩倩,钱磊,等. 国内父母冲突研究热点:基于关键词共词矩阵的知识图谱分析[J]. 教育生物学杂志,2020(8):43-49.

[45] 潘西华. 从"自我"构造到主客体双重建构——巴克莱与皮亚杰主体能动性比较[J]. 辽宁教育行政学院学报,2005(1):20-21.

[46] GONZÁLEZ M, GRAS M E, MALO S, et al. Adolescents' perspective on their participation in the family context and its relationship with their subjective well-being[J]. Child indicators research, 2015, 3(8): 93-109.

[47] PINHEIRO P S. World report on violence against children[R]. Geneva: United Nations, 2006.

[48] 中国儿童中心,苑立新.儿童蓝皮书:中国儿童发展报告(2019)——儿童校外生活状况[M].北京:社会科学文献出版社.2019.

[49] 何彩平,赵芳.父母教养方式对儿童参与的影响[J].当代青年研究,2021(4):46-52.

[50] 赵敏,辜刘建,朱芷滢.流动儿童家庭教育环境与学习投入的关系模型建构及验证——基于广州大学城的实地调研[J].教育发展研究,2018,38(4):8-15.

[51] 申秀清,张海鑫.从文化再生理论看城市流动儿童教育公平[J].广州大学学报(社会科学版),2017,16(9):47-51.

[52] 王兴平.城镇化进程中家庭离散化及其应对策略初探[J].城市规划,2016,40(12):42-48.

[53] MRUK C J. Self-esteem research, theory, and practice: toward a positive psychology of self-esteem[M]. 3rd, ed. New York: Springer Publishing Company, 2006: 63-67.

[54] 王才康,何智雯.父母养育方式和中学生自我效能感、情绪智力的关系研究[J].中国心理卫生杂志,2002(11):781-782,785.

[55] 李宜娟.青少年自我效能感不足的原因与提升策略[J].中国青年研究,2018(4):95-101.

[56] LANE J, LANE A, KYPRIANOU A. Self-efficacy, self-esteem and their impact on academic performance[J]. Social behavior and personality: an international journal, 2004, 32(3): 247-254.

[57] 袁言云,吴妙霞,王志航,等.家庭社会经济地位与儿童一般自我效能感的关系:父母关爱与应对方式的链式中介作用[J].中国临床心理学杂志,2020,28(5):1009-1012.

[58] 刘小燕,冯雪英,衣明纪,等.儿童抑郁症状及其行为与家庭因素的相关性[J].中国学校卫生,2019,40(12):1849-1851,1854.

[59] 陈宝林,徐勇.儿童青少年抑郁症研究现状[J].中国妇幼保健,2010,25(10):1438-1440.

[60] 马月,刘莉,王欣欣,等.焦虑的代际传递:父母拒绝的中介作用[J].中国临床心理学杂志,2016,24(1):23-27.

[61] 赵金霞.婚恋依恋、亲子依恋与儿童焦虑的关系[J].中国临床心理学杂志,2013,21(2):240-243.

[62] 宋占美,王美芳,王芳.父母婚姻质量与学前儿童焦虑的关系:父亲和母亲严厉管教的中介作用[J].中国临床心理学杂志,2019,27(1):167-171.

[63] 王卫东.回归教育本质,让孩子全面健康成长[N/OL].光明日报,2021-10-26[2022-05-10].https://epaper.gmw.cn/gmrb/html/2021-10/26/nw.D110000gmrb_20211026_1-13.htm.

[64] FEINBERG M E. The internal structure and ecological context of coparenting: a framework for research and intervention[J]. Parenting: science and practice, 2003, 3(2): 95-131.

[65] SIM C T K. Co-parenting conversation process: a qualitative study of Chinese Singaporean parents[J]. Journal of family therapy, 2017, 39(2): 217-237.

[66] 杨可.母职的经纪人化——教育市场化背景下的母职变迁[J].妇女研究论丛,2018(2):79-90.

[67] ZOUS Q, WU X C, LIU C. Differential patterns of the division of parenthood in

Chinese family: association with coparenting behavior[J]. Frontiers in psychology, 2019, 49(1): 178-191.
[68] 孙赵星,丁菀,谢瑞波,等.父亲协同教养与儿童生活满意度的关系:父子依恋和儿童自尊的链式中介作用[J].应用心理学,2022,28(2):107-114.
[69] 刘文.教育"拼妈"?——父母参与子代教育的程度差异及其影响[J].当代教育论坛,2019(3):74-82.
[70] 帕金森.永远的父母:家庭法中的亲子关系的持续性[M].冉启玉,主译.北京:法律出版社.2015:57-62.
[71] 帕金森.永远的父母:家庭法中的亲子关系的持续性[M].冉启玉,主译.北京:法律出版社.2015:63-64.
[72] 陈辉.家庭教育的困局:低质量陪伴与家校关系错位[EB/OL].(2019-11-28)[2022-10-08]. https://www.thepaper.cn/newsDetail_forward_5053862.
[73] 刘玉兰.儿童权利视角下近30年流动儿童研究轨迹与政策发展[J].常州大学学报(社会科学版),2018,19(3):71-79.
[74] PINHEIRO P S. Report of the independent expert for the United Nations study on violence against children[R]. New York: UN General Assembly, 2006.
[75] 曾光.现代流行病学方法与应用[M].北京:北京医科大学中国协和医科大学联合出版社,1994:257.
[76] 谷禹,王玲,秦金亮.布朗芬布伦纳从襁褓走向成熟的人类发展观[J].心理学探析,2012(32):104-109.
[77] ALDERFER C P. An empirical test of a new theory of human needs[J]. Organizational behavior and human performance, 1969, 4(2): 142-175.
[78] 徐小飞.联合国《儿童权利公约》关于儿童权利保护的基本原则[N].人民法院报,2016-07-22(8).
[79] 史秋琴.儿童参与与公民意识[M].上海:上海文化出版社,2007.
[80] 尚晓援,王小林,等.儿童生存现状系列:中国儿童福利前沿(2011)[M].北京:社会科学文献出版社,2011:111-112.
[81] 尚晓援,王小林,等.儿童生存现状系列:中国儿童福利前沿(2012)[M].北京:社会科学文献出版社,2012:3-22.
[82] 李庆明,王晓娥.中美比较视野下我国家庭教育误区及策略[J].西安文理学院学报(社会科学版),2011,14(1):84-87.

第五章　儿童友好型家庭创建之实录分析

——基于24个案例资料内容的分析

第一节　家庭环境的挑战与路径

一、前言

家是儿童生命的摇篮,是儿童得以生存的第一个支持系统,儿童友好型家庭最基础、也是最重要的特质,就是提供安全、温馨、适宜儿童成长的家庭环境以确保其最基本的生存权和受保护权。《世界人权宣言》第三条:"人人有权享有生命、自由和人身安全。"《儿童权利公约》第六条:"缔约国确认每个儿童均有固有的生命权。缔约国最大限度地确保儿童的存活与发展。"第三条第二款:"缔约国承担确保儿童享有其幸福所必需的保护和照料,考虑到其父母、法定监护人或任何对其负有法律责任的个人和权利和义务,并为此采取一切适当的立法和行政措施。"

我国学者普遍将生存权分为两个层次,基础儿童生存权与延展儿童生存权[1]。前者是确保人生存应当具备的基本权利,是基本生命安全及保障,即《未成年人保护法》家庭保护之第十六条中第一基本款:"为未成年人提供生活、健康、安全等方面的保障。"其次是更高层次的例如良好稳定的社会生活环境权,有尊严、身心愉悦、享有幸福生活的权利,如《家庭教育促进法》第十五条:"未成年人的父母或者其他监护人及其他家庭成员应当注重家庭建设,培育积极健康的家庭文化,树立和传承优良家风,弘扬中华民族家庭美德,共同构建文明、和睦的家庭关系,为未成年人健康成长营造良好的家庭环境。"本书附录3中汇总了家庭客观环境中较易成为风险的影响因素,例如家庭结构不完整、家人身心疾病等,相对而言,家庭风险更容易让儿童陷入危机中。

《中华人民共和国国民经济和社会发展第十四个五年规划和2035年远景目标纲要》(简称"'十四五'规划")将促进儿童发展放在优先位置,"优化儿童发展环境",将建设100个儿童友好城市作为国家发展规划的重要着力点之一。儿童友好城市建设与新时代人民美好生活需要及城市发展公平公正的价值理念相契合。让城市更加适合儿童成长,更好地保护儿童权利。此外,"十四五"规划还增设了家庭建设专节。《上海市妇女儿童发展"十四五"规划》也在儿童规划部分单独设置"家庭养育"单独指标,均体现出对儿童发展和权利实现的重视,在新发展阶段提出了新要求。

围绕研究主题,研究者聚焦了解家长在育儿过程中的主观能动性、教养经验及困惑,以及儿童在家庭中对家长教养能力的感知、对自身自主参与的认识,分别于2019年和2020年抽取不同经济水平、家长受教育水平、儿童学业成就的普通家庭开展家长访谈和儿童访谈,访谈的时间跨度为2019年8月至2020年10月,共计28户。从一个个儿童和家长口中的家庭故事,分析探讨如何营造更加儿童友好的家庭环境。从创建儿童友好型家庭的视角,探讨如何在家庭中畅通儿童参与的渠道,与儿童一起共建儿童友好家庭。

访谈的总体收获是家长们已经关注到家庭环境、家庭养育对儿童个体发展的重要性,认为儿童友好型家庭不仅仅是确保儿童生命的延续,还要让儿童有尊严、受尊重;不仅要抚养儿童,使其健康成长,还要确保其受教育,获得与其身心成长阶段、成熟度相适应的精神和智力的发育。儿童对于友好型家庭环境的看法,呈现出了儿童关注的重点,他们认为家庭需要提供基本的物质基础和家庭照料:"要给我们的儿童创造一个比较好的生活环境。保障我们的安全,有饭吃,有基本的生存权。"(小学四年级)儿童重视温馨适宜家庭氛围的营造;一致认同儿童友好型家庭环境中,不应存在暴力、忽视等现象:"父母双方如果经常吵架,就是对儿童不友好。"(小学三年级)。

二、案例资料

案例1(家庭环境|养育能力)

请陪伴我成长

爸爸的工程大都在外地,经常住在外面,妈妈也会跟过去。所以基本上，就我一个人自己照顾自己，包括洗衣服、整理、学习之类。高中的学业压力比较大，全部自己管，本来学校里可以住宿，但因为手机（听音乐还是玩手机）问题被劝退了。其实我没有怎么听，挂在耳朵上，就听了一会儿，但潘老师觉得我违反了学校纪律，我懒得解释，所以现在只能走读了。

我初一初二开始就自己管自己，小学的时候妈妈管得多。后来他们做生意、忙工作，就不太管了。我有些懒，衣服什么的等妈妈回来弄，吃饭点外卖。我有一次发脾气不想他们管我，他们就真不太管了。我觉得这样对他们来说反而没那么累，管我就是浪费时间。我知道自己学习上面自控力有些不够。我想做得更好些，但有时候力不从心。回家点了外卖，吃完就扔在那里，想收拾但总想先玩会手机，然后就会玩到很晚，睡不着觉。我知道这样影响第二天的学习，但我就是控制不住自己。我有些后悔被学校退宿了。

（高中男生，17岁）

陈述人是一个17岁的高二男孩，新上海人，目前在某高中就读。父母在其年轻时，就留在上海工作，经过十几年的打拼，在上海拥有了自己的小企业，也已在上海扎根发展。因为公司业务的缘故，不少工程业务在外地，为了确保工程进度等，其父母不得不需要长期前往外地监督工作。幼儿园之前，男孩被安排与祖辈居住在外省市，等父母在上海奋斗相对稳定后，幼儿园后将其接至上海，由父母自己照料。因为父母自身经历的缘故，父亲认为男孩从小学开始就比较独立，小学高年级至初中起，父母经常因为工作等缘故不在其身边，让其一个人在家生活。

陈述人能感知到父母为了创造更好的教育条件而不得不辛勤工作。父母忙于工作，疏于照顾其日常生活，让其感受到了自由度的同时，也给他带来了负面的影响。相对于艰辛的学习，陈述人会临时地选择更有意思、更没有压力的游戏或网络世界。因为缺乏外界的督促，孩子容易陷入逃避—控制不住—事后自责的循环怪圈。在被学校退宿之后，陈述人感受到了压力与悔意。他更期待家庭中能够得到父母的陪伴和监督。

案例2（家庭环境|预防/保护）

妈妈请不要打我

爸爸妈妈离婚后，我跟妈妈一起住。妈妈比较凶，以前总是跟爸爸吵架。后来爸爸就离开家不再回来了。家里靠妈妈赚钱养家,妈妈有时候会骂爸爸不给钱,具体情况我也不清楚。

　　我感觉从我读了小学开始,妈妈对我的要求挺高的。如果我作业做得不好,或者成绩考得不好,妈妈就会打我或者骂我。我哭也没用,如果哭的声音响,妈妈就更生气。我很想做好,但不知道怎么做可以让妈妈开心。外婆会帮我,但帮我的话,也会被妈妈骂,她会打电话给居委会阿姨。阿姨上门后,妈妈说不会打我了。但后面说话不算话。我想跟爸爸一起住,但外婆说他有了弟弟妹妹。我知道,如果我这样说,妈妈肯定会更生气。我知道妈妈是为我好,但我真的有些害怕她发脾气。

(小学三年级女生)

　　案例中的母亲对孩子要求非常严格,工作、生活都是高要求。性格所致,她对家人也有着同样的态度,夫妻间因她过度的要求导致婚姻矛盾冲突。前夫收入较低,孩子的监护权判给了母亲。孩子幼儿园期间,母子关系还算融洽。进入小学后,母亲对孩子寄予厚望,希望她也能够像自己小时候那样出类拔萃,但女儿的学业表现并不如她所愿。母亲小时候的家庭教育也是严厉管教型,所以她觉得自身的家庭教育方式没有任何问题。居委会介入调解时,她也未觉得自身有问题。

案例3(家庭环境|预防/保护)

这是侵犯我的隐私

　　我爸爸打我最严重的一次是初二前的暑假,是因为我玩游戏充钱吧。我从小跟外婆住,外婆比较疼我。暑假里,她偷偷给了我2 000元,说让给我妈给我买东西的。我正好在玩手机游戏,就把钱充了游戏卡。

　　暑假里报了网课,手机是给我上课用的。但我没克制住,玩了一阵子游戏。白天奶奶在家管我和姐姐,姐姐比较听话。我一般会关门,这样就可以偶尔玩游戏。奶奶因为多次敲门我未开门,就跟爸爸告状了。加上外婆给的钱让我充手机里了,他发了很大的火,把我房间门的锁给卸掉了,不允许我关门做作业。还把电脑搬走了。我跟他说这是侵犯我隐私。他说我花他的钱、住他的房,不要跟他谈什么隐私。我说我只是偶尔玩一会儿游戏,但他听不进去,认为我肯定在里面偷偷玩手机或电脑。那次打得特别厉害，我跟他吵了一架，但没有用，他不允许我关房门。我承认我做得不对，我期末考试没考好，又玩游戏，让我爸失望了吧。但我感觉他不让我关门不对的，就是侵犯我的隐私啊！我妈说让我好好表现，等我爸消气了再沟通。

（初三男生，家有高二的姐姐）

案例中一家四口为新上海人，因为祖辈过世，导致妈妈无法兼顾工作与两个孩子的照料而选择做全职妈妈。家庭在两个孩子的教育上投入较多，但感觉儿子的补习成效不佳。案例所述冲突事件发生在母亲尚未离职前，双职工家长比较忙碌，日常照料由祖辈代劳，但因为祖辈不了解孩子的学习现状，孩子也采取关门等做法躲在房间内打游戏。最后被父亲发现，并发生了案例中描述的打游戏充值事件，致使家人异常生气，亲子间发生冲突，表示在未独立挣钱之前，就不会给到孩子隐私。

案例4（家庭环境｜家庭氛围）

想要和和气气的家庭

我家有爷爷、爸爸、妈妈和我。平常爸爸妈妈比较忙，所以日常做饭、买菜由爷爷承包了。爷爷烧的菜一般般，还是爸爸烧的好吃。因此，双休日爸爸还是会下厨给我们烧些好吃的。但是，爸爸和爷爷两个人对怎么烧好吃总是有不同的意见。爷爷每次看着爸爸烧饭，总爱说这个不好，那个不对，应该怎样。然后爸爸就很生气，跟他吵架。我让他们不要吵了。我感觉都是家里人，不要总为烧饭吵架，而且爷爷很顽固，说了也改不掉，爷爷年纪大了，爸爸应该让让他。当然，我能理解爸爸为啥生气，爷爷如果说我的话，我也会生气。但怎么办呢？都是一家人。妈妈也会劝他们，但没啥用。她反过来安慰我，让我不要放心上。但他们吵架后，我会不开心，我觉得这样的家庭氛围不好。我还是喜欢家里和和气气的。

（六年级男生，12岁）

本案例是较为典型的祖辈有限参与的家庭范例，即祖辈在家庭教育过程中，以照料小家庭的日常生活为主，不太参与具体的儿童教养内容；父母则可以安心工作，并在工作之余承担儿童的教育责任。如若双方相互合作配合，可以有效支持核心家庭和青少年发展。但本案例中,祖辈与父辈之间的亲子关系矛盾与冲突,造成了家庭的新问题。

案例 5（家庭环境｜家庭氛围）

暴躁老爸和温和老妈

平日我跟我妈互动比较多,比起我爸,我跟我妈的关系更亲近。我爸上班比较忙,不了解我的实际情况,他每次说（教育）我,都说不到点子上。每次脾气上来了,自顾自地批评我,说完,他就走了,不管我是否接受批评,也不管我有没有 get（领悟）到他的意思。有时候我会翻毛腔（发脾气）,有时候就懒得跟他争辩了。我会和我妈两人对视一下。我妈在他批评教育的时候不插嘴的,但她会用眼神让我不要生气。爸爸或许觉得权威有受到挑战吧,有时候就会冲我妈发脾气,但他真的一点都不了解我。家里还好有我妈,她理解我,每次被爸爸莫名其妙批评后,她会跟我分析爸爸的想法,再来处理我的问题。

我感觉我跟我爸的性格其实还蛮像的,大大咧咧的。他感觉自己很厉害,总是觉得我做得不够好。以前我还会跟他一起出去打乒乓。但他太强势,觉得打球应该（动作）要这样,说两三次没有改正,四五次仍然犯同样的错误,他就会在球场大声批评我。每次我们开开心心地出门,但在球场就开始吵架,最终气呼呼地回家。我跟他打球,感受不到快乐,全是负面的情绪体验。现在我不愿意跟他打球,也不要他陪练。

(小学五年级男生,11岁)

案例中,男孩与他爸爸的沟通互动上存在一些问题,这与日常的互动不够有关。亲子间的相互了解不够深入,互动模式也比较简单粗暴。案例中的爸爸是从自己对孩子行为的主观解读出发,在没有了解具体情况或者不够了解孩子个性的情况下,用我们传统观念中的"大道理"来教导孩子。在孩子小的时候或许有用,但当孩子有了独立意识,简单的说教很难再起到作用。在这个家庭中,妈妈起到了调节润滑的作用,她努力平衡父子之间的关系,也尽量劝诫孩子的爸爸调整教育方式,不能用小时候的那种强压式的方法对待青春期已有反叛意识的孩子。与其妈妈的沟通中,她表示很努力地跟爸爸沟通,也努力让儿子理解爸爸。但目前的互动模式还是很难改变。

案例6（家庭环境｜家庭氛围）

我选择轻松的环境

我从小学就是这样,一年级开始妈妈就不太管,差不多好像并没有怎么管过我学习。初三的时候考高中什么的,爸妈他们虽说有希望的话考好高中,但还是比较顺其自然,没有太高太不现实的要求。比较符合实际,这会让我比较有动力。

小学时候开始,我家就是这样的氛围,爸妈会听下我的想法。大部分情况下我自己决定,有可能我会问一下爸妈意见可以不可以就OK了,他们一般是肯定支持多些。像家里买什么大件或者出去旅游,他们会跟我沟通,先考虑一下我的意见,然后再看一下他们能不能修改,基本算是有商有量的这种。

我觉得我还是比较喜欢在这种轻松的环境下学习,不喜欢太多的压力。如果父母一直压制我的话,我可能会感觉崩溃。我有个朋友就是这样子。她爸妈管得特别严,就学习上抓得特别紧。比如同学之间约好这次国庆出去玩一下,她爸妈可能不允许,说要好好学习之类。她的成绩是非常好。她自己有想法,感觉爸妈管得太紧,但她不会说,不太能开口（提要求）。我感觉她的学习主动性已经非常强,但她父母觉得还不够,要求特别高,方方面面都管得比较紧。她会跟我抱怨。她虽然有手机,但经常联系不到她。我觉得我是受不了这种掌控的。

（初二女生,14岁）

案例中呈现了两个不同的家庭背景,一个家庭比较民主开放,给到孩子很大的自主权,而另一个家庭的父母管束比较严格,即使孩子的学习主动性不错,但父母仍会严格控制孩子的行为。就像文中女孩表述,她更喜欢开放的家庭氛围,选择自我管理,且对自己的现状比较满意。这是一种独立自主的表现,她对自己的学习、生活有着自己的想法,同时也能够在自己的事情上与父母有商有量做出抉择。被严格管理的女孩不能说其独立自主性不强,只是家庭教育环境中,父母没有放权,他们对其有着更高的要求或者期盼,因此,父母选择自己来约束孩子以期待助其走到更高阶梯。

案例7（家庭环境｜社会资源）

离婚后谁管我

我跟爷爷、爸爸，还有新妈妈、妹妹，再加上太太（爷爷的妈妈）几个人一起住。我跟爷爷住一间房间，平常做作业，爷爷就不进房间，等我做完作业再进来。爸爸不太管我，学习什么主要还是爷爷管。

爸爸妈妈在我很小的时候就离婚了。家里经济具体情况不知道，反正我爸爸蛮大方的，我妈也是。她现在住在另一个地方，离得不远。我经常坐公交车去妈妈那里。他们都会给我买东西，我想买啥，一般都会满足。我感觉爸妈这样很好，不用来管我；玩游戏什么的，爸爸也不来管，最多让我少玩点游戏，说对视力不好。我有时候听，有时候不听。反正他也不知道，我背着他，躲在被窝里玩。手机是我妈妈给我买的。我妈最多问问我成绩。她的意思我现在跟着我爸，他应该多管我一些，管管我的教育问题。爸爸很忙，不太管我，家里家务都是爷爷做，新妈妈好像也挺忙。学校家长会我爸基本都不参加。他说他初中毕业，文化水平低，去学校也不知道跟老师说什么，而且他上班的地方好像是挺忙的，双休日偶尔也要上班到晚上八九点。

很多事情我都可以自己决定，想吃什么，我跟爷爷提出来，他会给我买。打游戏做作业都是我自己管。一般近的外出游玩我也可以自己决定，比如去村里找同学玩。但现在同学都不太出来，都在家里楼上做作业或看手机吧，找不到人。爸爸妈妈跟他们现在的小孩都挺亲密，会带着他们出去玩。我不太喜欢跟他们互动，很少跟我爸或我妈聊心事，因为我感觉他们不是很关心。我一般吃完饭就上楼到房间里做作业，很少吃饭的时候聊天。爸爸妈妈不会问我将来想做什么，问得最多的是爷爷，我会跟他说，我想做老师吧，虽然感觉还是挺有距离（难实现）。

（初二男生，14岁）

案例中的男生在很小时，父母既已离异并基本不再联系，故没有感受到父母间的冲突。虽然感觉父母在金钱、时间和自由度上给予了他充分的自决权，但日常生活基本由爷爷照护，包括学业。母亲认为直接抚养权在父亲那里，因此监护教育责任应由父亲承担；父亲则忙于工作与新家庭，父母双方的监护责任均承担得并不多，他内心深处还是希望离异的父母任何一方能够关心下他的未来发展,处于初中学习阶段的他,自知学业成绩并不理想,对于未来他有想法,但他没有把握,也不知道该如何去规划。他跟爷爷沟通过,但爷爷没法给到更多的建议。离异的父母双方各自成立新家后,他能感知到两个小家庭对他来说都有着疏离感,所以对他来说,日常生活照料上,他有爷爷等祖辈可以依靠,有着亲密关键者存在;但在个体成长的情感支持等需求上,他还是感觉到孤独。

案例 8(家庭环境|社会资源)

能力范围内支持孩子的梦想

  我们秉持开放式教育,更看重素质培养训练。从小就带她做工,培养她的内心,那时也就六岁多吧。

  我也会特别关注孩子的想法或梦想。有的父母可能听过孩子的梦想,笑笑就过去了。但我不会。她的第一个愿望就是做一名服装设计师。我们就是为了去支持她,就做了一个项目。

  我们准备了一笔资金,陪着她去采购服装采购面料,她自己选,这些都是她的事,不是我的。再买了第一台缝纫机,我请了一个老师,教她怎么做。也给她买了个人型模特什么的,让她自己去琢磨。她自己整出了一个系列。为了肯定她的成果,在她八九岁的时候,我们还给她办了她的第一次服装设计发布秀。前前后后都听取她的意见,包括舞台、背景、镁光灯等等。

  我希望让她能够比较早地去定位自己的梦想、找到自己的想法,并能够为此去努力。自从那次之后,孩子对自己的能力很自信,14岁的时候,她的很多衣服都是自己做的,也曾给自己和妹妹制作了参与活动的礼服。

  我们家长就只做一件事叫助推,给她找到一些资源,去帮助她追求自己的想法。当然,资源永远都是最重要的。但孩子自己的想法、自己的努力更重要。虽然现在她的梦想已经转变,但服装设计的兴趣一直保持着。

(妈妈陈述,大女儿15岁,小女儿8岁)

  这个家庭案例中,父母的一方有着海归背景,且家庭社会经济文化水平等较好,父母的家庭教育理念受到国际上教育思潮的影响较多。父母会有意识地培养孩子的独立自主性,并通过整合自己的社会资源给孩子提供学习发展的机会与可能性,愿意在能力范围能给予孩子试错的成长。

三、儿童友好型家庭环境的挑战

1. 普遍的工作—家庭冲突

在谈及工作—家庭冲突时,研究者更多关注的是常见的父亲参与的缺失,形成母职惩罚、丧偶式育儿等社会现象。女性在兼顾工作与家庭照料时普遍会遭遇冲突加剧的情况,进而造成各方面的性别差距。事实上,工作与家庭冲突不光是女性的问题,双职工家庭的教育过程中,尤其是对需要更多工作时间来获得有限收入的低收入家庭,工作与家庭生活的冲突更加凸显。

改革开放以来,我国的城市化进程迅猛发展,全国第七次人口普查数据告诉我们目前全国居民的城镇化率已达到64%[2]。随之而来的是大量人口的流动,上海是我国人口流入最多、流动最为频繁的省市之一,流动人口就有上千万人,约占上海居住人口42%以上。其中,有不少跟着父母家人一起流动到城市中生活的儿童群体,也有父母因为各种因素需要前往其他城市工作或者经常出差,形成不定期的两地生活。城市中有不少儿童父母的工作时间长,使得父母没有时间与精力管儿童的学习,有的父母则是缺乏家庭教育的意识。

网上流传着这样一句话:"孩子对不起,放下工作养不起你,拿起工作陪不了你。"它似乎道出了无数挣扎于养家糊口的父母的心声,父母在外拼搏,用时间和精力换来经济收入,期待提供给孩子良好的生活条件,尽可能地为孩子攒些资本投入教育。父母在谈及教育子女的话题时,都回避不了时间、精力和经济基础。工作—家庭冲突包括三个子维度,基于时间的冲突(工作与家庭的不同角色相互占用时间导致冲突)、基于压力应变的冲突(工作与家庭的不同角色因紧张情绪或心理压力导致相互影响)以及基于行为的冲突(两个角色预期的行为发生冲突)[3]。在案例1中,男孩的父母较多涉及时间上的冲突,以及与孩子对父母角色的期待之间的冲突问题。案例7中,离异后的父母也因为各自成立小家庭及忙于工作,忽略了对孩子的关心监护。

2. 儿童承受离婚之痛

当前,离婚现象已较为普遍。大多数离异家庭会涉及孩子的问题。虽然我国的法律规定,离婚后父母双方仍对子女有抚养、教育、保护的权利和义务,但现实中,离婚后不承担直接抚养的一方忽视子女养育教育的情况非常多,也有为了争夺孩子的监护权引发激烈冲突的。不少离婚案件中,父母双方因为各种原因或反目成仇,或形同陌路,往往忽视了夹在中间的孩子。离婚后,不少父母因再婚、生活压力、情绪情感无法调适等原因,对儿童的需求忽视也比较明显,显著降低了儿童对家庭生活的满意度、对父母的信赖度,更容易导致亲子冲突与儿童问题。

父母离婚对儿童青少年的影响成为社会学和心理学关注的焦点。离婚对儿童的心理发展影响从"严重影响说"发展至今为"有限影响说",即认为大部分孩子能够从父母离婚的阴影中走出来。但这些结论是基于国外的研究结果。离婚后父母的冲突与共同养育会通过影响亲子关系和父母的教养行为来影响儿童青少年的发展[4]。目前普遍证实父母冲突比起离婚本身对儿童青少年的影响更大,忽视也不利于儿童身心健康发展。我国父母在对待离婚与育儿问题上,尚无法类似欧美那样,离婚之后以孩子为中心,采取合作型的共同养育模式,离异双方更多采取适度合作,也有不少采取冲突型甚至拒绝合作、忽视等现象,这对儿童的成长并不友好。

案例7中,父母在孩子幼年时选择离婚,但双方允许孩子在两个家庭间自由走动。但父亲忙于工作,将孩子交由爷爷抚养,之后选择再婚,有了新的家庭和孩子。而在妈妈看来,孩子判给了爸爸,教育的问题理应是他的责任。孩子从小就知晓父母离异的事实,但父母双方都没有跟孩子聊过这一话题,也很少就孩子的教育问题进行沟通。可以说,父母双方简单地处理了婚姻问题并再次组建新家,没有很好地处理离婚后孩子的管教问题,也忽视了离婚后的亲子互动,更多是从物质上满足孩子的需求,而忽略了引导孩子其他方面的成长。

3. 家庭内的不良教养行为

有不少父母以爱之名,对孩子非常严格。以往我国传统观念中的"棍棒底下出孝子""不打不成材"等观念与目前我国提倡的儿童教育观是相违背的。案例2中的母亲认为对儿童严厉是为了孩子好,而孩子也接受了母亲的"好意",只是孩子对于被打还是感觉到害怕,害怕学习不好被母亲打,越害怕学习越紧张,以至于开始害怕学习这件事情,形成了恶性循环。

联合国儿童基金会"儿童友好环境"倡议,应禁止一切形式的直接或目睹的暴力。在世界各国,社会生活中针对儿童或者家庭成员的虐待暴力现象屡见不鲜,我国也不例外。我国已对儿童虐待等家庭暴力违法行为做出强制报告的法律要求。许多国家对儿童虐待进行了明确的定义,即针对18岁以下的儿童做出任何故意伤害或虐待的行为。但很多儿童虐待行为实施者为父母、监护人或其他照顾者等与儿童有着亲密关系的人，所以即使在有着明晰法律规定的国家，仍有众多儿童虐待没有被强制报告，说明了儿童虐待现象的隐匿性和复杂性。

儿童虐待有很多形式，有时候往往同时发生。现实生活中，也会出现儿童目睹父母间家庭暴力和遭受直接虐待的"双重伤害"[5]。

（1）身体虐待：故意伤害儿童的身体或置儿童于伤害风险之中，例如超出惩戒意图地对儿童实施的踢、打、推搡、咬、鞭打以及其他导致儿童身体伤害的行为，不仅造成诸如割伤、瘀伤、烧伤、骨折、关节脱臼以及更严重的脑损伤等严重身体伤害外，还会造成儿童情感创伤。儿童在场时目睹家庭成员间的暴力行为也会对儿童的身心造成严重伤害。

（2）情感虐待：对儿童进行言语和情感的攻击，造成儿童自尊心或情感健康上的伤害。这是一种损害儿童自我价值感并对其情绪情感发展产生负面影响的行为模式。常见的情感虐待表现为持续的拒绝、批评、威胁、贬低、否定或斥责孩子，严重的甚至辱骂或侮辱孩子。持续的情感虐待会增加疾病和精神障碍的发病率[6]。情感虐待比其他形式的虐待更难发现，一般发生在家庭内，且没有明显的外在迹象表明虐待发生，通常也没有外部的证人。在持续情感虐待的家庭中，其他家人也会受到影响而不予反馈。有时候，只能从孩子的行为表现中发现虐待可能存在。例如，表现出焦虑、抑郁或回避、情绪发育迟缓、拼命寻求其他成年人的关爱、出现尿床等发育倒退行为、低自尊、对同伴互动等失去兴趣。

（3）性虐待：对儿童实施不合时宜的任何性活动，如爱抚、接触儿童色情制品等。性虐待除了现实生活中发生的案例外，联合国儿童基金会提出随着数字环境无处不在、加上疫情大流行，全球儿童保护系统面临着严峻的挑战，网络上的儿童性剥削和性虐待问题变得普遍，但对罪犯的抓捕或追踪变得前所未有的艰难。目前，全球范围内，每5个女孩、每13个男孩中就有1个在18岁之前遭受过性剥削或虐待[7]。

（4）儿童忽视：指在日常生活中未能给儿童提供必要的食物、住所、监护、教育、医疗或情感支持等基本保障。忽视是虐待儿童最普遍的类型，会影响孩子的身心健康，并可能导致长期的不良后果。如未能让孩子入学、允许孩子反复逃学或忽略孩子的特殊教育需求，或让儿童独自一人在家因缺乏照料者而导致儿童受伤,更常见的是在孩子受到伤害之后或者需要关注的时候不提供情感支持等。儿童忽视源于许多复杂的问题,例如父母的心理疾病、贫困、吸毒或酗酒等。根据美国的数据分析,因虐待而死亡的儿童中,近75%的原因中包括儿童忽视,其中7岁以下的儿童最容易因忽视而死亡。忽视死亡通常源于缺乏监督、长期身体忽视或医疗忽视等[①]。

(5)医疗虐待:这是近年来出现的新术语,一般是家人夸大症状、捏造身体检查结果或故意在孩子身上引起疾病,或在儿童疾病等方面存在蓄意隐瞒或信息虚报等情况,让儿童接受不必要甚至有害的医疗护理风险。

4. 教育焦虑与家庭氛围

从古至今,我国一直保留着重视子女教育的文化。随着父母的受教育程度提升以及网络技术的发展,父母对家庭教育的意识提高增加了父母的教育期望。高期望就会让父母思考,通过怎样的方式可以帮助孩子获得高成就,而当父母对自身的能力、对现实、对未来感觉缺乏掌控感时,就很容易引发育儿高焦虑。引发焦虑的原因是多方面的,例如优质教育资源有限,不菲的补课费用却不一定成正比的补习效果,以及对未来的不确定性等等。

现在的父母非常在意是否专业,而儿童教育理念中充斥了各种理论与方法,父母很难知道哪一种养育方法是适合自己的孩子。案例8中的妈妈说不少父母感觉缺乏信息,从现实来看,如果我们想要孩子成功,仅靠学校的教育是不够的,还需要寻求家庭自身的社会资源,给予孩子更多尝试的机会。育儿成为优先发展的事项之后,称职的父母需要了解孩子的发展与需求、需要陪伴孩子、需要提供资源让孩子参加各种课外活动、提前帮助孩子掌握一些技能以应对未来可能的需要。所以,中产阶级的父母在有限允许的经济条件下,选择他们认为未来对孩子有帮助的学习内容,例如学习编程锻炼孩子的逻辑思维,学习STEM这一据说是未来人才的核心竞争力,专业化地学习某种体育项目以提高孩子的耐性、团结或拼搏精神等。但这些选择真的正确吗?父母并不知道。因此,即便我们花费了比我们父母多得多的时间、精力和金钱,我们仍无法感觉自己对育儿是有自信的,反而更加焦虑。与之相对,案例6中的儿童期待的则是轻松的家庭环境。

---

① Children's Bureau. Child maltreatment 2018[R]. Washington DC: U. S. Department of Health and Human Services, 2018.

5. 育儿不一致,不和谐的家庭氛围

家庭育儿中,经常碰到的问题是父母教养方式、教育理念的不一致。但这一点相当普遍也很正常。即便是情投意合的夫妻,在生育孩子之后,因两人来自不同的家庭背景,对孩子的期许和养育目标不一样,加之男女两性不同的视角,都会存在差异或冲突。就与婚姻关系需要维系和磨合一样,父母间的教养方式和理念也需要经历磨合。

案例 5 中,母亲与孩子之间建立相对亲密的依恋关系,而父子间相对疏远。爸爸属于严肃的、讲求规则与权威意识的教养方式,他虽然很想融入孩子的生活中,并能在儿子面前树立威信,但因为与孩子之间的沟通与相互了解不够,导致无法让儿子信服他的管教。

育儿方式中,主要有两个组成部分,一是父母试图对孩子施加的控制程度,即我们所说的父母权威;二是父母所表现出的温情与关爱。这两者并不是相互对立的,而是呈现出育儿过程中理性与情感之间的权衡。根据这两点,有研究把父母的教养方式分为权威型、宽容型、忽视型和专制型。父母双方的教养方式就是这些教养方式的不同组合。如下几种组合会使得家庭育儿更具挑战性。

权威型 vs. 专制型:父母都更多强调原则,向孩子提出要求和命令。两者可能不同意给到孩子多少温情,但可能会争议是否惩罚孩子、惩罚的程度;同时也可能不太认同用奖励的方式鼓励孩子良好的行为。

权威型 vs. 宽容型:这样组合的父母对孩子的关爱和温情上相对一致,但在规则、对孩子的要求命令等的执行方面存在强烈的分歧,宽容型的一方会比较宠溺孩子,而另一方会强调原则性。

宽容型 vs. 忽视型:宽容的一方想给孩子很多爱,而忽视的一方很少或根本没有与孩子进行实质性的互动。这可能导致宽容的一方不堪重负,承担了全部的孩子教养职责而感到缺乏有力支持。

专制型 vs. 宽容型:这两种类型的父母可能会在何时以及是否惩罚孩子的问题上意见不一。宽容的一方甚至认为专制的一方有虐待孩子的嫌疑,而专制一方认为对方过度溺爱,未尽到教育的职责。

权威型 vs. 忽视型:权威型的父母在养育时属于卓有成效的养育方式,既提供重要的指导,也给予了温情与关爱。但忽视型的一方可能更喜欢袖手旁观,因为很少参与,所以在孩子面前基本没有权威可言,容易造成育儿的挫败

感,从而导致育儿问题上的持续冲突。

6. 有限的家庭社会资源

祖父母可以作为核心家庭社会支持网络中尤为重要的一员。核心小家庭与祖辈同住是我国家庭文化的传统延续,也是双职工家庭在工作—家庭平衡过程中,充分调动家庭的社会资源、将祖辈作为照料者的理性选择之一,如案例4。据《中国城市家庭教养中的祖辈参与问题调查报告》,有近八成的家庭祖辈参与教养,其中幼儿园前有77.7%,幼儿园期间72.9%,小学阶段也有60.1%,农村祖辈教育更是高达90%以上[8]。由于两代人育儿观念、生活理念等的差异和分歧,很容易造成家庭矛盾冲突,进而影响儿童的养育环境,这是我国家庭必须面对和亟须解决的问题。

四、儿童友好型家庭环境的发展路径

1. 平衡工作—家庭关系

时间对每个人都是公平的,但每个人的时间成本是不一样,将时间花在哪些事情上的决策也是不一样的。对处于不同阶段的儿童,父母需要思考,工作、育儿、儿童学业等如何平衡,如何有所选择、有所侧重。

家庭教育中,家庭的投入包括经济、时间和精力的投入。社会热议的父母教育焦虑是源于中产阶级家庭对孩子学业成就的经济投入、时间精力投入及对成果的过度预期所引发的焦虑心态。家庭对孩子学业成就的影响机制有人力资本理论、文化资本力量、社会资本理论等。但总的来说,影响途径有两条:一是通过经济投入为孩子提供有差异的教育机会,例如选择优质学校、增加校外教育的培训课程等,其中,经济投入还嵌套了文化资本(资源),即父母的受教育程度、家庭文化活动以及文化氛围的投入等。一般而言,高教育和高收入家庭会通过购买书籍、高雅文化活动参与、艺术品等物质投入等实现文化的传递和再生产,而低教育和低收入家庭较少这方面的投入,而更多通过教育活动的参与来营造家庭文化氛围[9]。二是通过父母对孩子教育的参与,通过影响孩子学习的行为态度来影响孩子的发展,其中包含了家庭内的父母参与,如亲子沟通、检查作业指导功课、阅读运动等亲子互动活动等,以及学校的父母参与,包括积极参加学校活动,与老师、同学等的交流等[10]。

这两个途径的影响都涉及父母在家庭教育过程中的时间成本以及时间分配的问题。对大部分父母而言,教育投入的经济收入来源于耗费时间努力地

工作;教育的时间精力投入源于工作之余的时间利用。虽然父母的初心都是为了孩子的教育和未来,但研究数据表明,相较于物质和经济投入,父母的时间投入是影响孩子教育获得和学业发展的主因。国外研究发现,中产阶级采用"协作培养"的方式,组织闲暇活动,对子女投入时间和精力,通过言传身教等方式影响儿童,而工人阶级则更多采用"顺其自然",忽略了对子女的投入和陪伴[11]。而这一家庭教育方式上的差异带来了完全不平等的教育成效。对留守儿童的家庭教育投入的调查数据发展,父母外出务工期待带来"收入效应",但却导致了陪伴监管的缺失。相对而言,母亲外出务工比父亲外出务工更容易产生显著负向效应,更容易导致留守儿童辍学的概率;父母外出务工对校外课程的支持以及参加各类校外课程产生了显著负向效应,因为父母没有时间和精力去跟进陪伴和监管,同时留守儿童的家务时间增多[12]。不少流动人口的父母也意识到教育的重要性,通过学业辅导等实际教育投入来影响孩子的成长。41.4%的家庭能尽量满足子女在辅导班上的需求,亦有53.1%的父母经常陪孩子做作业。"老家的父母也可以帮着带孩子,可是我就是不放心。"48.1%的流动父母表示"孩子跟着父母可以更好地进行家庭教育[13]"。

分析家庭教育投入方式的分类,家长应适当调整时间的分配。家庭教育投入可以分为两部分,一部分是物质环境,主要指教育资源/经济投入,另一部分是情感环境,主要涉及父母的情感及时间上的投入。除了极少数实现财务自由的家庭,大部分的父母都会碰到赚钱养家与育儿陪伴的两难问题。分析家庭教育投入方式,父母可以判别并考虑是否调整,如何调整。根据PISA2018不同国家和地区的数据发现,不同家庭教育投入方式家庭中,儿童学业表现水平呈现"全面型投入育儿方式＞偏物质型投入育儿方式≥偏情感型投入育儿方式＞忽视型投入育儿方式"的特征[14]。

表5-1-1　　　　　　　　家庭教育投入方式的分类

教育资源/经济投入	父母情感/时间投入	
	高	低
高	全面型	偏物质/经济型
低	偏情感/时间型	忽视型

在全球背景下,各国的教育工作者普遍呼吁重视父亲在儿童成长中参与的重要性。父亲参与的研究表明,父亲不仅有能力给予照顾,而且孩子可以直接受益于父亲的育儿行为。有效的父亲参与是对孩子负责,乐于与孩子身体接触,情绪稳定愉悦,提供物质条件满足孩子的需求,积极参与孩子照料和教育,并在抚养孩子的过程中施以积极的影响。源于文化因素、离婚率的提高等,父亲缺失孩子生活的现象并不鲜见。

现有父亲参与的研究结果指出,父亲和婴儿可以像母亲和婴儿一样建立依恋关系[15]。依恋关系的建立源于日常与婴幼儿的亲密互动。父亲的参与对婴儿早期的健康有利,如早产儿体重增加和母乳喂养率的提高等[16]。父亲参与过程中,使用明晰界限和期望的权威教养方式,对孩子的情感发展、学业成就、社会性以及品行等都有正向作用[17]。回溯性研究发现,与父亲关系密切的孩子,高中毕业后更多地进入大学或找到稳定的工作,未婚先孕等可能性降低75%,违法犯罪的可能性降低80%,经历多种抑郁症状的可能性低一半[18]。父亲在儿童发展中起着重要作用。父亲的缺席不利于幼年到成年的发展,造成的心理伤害贯穿于整个人生历程。父亲参与率高与儿童社交能力、自信和自我控制水平较高有关,孩子在学校期间或青春期从事危险行为的可能性较小。

2. 处理好婚姻关系与亲子关系

莫瑞·鲍恩(Murray Bowen)提出了家庭三角关系。父亲—母亲—孩子组成了家庭中最基础的三角关系,三角关系中存在着很多张力。随着家庭互动模式的固定,三角关系也会逐渐定型。一个健康的家庭,家庭成员间的关系应该是一个近似的等边三角形,亲子间、夫妻间在情感上相互支持,在心理上相互依赖。但这样的三角关系需要每个人都意识到在家庭中发挥自己的作用,也要给到每个人成长的空间。而其中,父母就起着至关重要的作用。碰到有子女的离婚案件中,这时候家庭的三角关系发生重大改变,父母需要处理好几个关键的问题。

(1) 离婚情绪情感的准备

离婚前后,大多数的父母都会经历强烈的情绪反应,而对孩子则有着内疚、担心等。对年幼的孩子来说,他/她或许不了解发生了什么,但也能从生活中的变化、父母的表情、居住环境的改变等有所感知。而对已经懂事的孩子来说,他/她也会有着不同的情绪感知,有时候孩子没有表现出强烈的反应,但他/她的内心仍会经受剧烈的思想情感斗争。父母在处理自己的情绪、问题的时候,也需要关注孩子的感受,帮助孩子更好地过渡到新的生活阶段。

首先,父母需要理解和管理好自己的情绪状态,承认自己的感觉,在与孩子沟通时,才能相对平静地帮助孩子处理他/她的情绪。其次,学会倾听,了解孩子的感受,从孩子的视角来看待离婚对其造成的伤害与影响。再有给予孩子有效的安慰,从孩子的角度看事情,并引导其了解父母离婚后生活中可能的变化,尽可能诚实地向孩子保证哪些是可以依赖的,哪些不会改变,例如,与自己一起居住、学校朋友等。

最不宜在孩子面前做出的反应是,将婚姻的不满、离婚的愤怒等情绪宣泄在孩子身上;或者将自己的不幸归因于孩子;抑或在孩子面前全面否定、贬低自己的配偶,并越发严厉地养育孩子,这在我们的文化背景中较为常见。而这更易导致孩子出现攻击性、叛逆等外显问题行为。

(2) 理性处理婚姻问题和孩子的抚养问题

孩子的抚养权问题是离婚案件中不可回避的重点。在经济文化水平略高的地方,双方抢夺子女抚养权的情况更为普遍,而在经济水平欠佳,以及农村等社会风俗影响,孩子可能更多判给父亲。我国的法律中对确保孩子的合法权益给予了明确规定,一般而言,在孩子主要照料人的问题选择上会兼顾双方的意愿,并偏向更有利于孩子生活成长的一方。也就是说,从社会风俗以及法律处理上,我国离婚中孩子的抚养权问题仍偏向一方为主,导致了不少离婚后另一方很少参与孩子教育的现象。

在离婚协商过程中,建议父母双方就孩子的抚养、教育等问题,进行"理性"的探讨。首先,分清离婚事实与孩子问题之间的相关性与无关性。婚姻关系的解除与孩子的亲子关系不相干,即便孩子不与自己居住,但他/她仍是自己的孩子,亲缘关系无法否认。其次,站在孩子及对方的立场上,分析各自对孩子教育、成长的有益面与不利面。尽量从孩子发展的角度,与对方达成共识,降低离婚对孩子造成的负面影响。再有,对无法达成共识的,或不宜实现共同养育(如对方有家暴倾向)的情况下,可在孩子有分辨能力的时候,适时地与孩子沟通,学会理解和接纳父母的行为。

最不宜采取的行为有,将孩子作为对付、惩罚对方的砝码,或让孩子在父母之间选择并支持一方,用情感来"绑架"孩子。孩子抚养争议的解决可能非常困难,不管是哪一方抚养,都应以孩子的发展为重达成共识。

（3）孩子成长过程中的亲子互动问题

离婚仅仅是父母双方的关系终结，有孩子的婚姻中，亲子关系难以割断。目前离婚案件的判例中，更多侧重于子女抚养费用的落实，有时也会就探视时间等做出明确规定。但具体如何抚养孩子，如何处理离婚之后孩子的监护、教育等细节都是需要父母双方协商处理的。

不宜采取的方式有：让孩子暴露在长期的、攻击性的父母冲突中，或者采取忽视、拒绝的方式将孩子完全托付给祖辈带养，或通过严厉的或否定的教育方式以试图争一口气等。大量研究表明：无论是双亲家庭、离异家庭还是扩展家庭，父母共同养育有利于儿童的社会适应性发展；而教养冲突，尤其是一方对另一方的诋毁、争夺子女的爱与情感，不仅对亲子关系有害，也不利于儿童的身心发展[19]。

父母的内疚感来源于无法给孩子一个完整的家庭，也更多源于在生活中，没有很好地承担照顾、教育孩子的责任。知与行之间的落差使得父母抱有内疚感，最后选择以丰富的物质和满足孩子的需求为抚慰的方式。但对孩子来说，需要的不仅仅是物质条件的满足，他更需要一个有爱、有关怀、有情感互动的环境。因此，若有可能，父母需要放下相互间的成见与对立情绪，从有利于孩子成长的角度共同商讨孩子的教育问题。

3. 对不良家庭教养行为的自查与社会监督

我国《民法典》第一千零二条规定，"自然人享有生命权。自然人的生命安全和生命尊严受法律保护。任何组织或者个人不得侵害他人的生命权。"我国《未成年人保护法》中规定，未成年人的父母或者其他监护人不得"虐待、遗弃、非法送养未成年人或者对未成年人实施家庭暴力"。从儿童健康成长的角度来说，也是确保儿童生存权的法律规定，应确保儿童的人身安全权和人格尊严，对儿童施加家庭暴力是不被允许的。

目前，儿童身体虐待、性虐待在我国已受到高度重视，成为强制报告中的主要类型；但情感虐待和忽视现象等并没有引起足够的重视。分析目前我国强制报告制度参与性不足的原因，主要有对儿童虐待的界定和认知不明、受到传统文化的不利阻碍、家庭功能缺失现象较为严重、儿童保护福利机制不够完善以及社会力量参与不充分等因素[20]。当然这也与儿童参与受阻有关。

在儿童保护工作过程中，研究者发现恐吓、父母影响、沟通和保密性问题是阻碍儿童参与儿童保护过程的主要障碍，在远离父母和其他成人的空间中，儿童愿意参与并说出自己的观点与决策。[21]当儿童知道受到虐待时可以寻求帮助并说出自己的想法时，周围的成年人才能知道他们生活中发生的事情并采取行动来保护孩子。案例2中，女孩跟儿童保护工作者说出希望可以跟爸爸一起居住。后来，与其父亲协调后，女孩先与父亲同住，而妈妈表示愿意接受心理咨询和家庭教育指导，以便改善亲子关系与家庭教育方法。

在儿童保护工作中，可以鼓励儿童参与：

● 让儿童知晓自己有权获得安全、不受虐待，知道哪些行为属于儿童虐待，探索感知安全和不安全的想法。

● 鼓励儿童用绘画、照片、视频或其他方式来描述他们感觉安全、快乐的地方和人，或告知他人自己生活中的遭遇。

● 帮助儿童掌握在家庭、学校和社区中保护自己的行动技能。

● 建立有效、安全的渠道，让儿童知道在需要时到哪里寻求帮助，并能够放心地私下提出投诉。

针对案例3因隐私权导致的亲子冲突与不良教养行为，为了更好地起到监护职责，可以适度寻求儿童部分隐私利益的让渡给予父母行使监护权的必要空间，这就是说，父母需要提前与孩子沟通协商，以降低矛盾冲突发生的可能。

父母需要改变自己可以随意介入或干涉孩子空间的传统理念。青春期的孩子特别重视个人领地的隐私性，例如，对自己房间的主控感。这在传统中国的父母眼里是不可想象的，他们感觉整个家自己都可以自由出入。现代的父母已经相对接受了尊重孩子的理念，孩子也有了对自己隐私权的保护意识。学会尊重个人空间，尊重他人的隐私，注意不要逾越各自的界限。清晰的界限能让儿童有"我"的独立感，又有"我们"的归属感。儿童从能区分自己与外部世界，会说"这是我的"开始，他的自我意识就逐渐开始形成。

与儿童理性探讨儿童保护内容，达成家庭教育方式的共识。与儿童讨论权利、隐私、尊严等概念，明晰哪些现象是侵犯到个体的隐私权，父母哪些监护行为可以在获得儿童同意的前提下实施等。如果儿童要求拥有一定的私人空间或时间时，应当给予尊重；安装摄像头以确保家庭安全时，应当放置在非私人空间内；儿童反对时，应适当考虑儿童的意见等。

采取科学有效的方式及时干预不良行为。作为儿童的监护人，父母仍需要对儿童的不良行为予以教育或监管职责，以促进其身心健康发展，但不宜采取强势压制的,尤其是暴力的方式来解决问题。案例3中父亲认为孩子在房间内玩手机游戏,并私自把钱充入游戏中,这些行为表现超出了父母亲认为适宜的范围。父亲用揍一顿的方式或许暂时能够威慑住儿童,虽然儿童内心意识到自己做错了一些事情,但父亲的行为并未得到儿童的认同与接纳。

让儿童感受到关爱而不是监视。尊重并保护儿童,仍可以给予儿童选择权。培养儿童独立的人格,具备基本的界限意识,与儿童平等地对话交流,让儿童感受到对其的监护与教育是出于对其安全、发展的目的,争取得到儿童的信任,使得儿童愿意跟父母家人沟通合作。

4. 有效整合利用家庭社会资源

祖辈照顾家庭日常生活已成为我国家庭文化中比较常见的现象。随着城市化进程,以往家族式的、邻里互助式或集体制的监督育儿的文化已经不复存在。对双职工家庭而言,由退休的祖辈来帮助照顾孙辈、料理家务可能是一种比较安心且互赢的模式,既能够拉近亲情,又能够减少经济开支。共享天伦是家庭成员的共同期望,但现实是,因为代际、地域文化、经济观念以及教养理念等的差异,祖辈育儿着实也带来了不少的矛盾与冲突。

儿童生活在家庭中,能感受到家庭成员间的互动关系与情绪情感,他们倾向于希望和和美美的家庭环境。案例4中的男生已经感知到爸爸与爷爷的冲突在什么点上,也尝试用自己的方式来化解家庭矛盾。如何看待和处理代际间的关系和冲突,并对家庭教育产生积极作用,是家庭成员间需要讨论分析。

（1）分析代际冲突原因和代际差异。城市化进程导致人口流动加速,不同文化背景的个体组成了家庭,在新的城市扎根建设属于自己的家园。出于不同的原因,祖辈选择加入新家庭。多元文化下,代际间的文化、价值观等必然有着差异与冲突。家人需要分析代际冲突的原因和差异,寻找可行的解决方案。有些差异可以共存,例如不同的饮食文化,尽量做到兼顾。有些冲突是可以沟通或调整的,例如对孩子的宠溺,可以关爱孩子但不能事事包办,减轻祖辈的压力,教育孩子学会关心他人。家庭教育过程中,两代人的目标都是为了更好地培养孙辈,为了家庭建设发展,需要几代人存同求异,兼顾家庭成员各自的生活和价值感,不能为了孙辈或者某一代人,要求祖辈放弃或忘记个体的需求。

（2）看事物的两面性。就像案例3中所述的,祖辈来照料家庭生活,让父母得以减轻家务压力,但同时带来对孩子的宠溺,有得有失。这位妈妈选择了更偏向祖辈照料好的那一面,感谢祖辈在家庭中的付出。生活中很多事情都有好坏两面性,这两个方面也会在生活中不断地发展,至于如何看待和取舍就取决于家长自己。在家庭教育中,接纳事物好的一面,积极去弥补不足的一方面。当成人学会看到事物积极的一面,宽容接纳不足的一面,儿童也能在不知不觉中学会包容和共感。

(3) 互相学习,清晰界限。尤其是三代同堂的家庭中,家人间的界限问题可能是较易产生冲突的焦点。我国的家庭文化中,居住环境受限,家庭成员间需要共享领域。加上我国传统的家庭文化中偏向家族主义或家长权威,不少父母会过度参与到子女的生活中,或者子女因为依靠着长辈的资源生活而导致家庭中缺少话语权等。家庭界限不清主要表现为过度越界型(越俎代庖或过度干涉)、冷漠僵硬型(缺乏关爱或关系疏离)、控制依赖型(把控执拗、依附不担责)等。分清界限,不把成人间的情感纠葛迁移到儿童的教育中,不让儿童处在长辈们的矛盾漩涡。随着家庭成员关系的平等化发展趋势,家庭教育已不再是长辈对小辈的教育,还应当提倡成员之间的相互平等学习。现实生活中,经常可以看到孙辈教祖辈如何使用电子产品。知识反哺教育是现代化技术迅速发展下的现象之一,也可以是激活家庭活力、促进民主平等的有效方式。

(4) 最小化矛盾或拉开距离。有些时候,一些家庭的问题是由家人的不配合、难以沟通等因素导致的。最常见的就是父母想给孩子树立一些家庭规则,但祖辈却屡屡破题,即便沟通了,也是你说你的,我做我的;导致孩子喜欢钻空子,经常将祖辈当挡箭牌,难以起到约束管教的效果。也有的父母因为婚姻关系不和,导致在教育子女的方式方法上经常针锋相对、伤害孩子。不同的家庭环境可能有着不同的家庭教育问题,有些可以沟通合作,有些难以调和。作为父母,需要从有利于孩子健康成长的角度去思考如何降低矛盾冲突,实在难以解决,也可以选择拉开距离,将孩子从不理想的家庭环境中带离。

5. 寻求专业的社会支持,强化家庭功能发挥

目前,家庭小型化短期内难以改变,家庭抵御社会风险的各种能力较为薄弱。新冠疫情的暴发,让不少家庭发现除了自身家庭之外,需要学会寻求各种社会支持资源。

随着家庭功能弱化、家庭结构小型化发展,我国面向家庭的社会公共服务支持网络在不断地改善与推进中,政府职能部门等也在努力从不同的方面提

供可行的家庭支持。例如学校系统中,聚焦儿童身心健康发展,围绕家校社联动、五育融合,有面向家庭提供相应的家庭教育指导服务。民政系统中,在婚姻登记机关等服务点上设立了婚姻家庭辅导室,旨在面向有需求的家庭提供心理疏导和调解服务等,促进家庭关系的和谐发展。《上海市精神卫生体系建设发展规划(2020—2030年)》在不断推进心理咨询和心理治疗的服务形态,预计2030年社区心理咨询覆盖率达到100%。社区基层组织也经常举办婚姻家庭、家庭教育等相关的知识宣传,开展中国优秀的传统思想道德文化教育、传播和实践活动。父母在家庭建设、家庭教育过程中,在疲于应付的时候,可以尝试寻求一些社区、学校、亲属朋友的支持,整合资源来应对小家庭面临的各种问题。

第二节 儿童—家庭互动的挑战与路径

一、前言

家庭是社会的基本单元,也是儿童最早的社会化场所。在这个场域中,儿童个体与家庭成员、成长环境发生最初的、却也是影响深远的交互作用;儿童在这个场域中又是积极的、有创造性的社会行动者和权利主体,也在交互作用中不断发展成长。

儿童的发展权与成人不尽相同的地方在于,儿童因年龄等因素暂时不具备对自身发展完全独立的选择能力,而更多受养育和教育其的成年人所引导和左右,因此儿童发展权的保障需要成人在尊重儿童发展特点与兴趣天性的前提下,树立科学健康的社会价值观来影响儿童的发展。我国家庭教育中存在的主要问题有,首先,我们对儿童发展成功的界定比较狭窄,教育价值取向似乎仍未跳出"学而优则仕"的格局,故而特别重视智力培养而忽视了儿童其他方面的发展。其次,我们的家庭教育中,过多地满足和追求物质,而忽略了精神世界的引领。我们很希望孩子喜欢学习,但很难让孩子爱上学习的终极快乐,很难培养出拥有丰富精神世界的孩子。

缺乏参与是上述问题的原因之一,也是目前儿童学习生活中的普遍现象。儿童主体对其参与的权利意识较为强烈,但实际的参与行为存在不充分的现象。儿童参与权利的提出相较于其他儿童权利较晚,同时受我国传统家庭教育思想的影响,我国儿童的参与行为受父母及家庭的影响较多。父母或起着儿童参与"看门人"的作用,儿童在参与前会考虑父母的接受度及优先事项,通过参与与父母建立更好的关系;或者通过父母关心的学习、做到父母的期望以获得更多休闲娱乐或参与的机会[22]。研究数据也表明,儿童参与有助于提升儿童自尊,自我效能感得到增强;也能发展辩论、交流、协商、决策等技能[23];亦有助于促进儿童在家庭内的主观幸福感和亲密关系的建立。

随着儿童友好城市、儿童友好社区创建的推广,儿童参与的领域、机会和程度将得到全面的发展,城市建设中将建立健全儿童参与公共活动和公共事务的机制,推动儿童全方位参与融入社会生活。而家庭,尤其是父母,将成为儿童参与的最大推动者和支持者。父母需要认识到,"教育不是为生活做准备,教育就是生活本身"(约翰·杜威)。

二、案例资料

案例9(儿童—家庭互动|可达性)

自由时间给我掌控感

我自己可以安排自己的时间,妈妈会征求我的意见,包括活动或者补课。没有选择补课,兴趣班也没有。我妈妈认为学习是每时每刻的,生活中也有很多其他值得学习的知识。她会给我和妹妹买了很多书,专门布置了一个区域当作家里的阅读角。我会自己根据自己的兴趣选择想看的书。有一次,学校要求看6本书,要做思维导图。妈妈问我是否需要买思维导图的书,我说我会做,不用买书。我曾经在哪本书上看到过,但已经忘记是哪本了。还有一次,我们聊到三国的知识,我玩过三国杀的游戏,所以对一些常识有些了解。妈妈对我这样的自学状态比较接受,但我知道我爸爸对我经常无所事事有些意见,他跟妈妈讨论过补课的话题,但妈妈还是尊重我的想法。

我头疼的是找不到同伴玩。可能是因为我没有课(培训班),玩的时间比较多。但我的同学时间就比较少,经常约不到一起。暑假里,只要外面有同学的时候,晒不晒都没关系,我都愿意出去玩。比起一个人玩,我更愿意一堆人玩。平常我有时间,经常帮爸爸妈妈去幼儿园接妹妹,或者陪我妹妹玩或看书,我感觉妹妹的学习能力比我强。

(小学五年级男孩,11岁,有一个2岁多的妹妹)

本案例中,家庭结构完整的四口之家,家庭社会经济地位较好。母亲受教育文化程度较高,并乐于学习和了解家庭教育。因此,对孩子的教育过程中,虽然身边有着众多内卷的家庭,她仍坚持给予孩子更多自由自主的时间,并希望孩子可以找到自己学习的兴趣点和动力。男孩也认识到自己的童年生活与其他孩子、特别是同学之间有些差异,即较少的补课、较多的自由玩耍时间等,他表示会有压力,但还是比较喜欢自己掌控时间、自主安排的感觉。

案例10(儿童—家庭互动|可达性)

爸妈给予我信任

我觉得我家还是比较民主。我从幼儿园开始吧,我有啥想法,我妈妈都会听的。她经常跟我爸说,我的一些想法或理解有些幼稚,但仔细想想还是有些道理的。当然,我的小心思经常会被妈妈看透,但她会听,有时候还会采纳我的建议。有一次,我跟妈妈提出能不能我做家务后,给我一点零用钱作为奖励。这个想法是从我同学那里学来的,他在家做家务他妈妈就会给他零花钱。我感觉这样我也可以有零花钱。妈妈让我说明理由。我跟她说,我自己房间的家务不用给钱,如果是我给家庭其他成员做家务,可以适当给钱;如果这样的话,我的积极性就会高一些。零花钱我也不会乱花,大部分攒起来,在需要买一些文具、零食时我就可以花自己的钱。我妈妈知道我想争取一些利益,但她没有拆穿我。经过跟家里人的讨论,他们同意了。所以我感觉我爸爸妈妈还是信任我的。

(男孩,10岁,主干家庭)

本案例中,一家三口与祖辈爷爷一起居住,家庭教育、家庭决策等以父母为主,祖辈较少参与,家庭矛盾相对较少。案例中,男孩认为自己在家庭中拥有一定的话语权,他可以就家庭的事务发表自己的看法,也可以提出自己的建议或要求。因为有些建议还会被父母所接纳,故而感觉自己被信任和尊重。

案例11(儿童—家庭互动|互动性)

我不认识她了

现在吃饭要去叫她,如果不叫,她不会出房间。但叫她吃,她基本不太会坐下来吃,她会碗里夹一点菜自己到房间里去吃。这样的情形大概是最近两年,初二开始的。主要的事情好像是玩手机玩太多了,习惯性一个人在里面吃。我也不知道她在做作业,还是在玩手机,反正她进房间就把门关了。我也不是经常去她房间,进房间敲门进去肯定也看不到什么。我想她青春期了,作为爸爸也不太好去问那些问题。因为再婚,我现在的老婆属于后妈,也不太好去问这些问题。

老人多说话了,她就感觉烦,然后会有点闹。以前还好一点,我经常会跟她聊一些话,她也会回答我一些问题,现在很难沟通。不管是谁跟她讲话,她不会回答你什么问题,就闷在心里面。她跟她妈妈可能一个月、两个月见一次面,我估计也就吃顿饭的时间。我跟她妈妈没有太多的互动,现在基本上不联系。她自己也结婚了,也有了自己小孩,她本来对这个孩子就不太上心,结婚前就这样,离婚后就更不上心了。

我感觉她自己(女儿)给自己的定位是"我读书不行",然后没有兴趣了,现在关注点都不在学习上。我觉得她最大的问题是玩手机,如果她把玩手机的时间放在学习上,还是有提升空间。

前一个礼拜,我强行把她手机拿掉了。作为一个孩子,她冲到我这边来抢,像打架一样。我都不敢相信,不认识她了。她作为一个女孩子会那个样子冲过来。她没抢到,我不给她。结果,她急匆匆跑到自己房间。我们家住五楼,把窗户打开,爬到床上,把一个脚伸在窗户外面要跳楼。现在都没办法跟她沟通,没办法,现在手机我都没敢收掉,万一我强势,她再来这种行为。她后来哭了,站桌子上不肯下来,后来我妈(奶奶)去哄,哄了半天才下来。

我现在都不知道该怎么跟孩子沟通来解决问题。孩子又比较内向。她妈妈是不会管的,她觉得能做的就是经济上的一点补偿,教育方面的问题就应该是我的事情。我感觉是我们都再婚,各自有了孩子之后吧,最近感觉她不愿意跟大人沟通的情况特别明显。

(再婚家庭父亲陈述,大女儿初三15岁,小女儿6岁)

本案例中,父母因为离异各自成家,忽视了与大女儿的互动沟通。大女儿正处于青春期,在家庭内感受不到家的归属感,也感受不到学习的快乐。所以比较喜欢沉浸在网络漫画中,学校中也仅与有共同兴趣话题的几个同学交流,属于家庭、学校中隐形、默不作声的个体存在。父亲认为核心问题在于她太过沉溺玩手机,并未真正去了解女儿内心的想法和心理压力。大女儿因父母各自成家、有了新的孩子之后,不再愿意与父母多交流,她的内心感受是两边都不是自己的家。

案例12(儿童—家庭互动|互动性)
我和爸妈缺乏共同语言

　　我会跟我妈聊天,跟我爸不聊,跟他就是聊不起来。可能跟男生讲话的方式有关吧,很平常,就说工作什么的。有的时候也碰不到面,没接触就无法沟通。他跟妈妈也是这样子,话比较少,会吵架。给我感觉,我很不喜欢他们的相处模式。他们会为一些很小的事情吵架,那种生活习惯上的,比如说吹风机应该挂着还是应该放着。我感觉完全没有必要吵架,但他们一直吵,吵得特别厉害;感觉也很烦,但也没影响到他们的关系,至少在我看来。

　　我觉得我主要是靠自己的努力才到现在这种状态。爸妈好像没有太大作用。小学之后他们也不太会跟你聊为人处事,他们从来没有跟我讲过那些为人处事的话题,一般聊的都是冷暖换季该换衣服或者日常生活方面的,很少谈到思想方面的。我有的时候会想尝试跟他们沟通,但是感觉沟通完之后,他们不太能理解我。

　　我同学他们对我的影响挺大的,我也不知道怎么评价,感觉像生活支柱。他们让我感觉到生活很有意思,很开心。我更愿意跟同学聊。

(高二男生,17岁)

　　本案例的家庭是相对传统的核心家庭,母亲比较宽容,照料家庭等事务是母亲的事情;而父亲比较少言严肃,忙于工作,不善与家人沟通。父母双方都未有意识地去营造良好的家庭环境,也未考虑到家庭争吵等可能会对孩子有不良影响。在亲子互动中,也缺少主动加强沟通,了解孩子内心世界的意识。对处于青春期的孩子来说,因为跟父母没有共同语言,同时父母的生活并未让他感受到生活的快乐,因此,他更倾向选择与同学交流互动,在同伴交往中寻找生活的乐趣。

案例13（儿童—家庭互动｜互动性）

平等的对话交流

我从小跟外公外婆一起生活，爸爸妈妈工作比较忙，所以我跟外公外婆更亲一些。但我感觉有一点我爸妈做得很好，那就是不管多忙，他们经常跟我保持电话沟通，所以虽然不像外公外婆那么亲近，但跟爸妈还是比较熟悉，能够保持沟通。有一张我小时候的照片，1岁多的我站在桌子上，妈妈站在我前面。听我妈说，从我大致能够听懂意思的时候，她就会这样面对面地跟我说话。

我隐隐约约记得幼儿园时，不知道因为什么事，我妈可能要教训我，外公外婆想护我吧，我就被妈妈拎进房间，关上门，训了很久。我妈基本上不动手，就会严厉地批评我，告知我哪里错了。当然，她也允许我解释到底发生了什么。因为这样，我小时候还是有点怕妈妈的。我外婆只要说"那你给你妈妈打个电话，你妈妈同意我们就给你买"，我一想那是不太可能，就不耍赖了。大部分时候，我都是被我妈说道说道，最后变成听她的。我反抗过，但感觉说不过她。

长大了，沟通就逐渐变成商量，有时候我真坚持一些想法，我爸妈似乎也能够接受，算是达成一种折中的方法。当然，我要说服他们，还是要动动脑筋，想好怎么说。

进入初中，学校离我家比较近，外公外婆年纪也大了，也跟着我一起住到现在爸妈住的房子里。所以他们管我的时间反而比小时候多了。因为习惯了吧，我爸妈倒也没有特别限制我，我们还保持着小时候那样，碰到事情就坐下来一起聊聊，他们俩还是挺愿意听听我的意见。我感觉我爸妈还是比较民主的，只要我说得有道理，他们还是会听。这样挺好的。

（初三男生，15岁）

与案例12相反，这个家庭中，从小，父母就有意识地建立亲子沟通的渠道，即便是工作忙碌，也会以电话等方式保障与孩子建立紧密的联系。因此，即便孩子从小与祖辈居住，但父母的角色并未缺位，祖辈也有意识地与父母保持一致，不少教育决策要求孩子征求自己父母的同意，而不是选择越俎代庖。案例中的母亲选择与孩子保持沟通交流，并根据孩子的年龄特点调整沟通策略，有理有据让孩子不得不接受，到孩子长大后有意识地听取孩子的意见。

案例 14(儿童—家庭互动|参与性)

我家的家庭会议

在我家,我们经常开家庭会议。不记得从什么时候开始的,但我们经常开,一般都放在双休日。现在我和姐姐读的是寄宿制学校,周末才回家。家庭会议上,我们会讨论一些家庭活动,例如去哪里旅游、想要更改兴趣班,也有年度计划等等。我爸妈要求每个人每年都有一个年度计划,就是今年特别想做的事情,然后要讲打算怎么做。大家一起讨论,可以把自己的想法说出来,可以同意,也可以反对。小事情我们说好就结束了,有时候碰到比较大的事情,很难决定时,大家还可以争论,就比如年度计划。但一般决定了,我们就要按说好的去做,因为我们都要签字的。

我感觉这样挺好的,我们一起讨论了挺多事情的。我们小孩也可以要求开会。有一次,我就和姐姐联合起来,要求增加我们俩的零花钱。我们要举例说明为啥要涨零花钱,最后没有达到我们期望的金额,但爸妈也还是给我们每人涨了5元钱。我们可高兴了。

但是我感觉不好的就是,我们不能耍赖。爸爸妈妈要求我们必须遵守规则,耍赖也没用。去年我看我同学玩攀岩,然后跟我妈说,我也要学那个。我妈同意了。刚开始我感觉挺好玩的,但后面就不想去了。然后被我妈教训了一顿,她说,说话要算话。然后每个周末还是把我送去上课。

(小学二年级,8岁,有一个15岁的姐姐)

以家庭会议的形式商量重要事宜在国内还尚属新鲜的做法,本案例中的父亲有留学经历,而母亲则学习并了解了国内外的一些育儿书籍,了解到积极管教的方法中有,通过家庭会议让孩子平等、负责地参与家庭事务,以培养其自觉守信。案例中的孩子对这样的家庭会议形式还是比较认可,相对来说,他们的父母采取了较为民主平等的家庭教养方式,让孩子参与到家庭生活的各类决策中,允许孩子自主决定一些事情,同时通过规则和以身示范来督促孩子信守承诺。

案例 15(儿童—家庭互动|参与性)

家庭规则,让我做更好的自己

我家设定了电子产品管控条例的家庭规则。顾名思义,电子产品管控条例是对所有家庭成员的电子产品(包括手机、电脑、电视等)进行管控。以我们家的为例：假期(包括双休日)中,在 8:45—11:00、13:00—17:00、19:00—21:00 这三个时间段,在家中,电子产品的使用是禁止的,所有手机要放在客厅的一个固定位置。每个月设置一名监督人,负责每日的监督(手机有没有放到规定位置、在禁用时间内用手机有没有登记),在家庭成员中间轮换。当然,会出现不得不使用手机的特殊情况,为此我们准备一本本子来记录在这些时段"借用"电子产品的原因与借用时间。另外,这个条例在家庭成员在外时不适用。除此以外还有奖惩机制。

在开始实行这一制度时,我已经处于高三冲刺迎考的关键阶段了。因此我欣然接受,并且有时不禁感叹为什么这项规定不早些实行。很明显的,它的优点在于,它能作为助推器,让家庭成员在这项规定下合理安排使用电子产品的时间,并且能够摆脱对于电子产品的依赖。我相信通过规定的形式让孩子养成的习惯,定能够将其效果引申到孩子深远的未来。

对于有自控能力的孩子,实施这一规则应该是顺利的;对于自控能力弱然而有意愿对自己进行管控的孩子(其实对这种孩子帮助最大),也能够比较顺畅地推行,但是注意执行过程中一定要严格遵守规则,不要放水,否则规则不再有规则的严肃性;对于自控能力弱且没有意愿对自己进行管控的孩子,请家长先把注意力放在比管控电子产品更重要的问题上。

尊重孩子。这很重要,特别是对于独生子女家庭,孩子很容易产生"被大人孤立"的感受,需要用对孩子的尊重来消除这种感受。这体现在准备实行时一定要与孩子先交流。交流过程中务必让孩子认识到这么做的意义(这是最重要的),也就是说让孩子产生"这么做的确有用""我应该这么做"的想法,这对于做好任何一件事情都是必要条件,否则只能是三分钟热度,甚至想尽办法钻规定的空子。不要在制定规则的过程中占绝对主导地位,引导更好,可以让孩子也参加规则的制定,他们更乐于遵守这样的规则。

规则可修订。每个家庭都是独特的,有的父母可能因为工作原因没有办法执行规则。这种情况下,要么像前文所提及的一样每用一次就在登记本上详细记录原因和时间,要么在规则中进行修改。千万注意,量化的规则比模糊的规则更有说服力与可执行性,不要出现"父母在需要用手机的时候可以直接使用"这样明显偏向父母的不公平条例,这会让孩子反感(当然,孩子同意时除外)。另外,规则在实行一段时间后可以召开家庭会议进行改良。

以身作则。家长不能违反自己亲自参与制定的规定,因为这会使规定的可信度与孩子执行规定的意愿大大降低。如果觉得做不到,就不要定太严苛的规定。

规则只是辅助。家规没办法像法律那样完善。不要想着让孩子没空子钻。比如,我们家的家规在外出时不适用,只要外出就可以使用手机,这一点我们都心知肚明,但是从来没有出现为了使用手机跑到家外面去的情况。这种小漏洞数不胜数,一旦被孩子钻了空子,家长必然想着修订规则,这就让孩子和家长站在了对立面。最重要的是主观上认识到它的重要性,规则只是帮你养成习惯,只是提醒你应该这么做。

(高三男生,17岁,有一个初三的妹妹)

本案例的访谈中,男孩提到在高三那年,父母为了让两个孩子专心学习迎考,选择全家制定电子产品的家庭管控规则。他愿意将家庭规则执行的所思所感等分享。他在家庭规则的制定、执行过程中全程参与,让其能够接受条款的设置以及设置的初衷;他也特别感谢父母能够说到做到,即便工作忙碌需要使用电子产品,也会坚持与孩子沟通汇报,以身作则,不给孩子漏洞可钻。他认为孩子比较能够接受这种引导式的、相互信任尊重的做法,同时因为家庭规则的执行,让他的学习效率与控制力上有所提高,并成功获得了一年努力的完美结果(高考成功)。

案例 16(儿童—家庭互动|融合性)
未被教过说"不"

他们认为应该补课,我觉得没有必要这么早,可以再过一段时间。但他们不听我的,还是去补课。再后来,怎么说呢,我自己也就同意了。从初一开始就一直有补课。关于我的问题,他们一般都会直接沟通,但他们自己的问题就很少跟我说。他们之间微妙的一些变化我肯定是能感觉到。我有时候会去介入,一般都是谁有道理就帮谁;我以为他们会听我的一些建议,但后来发现他们不会听的。可能他们认为自己都很有道理吧。

我感觉我的权利不是很多。我是可以提意见,但是最后决定还是要靠他们。就比如买东西什么的,对不对?

　　我知道我很听话,但其实我内心并不想听话。就是我有这种感觉,我是有自己想法的。在一些小事情方面,比如说想要出去玩什么的,父母是给了一些空间。我没有特别的叛逆。但如果碰到一些感觉难以处理的问题时,我第一反应是找爸妈问一下情况怎么办,例如跟老师的关系有问题的话。

　　我希望从小就让自己来选择一些兴趣什么的,但这种资源不多。所以我感觉目前文化氛围这方面的东西比较欠缺。所以我目前的兴趣或者能拿得出来的技能会比较弱一些。这跟父母的一些意识有关;但感觉跟学校老师等也有关。现在小学初中就过分看重学习,不会让我们去想兴趣爱好这种东西,不太有利于我们现在青年人成长。

(初二男生,14岁,核心家庭)

　　我们的文化中倾向含蓄的、讲究人情味的人际互动模式,在亲密关系如亲子、伴侣间也缺乏比较清晰的界限,开口说"不"并不是一件容易的事情。案例中的男孩属于家庭中比较听话的孩子,父母也较少给到他太多选择或发表自己见解的机会。因为即便说了,父母也不太采纳。父母更相信自己的安排是有道理的,是更有利于孩子成长的选择。男孩性格本身也比较平和顺从,渐渐地,男孩就不再给到反对意见,感觉很难对父母开口说"不",在做决策时也是倾向听取父母的意见,形成了相对固定的家庭互动模式。

案例17(儿童—家庭互动|融合性)
我对钱的概念

　　大概三四年级,我妈就开始每个月给我零花钱,每个月一号准时交给我。她说我可以买文具,也可以买些水之类的零食。如果文具价格超出了20元,也可以回去找她报销。我可开心了,但我对属于我自己的钱看得还是挺紧的。自从有了零花钱,我家里其他人就不能给我(额外的)钱了,包括我爸、我爷爷奶奶。我妈说只能问她要。有一次我要交学校的什么费用,即便我爸在家,我也没有问他要,而是等到我妈下班回来再向她报销。我外公有时想先借给我,让我后面再补上,我感觉跟我妈说好了,就不能这样。现在我的小金库数字还是挺可观的。通常情况,我轻易不花钱,也不会问我妈要。从小到大我的压岁钱,都是我自己管的,放在我的银行卡里。幼儿园,我妈牵着我去银行排队办理的。有自己的流动资金还是挺不错的。有一次,我们同学约着过生日吃自助餐,我出钱,但我的零花钱要到月头才能拿,我又不想动银行里的钱,所以跟我妈商量预支几个月工资,她问清楚用途,爽快地答应了,因为她知道我不会乱花。我觉得我妈这样做挺好,让我对钱有了概念,我会计划着用,而不太会像我同学那样。我知道我同学经常问父母要钱,想买什么就买什么。

我挺小就会通过表现良好来跟爸爸妈妈争取一些权利。当然,那时候我不知道权利之类的话,但我觉得我表现好,可以提要求。幼儿园的时候,我妈妈在门后面画了框,可以用来贴五角星小红旗,集满几个就可以提个小要求,例如看一小时电视、买一个玩具。

初中之后,我跟我同学走得比较近,有时候打电话会回避我妈。我知道她其实还是很好奇我们在聊什么。但我答应我同学不能说,所以我没有跟我妈透露一点点。我感觉她认为我早恋了。初三毕业后,她有一次问起整个初中四年结束了,初中有没有最值得我回忆的事情可以跟她分享。我就跟她说了一些跟同学一起玩的丑事,以及答应同学不能说的秘密。因为那些秘密已经不再重要。她听了果然哈哈大笑,说她可是憋了很久没敢问。我觉得我妈挺开明的,没有逼问我,还是给了我足够的信任。

我们家里要买什么,比如买房子、买手机啊,我爸妈都会问我意见。上次买房,我妈问我,现在我们家大概有这些钱,要么把现在住的变大,要么另外买一套小的租掉,如果我将来需要,可以把这个小房子变现给我。如果变成大的,可能要抵押贷款,要出国或者急需用钱,就得把住的房子处理了。问我觉得怎么样。虽然我挺想要住大房子的,但一想买个小房,还可以租掉拿租金。等我想一个人住了,我还能去住。我支持买小房,后来我们真的买了小的。

(高三男孩,17岁,核心家庭)

案例17呈现的是亲子互动顺畅和谐的家庭,这源于家中父母比较有意识地培养孩子对社会生活的认知与参与,从小让孩子参与到与其相关的事务中。对钱的观念的引导,不仅仅只是让孩子对金钱有概念,而是在教育孩子学会认知、规划、自我控制约束以及学会决策等,这些都是成年之后需要掌握的基本生活技能。在这个家庭教育案例中,父母清醒地意识到家庭教育需要培养一个独立自主的社会化的个体。

三、儿童友好型家庭之儿童—家庭互动的挑战

1. 被安排的童年

"直升机父母"被形容为整天像直升机一样盘旋在孩子周围的父母,时刻关注着孩子的一举一动,并为孩子安排好一切,不时地在旁指导或帮助。这一现象原指美国21世纪初,同样因为社会竞争、失业率增长、便利的通信以及独生子女等多方面的因素,导致父母过度参与孩子学习生活的现象[24]。这一现象,也在我国的家庭教育中呈现,越来越多的父母卷入孩子的学习生活,用直升机式的教育,来弥补日益扩大的贫富差距与教育差异。但直升机式的父母很难培养孩子的独立性,孩子往往对自己的生活学习缺乏掌控感和自主意识。

案例9与案例16正好是两个相反的例子。案例9中的小学男孩,因为拥有足够多的自由时间,让其感觉对生活充满掌控感,愿意去探索或学习自己感兴趣的东西。而案例16中的初中孩子,则因为一向是由父母来安排计划,所以他对补习什么、应该做什么或者想做什么事情,都没有自己的想法,抑或被父母的期望压制住了。

网络上曾流行过两类学习时间表。一类是来自"学霸"们的学习时间表,不管是国内还是国外,学霸们都有着自己的时间管理表,有粗线条的,也有精确到分钟。密密麻麻的时间表让我们看到了学霸们的自我管理和自律,也折射出了他们对自己生活学习时间的掌控。还有一类是"鸡娃"的父母制定的,为了让孩子尽可能多地学习丰富知识,也为了有效地管理和协调孩子的各种课程,父母们只好拿出时间管理的技术来优化孩子的学习安排。但孩子是否能够学会自律,体会到时间表带来的优势,答案是不确定的。访谈案例中,一个被安排了较满课程的11岁男孩,对于每周要上什么课,他表示不知道也不想记,具体安排是妈妈制定的,家人会按照相应的时间点把他送到学习的地方。这个案例中,男孩对于为什么要学习这些课外班级,可以学到什么等并不关心,因为妈妈说要学习,他就去参加了。

在家庭教育过程中,我们经常会跟孩子强调时间的珍贵,时间对处于学习阶段的孩子来说非常"重要且珍贵"。但这个"重要且珍贵"的感悟来自谁,其差距就是千差万别。如果这个感悟来自孩子,他们自身感受到了学习时间的重要性,说明其对学习的态度是主动的、重视的。但如果这个感悟来自父母,作为孩子却没有感受,这时候紧张焦虑的是父母,能否推动孩子好好学习就很难保证。

2. 亲子关系的疏离

青春期前后,随着孩子的自我意识增强,孩子更想有自己独立的空间,加上孩子倾向与同龄人沟通交流,原本亲密的亲子关系可能也会逐渐进入疏离阶段,这是孩子走向独立自主的表现。在这个阶段,往往是很多父母不能接受孩子的疏离,担心会出现一些无法掌控的青春期问题。

案例11和案例12中都呈现了亲子疏离问题,有着青春期阶段孩子的特点,但也叠加了其他问题。亲子间的疏离导致孩子完全不愿意与父母沟通的情形大致分为几类。第一类是父母太过强势和自我中心,希望孩子按照父母的意愿,也想要掌控住孩子的一言一行,这种情况很容易造成孩子的叛逆情绪,反而将孩子推得更远。第二类是父母与孩子的沟通不在同一频道上。访谈过程中,有一部分孩子表示跟父母完全没有共同语言,聊不到一起。有些感觉父母比较过时,不懂孩子目前的世界和喜好;有些则认为父母只关心日常生活上物质层面的事物,完全不会跟孩子谈论人生哲理、内心世界等。第三类是父母的某些行为令孩子受到了伤害,使其对父母持失望或憎恶的心态,不愿意与父母敞开心扉。例如曾有女孩目睹了父亲对母亲和家庭的背叛,之后,父亲在其心目中的形象不再高大和亲近,她对父亲非常失望,不愿意与父亲多交流。第四类就是小时候没时间照顾关心,与孩子的关系原本就不亲密,孩子与之不亲,很难令其听话或建立有效沟通。本案例11的父女就属于这一类,在父母离婚后,主要是爷爷奶奶更多地照顾,她最亲近的人是奶奶。爸爸更多是一个提供她金钱、物质的角色存在,很少跟孩子互动,也很少表达对她的喜爱;而母亲从小到大也很少关心她。在父母各自再婚有了新的孩子后,家庭对她来说总是格格不入。因为相对来说,她的弟弟妹妹有着稳定的三口之家模式,而她最亲的爷爷奶奶也喜欢妹妹。她说很少有感受到亲子互动的时光。随着长大,她能倾诉想法的奶奶也不太能理解她,唯有学校里几个有着共同兴趣爱好的同学可以聊聊。在成长的过程中,女孩的父母都没有想到更多参与,他们更多选择回避和忽视,认为提供了物质基础就是养育。因此,爸爸不了解孩子的成长过程,不理解孩子内心情绪的由来,也不理解孩子为什么会沉迷手机。

3. 对儿童缺乏信任

家庭教育一直是亲子双方的互动和博弈的过程。在自我管理的放权问题上,主要在于父母是否信任儿童是有能力的、主动的个体。有些父母信任孩子,选择多放权,孩子可以在自我管理上有更大的主控权,就如案例9。有些父母觉得孩子的自控力不够,会适当收缩对孩子的放权,就像案例10中父母会部分认同孩子的想法。有的孩子觉得自我控制能力不够,他/她选择邀请父母从旁边给予监督。案例16中严格管理的父母对孩子有更高期望,所以也选择主动帮助孩子隔离外界的影响因素,孩子很想反抗,但在长期的控制之下,感觉很难向父母提出要求。在日常生活中,父母与其的互动也更多由父母主导。

在这种博弈的过程中,父母的表达方式与孩子的理解角度会成为影响亲子互动的重要因素。父母放手让孩子自我管理,很大程度上是信任孩子的能力和独立性,就像案例9中选择自我管理的男孩,他的父母信任他,同时他的日常表现也强化了父母对他的信任。有的父母选择更多的监管,孩子给到他们的感觉是缺乏独立性,但事实是父母总担心孩子做不好、怕受伤等,即便孩子有能力独立做一些事情,父母仍不由自主地选择帮助孩子完成或全程督促孩子。这个过程中,有的孩子会选择配合,因为这样不需要自己辛苦,也不需要因为做得不好而被父母责备;有的孩子会因为不停地被催促而选择消极怠工,这让父母相信不加严管会更糟糕。有的父母虽然选择严控,但他们会就为什么这样做的理由从亲子双方的立场进行解释,孩子能够理解父母的用心而选择合作,即便内心不想被管束;但若孩子无法体会也不愿意接受父母的解释时,亲子冲突就会产生。当然还有反常的家庭就是父母自身不擅长自我控制,也不太管理或教育孩子。这种情况下,能力强的孩子除了自我管理,反过来还要操心父母的事宜;能力不强的,可能也很难做到自我管理。因此,在鼓励或改变孩子的一些行为时,不是父母单方面的教养方式调整,也不能单方面地要求孩子如何做,而是需要亲子在互动中不断调整各自的行为。

4. 缺乏参与家庭决策的机会

家长制一直是我国传统文化中的特色,曾一度是伦理道德的核心宗旨。

古语有云"国有国法,家有家规"。家规就是宗族发展过程中由有名望的、有权势的长辈商量制定的。在宗族祠堂内,通过聚集家族成员,解决家族内的纷争,商讨重要事项,实行家族法规等。宗族祠堂的议事制中,表现了我国家长制的旧传统。只有家族中有民望、有地位的人才有资格参与,像妇女、儿童等从属于男性家长的群体是没有发言权的。新中国成立后,祠堂的祭祀、商议功能消失,家长制仍有所延续。但随着男女平等基本国策、独生子女政策的贯彻落实,加上改革开放、家庭结构小型化等社会变迁,我国家庭内的权力出现了从男性向女性转移,从长辈为尊到小辈为重转移。但即便在《儿童权利公约》宣传了几十年后,在父母认识到孩子拥有一定的权利的情况下,旧家长制、中国式父母的权威感在家庭教育中依然广泛存在,这导致儿童仍然缺乏参与家庭议事、决策的机会。

追求家长的权威并不一定通过家长身份来取得,通过家长制权威来要求儿童服从,这种做法随着儿童年龄的增长和权利意识的萌发,儿童并不会十分认可这样的家长权威地位。《家庭教育促进法》中提到父母需要合理运用"平等交流,予以尊重、理解和鼓励"的方式,在新的儿童观理念下,儿童与父母是相互平等的,让儿童参与到家庭生活、家庭决策等的讨论互动,允许儿童反驳,允许儿童发表观念,支持儿童使用逻辑推理。当双方处于对等位置时,父母可以因自己的经验与逻辑学识等获得权威力量,这才会让儿童真正地信服。案例14和案例15中,孩子都拥有一定的参与决策权,他们表示在小的时候即便想反抗或赢得建议决策权,但发现成人讲得更有道理。等到长大,可以与父母对话抗衡时,因为一直处于平等沟通的状态,这种抗衡也仅是对家庭决策的讨论,并非挑战父母的权威。

5. 忽视儿童的社会融合培养

不同时代对什么是成功的教育,标准尺度是不一样的,对成功的界定也是多元的。但成功的教育必然有着同样的基准,那就是培养孩子成为独立自主的社会人。而目前我国的家庭教育问题是过度关注孩子的学业,忽视了孩子自我意识、自主能力的重要性。

儿童的四大权利之一——发展权,要求保障儿童在身体、智力、精神、道德、个性和社会性等诸方面均得到充分的发展。但儿童应该怎样度过自己的童年,如何发展,多数情况下并不由儿童自己做决定,而是由儿童的监护人——父母来决定。生活中父母会为了儿童学业而限制儿童自发的休闲娱乐,担心安全而不允许儿童结伴游玩,为专注学习而放弃让儿童参与社会实践等,这样的情形不胜枚举。

我们经常关注孩子学习了什么知识,掌握了什么本领,往往忽略了儿童的自我认识和社会化发展。一个孩子,从懵懂无知的婴儿,一切依靠照料者的照护,到学会控制自己的言行、自行规划日常安排等,这都是孩子自我意识不断发展的过程。案例 17 中父母从小让儿童参与到现实生活中,较早地学习各类知识,包括家庭资产的投资等。认知发展正常的孩子,自我意识的萌发、发展直至成熟是其成长的必然历程,也是孩子社会化发展的结果。

四、儿童友好型家庭之儿童—家庭互动的发展路径

1. 学着放手,让儿童自我负责

培养孩子自己负责,第一步,父母需要学会放手。当孩子年幼时,很多事情他/她不一定会做,或者很难达到令人满意的结果。作为父母,若想有意识地培养孩子独立自主的能力,就需要支持和鼓励孩子自己来动手。例如孩子落下课本,有些父母会为了不要再次发生这样的事件,而选择自己上手帮助孩子整理书包,或者在孩子整理完书包后再次检查确认。而愿意放手的父母,他们会选择让孩子自行整理书包,即便丢三落四的情况可能会再次发生,他们也不会代替孩子来做这件事情,最多会在上学前提醒孩子确认书包。这就是家庭教育方法上的显著差异,是否能放手让孩子对自己的事情负责。那些无法放手的父母,主要的症结在自己比较追求完美,对孩子的动手能力不甚满意;或是疼爱孩子,怕孩子不会;再有就是没有耐心,不愿意等待。孩子做事,很难似成人那样高效快速。有些家长往往会说,"还不如我直接做了,等待孩子的时间我早就做完了。""早上时间太赶了,孩子动作太慢"。但这却把孩子学习的机会剥夺了。放手,让孩子自己做,即便做得不完美,速度不够快,但随着不停地练习,他们总会掌握。

第二步,让孩子知道自己的事情要自己做。当孩子尚小时,父母可能需要督促他们去完成一些任务。但在这个过程中,需要让孩子知道哪些事情是他们要做的,哪些东西是属于他们的,让他们对自己的事情、自己的东西负责,学着自己保管、收纳、安排或计划。根据不同的年龄段,可以适当地分配给孩子一些家务,即便一开始可能不尽如人意,给到孩子明确的指导,让其知道父母的要求,并相信他们有能力做好。很多时候,家里的老人容易舍不得孩子,父

母应尝试跟其沟通,努力获得长辈的支持。也可以跟孩子沟通约定,孩子对父母给予的信任及小任务会非常积极,这是一种被认同、被肯定的感觉。

第三步,学会遵守社会规则。儿童成长的过程就是个体社会化的过程。在家中,孩子得到了所有家人的关爱和宽容。但在社会文化中,我们都需要学习并遵循一些社会行为准则,这是孩子个体社会化发展的必由之路。在其小的时候,偶尔不遵守社会规则,成人世界或许会宽容;但随着年龄的增加,若家人仍对其言行不加以规制,轻则容易被说成没有家教,重则可能会被他人教育。不是所有人都会因为孩子小而不会恶语相向、拳头伺候。父母需要教育孩子基本的社会行为规范,年龄渐增,还要学会在公共场合控制自己的情绪表露,让孩子明白,可为与不可为不是随心所欲的。

第四步,学着承担责任后果。成长的道路上,犯错是必然的。孩子在学习过程中,也会出现各种状况。在一些社会规范的养成过程中,孩子可能多次忘记,应与孩子约定一些学习习惯,孩子屡次爽约,非常挑战父母的脾气。不少父母会采取惩罚、责骂或限制孩子行为的方式,但这些举措并不能有效地改善孩子的"毛病"。让孩子承担行为的自然后果,有时候比批评和说教更管用。一则让孩子明白行为会产生不良的后果,如何遵守规范则以规避不良行为后果;二则可以教育孩子,应该如何去解决问题,收拾残局;三则让孩子明白自己办砸的事情,需要自己来善后。一次犯错,可以成为培养孩子责任心、行动力的机会。通过家庭环境的营造来引导孩子成长,给到孩子个人能力全面发展的时间和空间。家庭教育的过程,其实就是帮助孩子社会化发展的过程,父母要做的就是陪伴、引导和支持。

2. 用心与儿童沟通,掌握沟通技巧

亲子疏远是谁的错?亲子双方都可能有一些责任,父母更应是需要反思的一方。我们并不能一味责怪孩子的疏远或冲突,反而需要着手修复关系。即便在青春期,孩子势在追求独立,但他们仍需要父母的支持。

给到孩子不可分割的关注。抽出时间与孩子一起互动,陪着孩子做孩子想做的事情,让孩子感受到来自爸爸妈妈全身心的陪伴和关注。教会孩子用眼神交流。当我们用眼神交流时,可以保证相互之间的注意力都在交流上,这既给到对方被尊重重视的感觉,也可以确保自己被同样的对待,被认真倾听。在网络时代,视频电话等技术帮助人们拉近了距离,交流时的眼神交流、认真聆听,都会让孩子感受到被尊重。选择安静的空间,与孩子开展不被干扰的谈话。当孩子愿意聆听或沟通时,可以与孩子认真地交谈,以相互尊重平等的态度,聊聊相互间的感受,重建与孩子有效沟通的可能性。在路上或深夜自发地交谈,任何不匆忙的时候,都可以创造一些最温暖、最有意义的时刻。腾出时间来一对一沟通。随着年龄的增加,孩子与父母间的交流对话有可能会减少,尤其是当孩子感觉父母不能理解自己的时候。可以在吃饭或者固定家庭休闲活动的时候,多与孩子加强交流,了解孩子近期的生活与感受。当发现孩子有欲言又止的情况,可以尝试腾出时间来与孩子深入交流。不一定非常正式,但起码要利用合适的机会来确认孩子的境况,如一起散步、运动或者采购的时候。可以尽量采用开放式的问题,鼓励其分享自己的感受和想法,聆听是最重要的,少批评评价。

父母保持积极地参与。13—18岁,虽然孩子逐渐与父母疏离,但这段时间仍是父母保持参与的重要时间。这一阶段是孩子自我认知、人生价值观等形成的重要阶段。父母的参与和在场,能够给到孩子支持与鼓励,在需要时,他可以转向父母寻求帮助。把自己放在孩子的立场上思考。生活中,成人很容易因忙自己的事情而忽略了孩子的感受,尤其是当自己有了新的家庭,很容易忽略孩子作为家庭的游离分子或非核心地位时的感受。

亲子对话是维系亲子关系的主要途径之一。"不管多忙,都要与我(孩子)打电话聊聊天"。因为经常性的交流,孩子感觉离父母并不遥远。父母在与孩子交流沟通的过程中,其实也在教会孩子如何与他人对话交流。把与孩子对话作为优先事务。家庭教育,知己知彼,才能给到孩子有效的帮助。与孩子建立开放和舒适的对话关系,首先可以让父母比较放心,因为对孩子比较了解;其次也可以让孩子学会如何自信自尊地与他人建立良好的关系。花些时间和精力,尽可能多地与孩子交谈,培养关系和沟通技巧。记住,和孩子交谈是双向的,与他/她交谈,听他/她说话。

做好建议选项和备选方案。有时候我们希望孩子能够合作,能够遵循着父母的指示去做一些事情,这比让孩子理解为什么需要他们这样做以及做这些事情有什么好处简单得多,也比直接命令孩子怎么做更有效。尤其对小年龄的孩子,可以给到孩子较少的选项,2项最多3项,让孩子择其一。一般而言,孩子都会做出自己认为正确的选择。随着年龄的增加,选项数不一定增加,但可以允许孩子有一个自己的选项,即孩子面对该问题,他/她会做出怎样的决定或行为。这个过程可以减少与孩子的冲突,同时也是在教会孩子思考,当其碰到某一问题需要跟他人沟通解决时,他/她要学着想好建议选项和备选方案,并思考如何说服他人接受。在案例17中,孩子即将成年,父母已经开始把一些家庭的重大事项拿出来与孩子交流,让孩子来给出方案,可以说为孩子独立自主做好了准备。避免只是给到孩子指令或建议。孩子长大了,开始有自己的想法和主意,简单的指令或建议很容易让孩子感觉不被尊重或认可,他们也就不太愿意遵从。

言语简单,远离唠叨。孩子很烦父母唠叨,很多时候会把父母的唠叨当耳旁风,越唠叨越不会顺着父母的意思做。有效的沟通应是简明易懂的,不需要反复解释。当父母的风格是简明型,孩子做事情也会比较逻辑清晰。有些父母在跟孩子讲一件事情的时候,连带着说了无关紧要的一大串,这反而冲淡了原本讲话的重点,也易让孩子反感。

3. 给予信任,培养儿童自我管理

父母可以从如下方面培养孩子的自我管理能力:

有明确的行为边界,教育孩子并让其知道什么行为可行,哪些行为不被允许,有边界和规则意识。

能够坚持并自我控制。对孩子而言,最难的就是坚持约束自己,在想放弃、放松或者其他更有吸引力的刺激前,学会自我控制,尤其是学习等要求更高自制力的任务。

学会调节和表达自己的情绪。在自我管理中,首先是要学会对情绪的认知、调节及表达。这种能力也是父母需要掌握的。在孩子学习自我管理的过程中,肯定会有失败、受挫、做得不够完美等。父母需要学着控制情绪,或抑制自己想要插手的冲动,让孩子自己来消化、调节受挫后的情绪。

设定合适的目标或需求。自我管理的过程中,孩子需要对自己的目标或需求有判断和预估,设定合适的目标,调整不切实际的想法。

具备计划、组织、落实行动的能力。培养孩子分解目标,做出计划,并能一以贯之地实践。

勇于主动表达或争取自主行动。在家庭中营造开放沟通的氛围,让孩子敢于将自己的想法、需求等表达出来,表现出克服困难的能力和毅力,鼓励孩子挑战自己,培养不断克服困难、朝着既定目标行动的毅力。

准确的自我评价和自我认识。自我管理的过程中,成功与失败会带给孩子不同的反馈,有成就感,也会有挫败感;孩子需要学会自我评价,失败的归因在于自己还是外界因素,准确的自我认知有助于自我角色的认同和内化。

4. 建立家庭规则,鼓励儿童参与

让孩子参与规则制定,使之乐于接受公平的要求。父母给予孩子共同的参与权,并在执行过程中,做到一视同仁,不使用父母的权威加以压迫,也不使用特权,不站在孩子的对立面,这让孩子感受到尊重与公平。孩子自己也说,规则是辅助的,重点是要让孩子意识到规则的目的和意义,并能够予以足够重视,持之以恒地贯彻。家庭规则虽小,且仅是父母与孩子的约定,但能否遵守反映了诚信、信任与重视。

遵守家庭的规则,为孩子树立榜样。案例15中,对父母来说,要做到三个时间段里将手机放下,不去理会微信朋友圈,不刷手机新闻打发时间,也是一件不容易做到的事情。但为了给孩子做出榜样,同时己所不欲勿施于人,父母双方能够达成共识,在与孩子共处的假期(双休日)中,与孩子一起遵守约定。在与孩子的沟通中,孩子表示父母为此也是做出了各种努力。父母的遵守,对孩子承诺的尊重,让孩子认为应该以同样的言行来遵守之。

良好行为习惯的养成比很强的意志力控制对孩子来说更有影响力。家庭规则是自控与他控相结合的范例。家规似乎离我们较远,我们也很少会像案例15中的家庭那样建立书面的家庭规则条例。生活中,每个家庭都会有自己教育孩子的行为准则,但为什么孩子并不能完全地学会自我控制。父母其实可以反观家人在教育中是否一以贯之,自己是否能够说到做到。自控与他控结合可以有助于孩子的成长,父母行为的自控与他控给到孩子的就是现身说教,榜样示范。

建立家庭规则时可以采用家庭会议的方式。《儿童权利公约》明确了儿童的四大权利,要求涉及儿童的一切行为,必须首先考虑儿童的最大利益;尊重儿童的意见,任何涉及儿童的事情,均应听取儿童的意见。家庭会议就是在此理念下发展而来,并融合以积极管教等教育理念,在家庭咨询、家庭治疗等领域中经常应用。家庭会议是家庭成员在涉及特定问题或家庭重大决策时,家庭成员一起开展讨论以共同决策、解决问题或预防问题发生等。家庭会议的内容可以是一周家庭和个人的计划,包括相互时间的协调;也可以是共同做出承诺;或者一些重要的、影响到家庭成员的事项决策,如度假、休闲娱乐或更换家具等。

成功的家庭互动会有不少好处。

（1）提供平等分享信息的机会，给到每个家庭成员以发声的权利，对孩子来说，他们会觉得被当作有价值的家庭成员对待，当他们的想法被倾听和考虑，有助于建立孩子的自尊心和自信心。

（2）让孩子知道家庭成员是相互联系、相互依存的，每个人的所作所为都会对其他人产生影响。通过家庭互动，有助于孩子学会从家庭整体的角度思考问题，思考如何做能对整个家庭有好处，而不只是考虑自己的需求。通过参与家庭决策和解决家庭问题，儿童会对自己的家庭生活更有责任心。

（3）家庭时间被家人重视，成为所有人的优先事项，可以使家庭变得更加有凝聚力，亲密度增加，也有助于孩子形成对家庭的认同感。

（4）孩子可以表达、辩论与商量，也能学会妥协、接纳和合作，有助于他们有效地处理在其他情况或社会环境中遇到的问题。

（5）增加亲子互动的形式和时间，平衡了当今父母和孩子所过的忙碌生活，减少电脑、电子游戏的技术干扰，也可以把家庭成员从工作、学习等的压力中解脱出来。

（6）可以为解决冲突提供平台，给予每个人公平解决问题的机会。父母可以指导、支持和示范，让孩子找到协商解决问题的办法。

平等的家庭互动对父母是具有挑战的，首先需要父母放下权威，更多以平等的姿态与孩子沟通互动；其次，在讨论与决策时，需要平衡和合理地采纳孩子的建议，让孩子感受到被接纳和信任；再次，需要给到孩子成就感与趣味感，父母应更加地投入和参与，给孩子树立好榜样，否则很容易让孩子感觉是形式主义而不愿参与。

第三节　儿童发展的挑战与路径

一、前言

随着科学技术的发展、多元文化的激荡，我们的生活中充满了各式各样、复杂多端的变化。作为父母，焦虑是因为不确定，未来的变化我们没法预料，我们的孩子将面临怎样的就业环境、怎样的社会环境，没有人可以预先知晓。每个时代，对人才的需求是变化的。面对知识的爆炸性增长，以及日益增长的科学技术,全球的国际组织、国家政府和研究者都在思考,未来的公民需要具备哪些能力和素养,以使其能够更好地适应未来的工作和生活。作为父母,我们不能代替孩子学习成长,也无法替孩子做出周全的准备,那我们是否可以了解未来的人才素养与技能需求,以未来公民的要求来培养和教育我们的孩子。

虽然不同地区和国家对未来人才的需求有着不同的目标框架,并依据各自多样性的要素框架设计相应的教育课程体系;但具体分析可以发现,大部分人才核心要素框架中存在着共性和连贯性。首先,未来人才的教育培养中,强调与家庭教育合作,注重个人成长的培养总目标,即培养能够健康生活、具备社会公认的公民素养的个体,简言之,要将孩子培养成身心健康、独立自主的个体。其次,注重学生的社会性发展,强调沟通与合作能力、协作领导能力以及社会参与和公民责任。这是目前我们偏重知识学科学习的培养目标中所欠缺,却是儿童主体特别希望能够发展的领域。再有,就是学会学习、创造性解决问题的高阶认知能力。学会学习,是所有知识、技能、领域学习的基础。各国的教育发展目标延续了1972年联合国教科文组织《学会生存》中提出教育的四大支柱:学会做人、学会做事、学会学习和学会与他人共同生活的终身教育思想。

教育培养孩子成为一个独立完整的个体的基本目标不变,古代如是,现代如是,未来亦如此。"几乎在所有的国家,在整个历史过程中,在哲学家和道德学家们那里,在大多数教育理论家和理想家们那里,都可以找到这个教育理想。"[25]如康德提出"教育之目的就在于使人成为人"。我国东汉时期的许慎提出,教育是教会孩子使人为善,成为社会有用的人。

但现代的教育必须培养个体去适应变化,这是我们这个时代的显著特征。不仅仅是学生,包括我们成人,都需要不断学习和适应。现在我们所处的教育环境,已经超出了我们传统的教育界限,从时间上和空间上都在不断地打破和发展。例如,现在的孩子除了接触真实的自然和社会世界,感悟内在的心理世界外,还增加了虚拟的网络世界。而网络信息技术的发展,使得学习的领域突破了家庭教育和学校教育的界限。教育的责任除了政府、教育机构、教师和家长的共同管理之外,也已出现了自我管理的现象,即受教育的人需要成为自己教育自己的人。这种责任意识就需要家长逐渐向孩子灌输和影响。

终身学习的关键能力[26](欧盟)

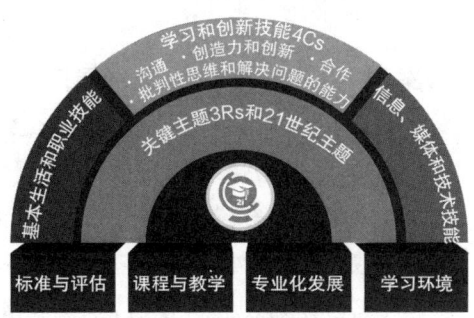
21世纪的学习技能[27](美国)

21世纪的能力要求[28](新加坡)

终身学习的关键能力[29](芬兰)

中国学生发展核心素养[30]

图5-3-1 世界各国及地区的人才核心要素框架

二、案例资料

案例 18（儿童状态｜儿童发展）

我学会了控制情绪

  我爸爸的情绪一直很稳定,是一个很稳重的人,做事情、说话什么都是很理性,不会感性的那一种。你能看得出他感受到了问题的严重性,但他还是能够去处理那些问题,而不会太情绪化。我妈妈比较感性,在小时候,她会鼓励我表达情绪,她说有情绪没有关系,有情绪就需要表达出来,而不是去压抑它。情绪过后,就需要解决问题,那就是像爸爸那样就事论事了。所以我现在也能够控制情绪,知道如何调适下,再处理问题。

  我知道有些同学的父母不一定能够做到,包括我舅舅家,我表弟基本上从小(被)打到大,我有时看到表弟,也会觉得他有问题,到了欠揍的一个程度。我觉得如果是我的话,我也抑制不住想去收拾他。但是,我觉得应该思考家庭教育是怎么让他发展到这个程度的,我觉得父母需要反思,这一点很重要。孩子情绪爆发,如果父母也用同样激烈的方式去回应他,孩子很难学会用理性的、讲道理的方法来处理问题。孩子的性格受家庭教育的影响会更明显一些,而不是说孩子自身的性格所致。

（高二男孩,17 岁,核心家庭）

  案例中的家庭是核心家庭,与祖辈家庭的关系也比较亲近,但分开居住。男孩从小看着父母的为人处世,尤其在与父亲的互动中习得处世方法。而母亲则教会他调适情绪状态,合理地表达和控制。他已经关注到家庭教育,尤其是父母的言传身教对孩子的影响。

案例 19（儿童状态｜儿童发展）

不要仅仅追求分数

  补课我是从八年级自己提出来的。我觉得需要补哪些课,然后跟妈妈说了,之前都没有补过。兴趣班方面,小学的时候学校社团中有画画,我蛮喜欢的,但最近感觉时间比较少,就没有特别去学。

  我觉得我的家庭能让我成长,有一种比较好的学习氛围。爸妈比较会鼓励人,一般都是正向的多,不太会从负面地去讲一些事情。家里也不太会吵架,氛围比较和谐。爸妈也会鼓励我去参与一些学校管理的工作。现在是班长,初中的时候是团支书,小学是中队长。我感觉对自己的成长还是有帮助的。

有一句话说:高考是人生中最公平的一次考试。虽然目前仍以成绩为主,但都是为以后自己想做什么职业、为以后的人生做规划,所以我觉得很值得去努力一下。我有不少同学不把学习当成自己的一个动力,觉得又不是我要学的,感觉是被家长逼的。有这样想法的还蛮多,他们都没意识到学习其实是为了自己。

(高一女生,16岁)

案例中的女孩家庭是主干家庭,与祖辈一起居住。爷爷奶奶会负责基本家务,父母双方都在企业工作,但会尽量保证准点下班,可以回家稍微关注下孩子的学习和生活。父母自身感觉属于比较平常的父母,觉得女孩的独立性比较好,支持并鼓励孩子在学校中参与管理事务,表示并未对其有特意的培养,而是因为成绩较好而得到老师的信任,故鼓励孩子不要辜负老师的信任。同时,在日常学习等方面也鼓励孩子自己寻求老师等的帮助,自己想办法解决。

案例 20(儿童状态|儿童发展)
我更注重孩子的自学能力

我家是属于完全的零基础。一年级上半学期有些压力,其他孩子会的知识,他不会。加上我们放学后放晚托班,要求他做完作业就可以。所以做完作业就没有其他事情,他会自己找事情做,看书或者趴着休息。因为其他家长会布置额外作业,我们不做的。到三年级的时候,被晚托班投诉了,因为他做完作业就开始玩,影响了其他孩子学习的积极性,"为什么他不做这些,我需要做?""为什么他可以睡觉,我们不行。"所以四年级之后,我们就不去晚托班了。

我比较少安排孩子太多内容,主要是觉得孩子有自己的自主意识,需要形成自我成长的想法和空间。自主地学,效果会更好。他们班级中有个学霸,都是自己要求学习,他妈妈配合着去团购新课程。我也是等他自己想去学,当然我家爸爸有时候有些不同意见。

我发现他有自学的能力,我们经常交流他看到的、感兴趣的事物。我买了许多经典的书,包括一些杂志,你没看到他在看,但偶尔聊天讲到某个话题,你会发现他看过了。他看《名侦探柯南》,会有自己的逻辑推理。就像今天早上说起口红,他说是仙人掌的一种虫子做的。我说怎么可能,查了,发现还真是。你会发现他自主成长的过程有很多意想不到的地方,他在日常学习中自己掌握了很多知识。

我们这边的牛爸牛妈都搬家了,感觉这边的学校不够"鸡血"吧。我们会跟孩子沟通这些话题,包括他零基础入学。我们会跟他说进入学校后,可能会受挫,但告诉他可以慢慢学习。到目前为止,他成绩总是在中上游……我们基本比较放任,感觉成绩尚可就不会太多干涉。其实有时候成绩下滑,他自己都会有认知。他会分析问题出在哪里,也会自嘲是"2B青年"。

最近他有些迷游戏,他自己也清楚地意识到这个问题。我看了一本亲子沟通的书,说了一句话,"我知道你自己其实非常痛苦,不想打游戏,但是控制不了自己。我知道你也是很痛苦。"他听了之后哈哈大笑,感觉我说到他心坎里了。他会自控一阵子,当然真实的情况就是他感觉挺痛苦的。我希望他自己可以找到自我约束的办法。

(二孩妈妈陈述,儿子10岁,女儿2岁)

案例中,妈妈给到了孩子足够的时间去自我学习,而且学习的内容并不局限在学校内的、书本上的知识;提供足够多的课外书本,营造良好的学习环境,让孩子主动地去看自己感兴趣的内容。男孩虽然只有10岁,但他已经对自己的学习有着清晰的认知,他知道自己的兴趣点,对不懂的知识他知道如何去寻找答案。即便在刚进入小学时处于班级下游的情况下,在其父母的鼓励支持下,他通过自我学习跟上了学校的学习内容。这些过程,或许有过沮丧,也有过努力和挣扎,但孩子通过主动学习,通过付出努力获得阶段性的胜利,可以极大地激发孩子的学习兴趣和自信心。

案例 21(儿童状态|儿童发展)

责任、上进和爱心更重要

在孩子初中的时候,我跟他爸爸放慢了脚步,觉得需要多为家庭考虑。我现在在公司里做财务,时间相对稳定,不像以前早出晚归。一方面考虑自己的父母老了,需要陪伴他们,生病住院之类可以方便照顾。另一方面,我妈妈的话让我醒悟了一些。她说,"你们不要光想着赚钱,不管孩子;我们年纪大了管不了那么多,孩子是你们的。如果家里有大人,孩子会感觉到一种依靠,或者说有事情能够及时告诉你们,你们也可以及时参与到他的学习或生活当中去。"所以我们在孩子整个初中的时候,把工作都调整了,因为我们家老人都要70多岁,需要我们照顾;孩子的教育问题也需要认真地承担起来。

  虽然从小跟孩子保持沟通顺畅,但在孩子心里,他跟我妈(外婆)的感情是不一样的。他从小跟外婆一起生活,他们更亲密一些,沟通也更好。我关照他每天跟外公外婆问候下,或者去观察一下他们的身体情况,如果有不舒服,及时告诉我。他很乐意去做,并且还会陪着老人在操场上走几圈。我觉得通过这些事情,可以培养他的责任心;我也信任他能够承担一些家庭责任。像现在高中,夏天的时候他把校服拿回家,我都是要求他自己洗。我妈总说我"虐待"他,我说这是责任心培养。每天出汗,放水里搓一搓就好,不过几分钟的事情。他手洗好了放进洗衣机里脱水再晒干。我觉得一些必要的家务劳动是需要的。换季的时候,我就提醒他要降温了,可以把厚衣服拿出来、薄衣服收纳起来;实在看不下去就要求他打扫一下房间,具体怎么打扫和收拾,我不会去干涉。我觉得男孩子一定要有责任心,然后是上进心和爱心。如果一个男孩子三个都有,我觉得差不到哪里去,反倒学业成绩我不会放在第一位。在择校上,我尊重他的选择。他说他愿意去外地,我说这是你自己的选择,我们尊重你。我还是愿意相信他自己能够做出正确的选择,况且即便选择错误了,我感觉男孩子吃亏摔倒了也没事,不跌倒是很难成长的。

(妈妈陈述,儿子高二,17岁)

  案例中的祖辈很有智慧,她清楚地指出了家庭教育的意义与要点。外公外婆看到子女忙于事业发展,主动承担起了照顾孙辈的职责,照顾饮食起居、接送上下学等,但并不宠溺孙辈;并经常性地告诫子女需要多关注与孩子的互动,多参与孩子的学习生活,以更好地了解孩子,教育孩子。祖辈仍将育儿的责任视为父母应该承担的职责,他们目前只是代为照顾。作为父母,虽然把日常照料的责任托付给了祖辈,但确保与孩子的日常互动和交流,保持与孩子的密切沟通。培养孩子独立自主、有责任、有爱心,是祖辈和父辈共同的理念。

案例 22（儿童状态｜儿童发展）

请静待花开

　　我感觉我家的家庭环境不错,都挺好。我自己可以安排自己的时间,妈妈会征求我的意见,包括活动或者补课。暑假基本在家里做"宅男",作业以老师布置的为主。爸爸妈妈会关注一些行为习惯,例如餐桌礼仪啊,在餐桌上沟通,我们一次就记住了。

　　我希望对我的管教适中。当我高度沉迷（游戏）状态时,会希望妈妈来管管。我能管好自己,就是脑子有时管不住。听到游戏的声音,心就动了。其他都能管好,作业自己搞定,之前有晚托班老师监督。

　　我没有选择补课,兴趣班也没有。一二年级,我去晚托机构,那时,爸爸妈妈实在太忙啦！当然,他们该管的还是会管。一二年级是我的低谷,再也不想回忆！幼儿园太快乐了,属于尖子班,偏手工特色。上学后都变了,什么都没学过,跟不上,都习惯处于后进生状态。三年级之后我突然感觉听得懂了。一二年级我感觉我听得很认真,但站起来一脸懵,不知道怎么回答。但三年级后,我发现我豁然开朗了。没有补课,我感觉是自己努力了一把,学会看书、看重点了。

　　我没有去了解他人补课的影响,我知道别人上的兴趣班挺多。补课还是要看适不适量,看情况,看自己喜不喜欢。像我认识的一个学霸,学了十几门课,他觉得喜欢,那没问题呀！

　　我对将来的期望是好好学习,考上好大学。学科看我喜欢什么,现在还没有清晰的想法。当然,考大学不是最基本的,首先你需要有追求。我还没有考虑好,幼儿园思考得很多,如超人之类,比较理想化。现在看看哪行都挺累的,哪行都有哪行的难处啊。

（五年级男生,11 岁）

　　在儿童认知发展的观察研究中发现,儿童在不同的年龄阶段具有不同的认知概念发展,不是说成人教什么,孩子就能掌握什么,孩子当前的认知结构水平有时候会制约孩子的理解能力。案例中,男孩自述其在进入小学前没有开展任何提前学习,所以进入小学一二年级,他感觉对很多知识不甚理解,即便认真听讲,似乎也不得要领。但在小学三年级,他觉得突然都能听懂了,这是其认知建构过程中,借助以往的经验,将所学的知识与头脑中已有的知识建立了实质性的联系,突然就觉得可以理解老师的讲解了。认知的发生、知识的建构是一个主观与客观相互作用的过程,也是智力不断发展建构的过程。人类的智力发展是个体对外部世界、知识等不断适应、吸收的过程,因此不同年龄阶段孩子的智力水平也有着明显的差异。

案例23(儿童状态|儿童发展)
父母也需要成长

我跟我女儿最大的冲突是在四五年级。可能是因为对她期望过高,让孩子感觉到压力。但我及时调整了自己的教育方式,我改变了,亲子关系也得到很大改善。我感觉爱和接纳非常重要,其实我们很多父母肯定都是爱孩子的,但因为方式不对,反而伤害了孩子,甚至让孩子感觉不到你是爱着她的。跳桥新闻里的那个孩子,你说那个妈妈不爱孩子吗?爱的,但语言的伤害很大,她当时没有照顾到孩子的心理,没有站在孩子的角度去接纳他,而是站在他的对立面。对孩子来说,他觉得自己是孤立无援的,在这个世界上连妈妈都不理解,甚至觉得妈妈都不爱他,他就自毁了。

我们需要让孩子感受到你对她的那种关注,我有时候会有意识地跟他们说,你们爱一定要说出来,不要放在心里。现在女儿青春期了,反而与我什么话都说了。我觉得不要放在心里默默地去爱,很多时候孩子是感受不到的,我更愿意用行动来引导,让他们知道我真心在意他们的感受。像我儿子即将大学,肯定是要面临交女朋友,然后将来会进入婚姻。他也需要学会将爱说出来,也需要知道如何与他的另一半建立这样一种关系。我希望他学会表达,这样会减少很多冲突,相互猜来猜去反而会引起很多误会。以后的婚姻中他会慢慢地去了解一些与人相处或者与另一半相处的方式方法,现在我都会教他,也不是说特意去教他,只是在言谈之中有意识地聊到一些话题,去谈这些问题。

我儿子说他感受到最大的变化就是我的变化。我比较爱学习,能够不停地改变自己,然后他觉得因为他的妈妈改变了,所以他也愿意去改变。其实这也是我的一个私心,我觉得我改变了,我的孩子才会改变。如果我不改变,我用错误的方式对待我的孩子,他们会受到伤害。从母爱的角度来说,母亲总归是要用正确的方式去爱自己的孩子。同时,我也让他们知道,妈妈这个年纪学习,做出改变,会给他们树立一个榜样,无论从什么时候去学习、去改变,都为时不晚。

(妈妈陈述,儿子高二17岁,女儿初一12岁)

我很佩服我妈,她很喜欢学习,经常会去考各种证书,学习新的技能。我学习的时候,她也经常要应对各类学习压力和考试,但她乐在其中。有一阵子,她跟我妹的关系比较差,她就去学习家庭教育相关的课程。我真的很佩服她的钻研。

(高二男孩,17岁)

案例中,与母子的访谈中,双方都谈到了妈妈的好学。妈妈认为需要给孩子们树立榜样,为了能够跟得上社会进步发展,妈妈很愿意去学习新知识。而这种自我成长的言行影响到了家人。儿子对妈妈这种学习与钻研精神感到佩服,对他来说,学习不局限在学校内,更在于生活中你想要获得的,并为之努力的过程;他会认识到学习这种内在的驱动力,也会改变他对待学习的态度。而这就是妈妈带给他的榜样作用。

三、儿童友好型家庭之儿童发展的挑战

1. 忙碌的童年和超前的教育

访谈过程中,几乎所有的儿童与家长都无法脱开学习不谈。儿童们谈的最多的是补习,大多数孩子在学校课业之余,都有各类学科类或兴趣类的补习课程,或线下,或线上。他们的童年生活中,大部分时间和精力都在学业上。极个别访谈儿童表示自己没有课程,但他也深深感受到周围同学的学习压力,以及找不到同伴互动游戏的苦恼。案例19中的孩子就希望父母不要仅关注学习成就,案例22中的男孩则觉得给予孩子成长的时间和空间是家庭儿童友好的表现,这说明孩子们已经感受到了社会的浮躁与快节奏的无形压力。所有的父母都会谈及当前儿童教育的焦虑,有家长认为大部分的孩子在上学之前,已经在补习班中就新学年的知识"滚过"最起码一遍,上学就像是复习。"轮到妹妹(小女儿)上学时真紧张得不行。我的一个朋友的孩子开始学新概

念英语,上学前已经开始在刷新概念了,到二年级已经刷了三遍;现在开始刷新概念二。有这样的妈妈在身边,你会一下子感觉到无形的压力。"(案例24中妈妈陈述,儿子初二13岁,女儿四年级10岁)

2. 不容忽视的身心健康问题

世界卫生组织定义健康不再是没有疾病和衰弱的状态,而是一种在身体和精神上的完美状态,个体需要具备良好的适应力。儿童友好型家庭培养的儿童应该是身心健康、情绪稳定的独立个体,能够具有良好的适应力。但调查数据显示,目前儿童青少年的心理健康问题不容忽视,情绪行为也易走极端。例如案例2中的女孩经常被母亲打骂,因性格有些内向,不敢把真实的想法告诉别人。案例11中的女孩则出现了威胁家人的过激行为。孩子可以在父母身上学习到如何处理情绪,如何应对困境和压力,如何在不良环境中调整身心状态以更好地适应社会等,这些内容都是在家庭生活中潜移默化地传递给孩子的,就如案例18中的孩子,看到了父亲应对压力情绪的榜样作用。

3. 对学习无感,缺乏动力

学习是为了什么?这个问题很少孩子会去思考,尤其是被父母不断催促着学习,从幼儿园开始就被各种课程安排满档的孩子,因为在他/她的记忆中,学习并不是一件自己主动想做的事情。这个问题对孩子来说,也很难回答。有的孩子甚至会把这个问题抛给父母,"让我不停地学习,目的是什么?"父母想到的所有学习目的,可能为了工作或大学文凭,也可能为了自我选择和实现自我,不管哪一种目标,都是为了孩子的未来;也就是说学习是为了孩子自己,而不是为了父母。但是,孩子很难理解如此遥远的目标,而父母又过度地重视学习短期的结果,学习成绩让父母心情忽上忽下。这让孩子感觉学习是为了分数,为了父母的脸面,为了父母的期望。父母本末倒置地激励孩子努力学习,却忘记了能让孩子乐于学习的方法就是让孩子喜欢上学习。案例20中的母亲虽然也能够感受到教育竞争中的压力,但她更看重儿童学习兴趣与学习主动性的培养,因此坚定地给予孩子更多探索、更多自主的自由,以培养孩子自主学习的能力。

4. 狭隘与偏差的家庭教育概念

家庭教育有着广义和狭义之说,也有着教育学和社会学两个学科的视角。广义的家庭教育是指家庭成员之间相互实施的一种教育,包括家庭世代伦理教育、夫妻婚姻关系教育、现代化生活教育、家庭和社区关系教育、子女教育和亲职教育等[31]。狭义的家庭教育主要是目前研究较多的家庭内部的个体教育行为，即在家庭生活中，由家庭里的长者(主要是父母)对其子女及其他年幼者实施的教育和影响[32]。从社会学视角来看，家庭教育包括父母对子女和家庭成员之间相互教育两个方面，主要是父母教育子女[33]。

目前，父母对家庭教育的理解更偏向狭义的定义，偏向父母对儿童的教育、指导、管束等教育行为。因为过度关注学业，一度使得家庭教育成为学校教育在家庭内的延伸，丢失了家庭教育作为大教育的应有价值，表现为父母很难跳脱应试的魔咒，孩子的学习内容先要看是否对未来求学有帮助，是否会影响考试成绩。与韩国孩子的补习模式相近，我国家庭在学龄前期允许孩子根据兴趣爱好参加各类非学科类培训课程，最常见的就是音乐类、艺术类、运动类等；随着学龄的增长，非学科类的补习逐渐被学科类补习挤占；到初高中，基本上都是学科类补习了。即便学校教育已经开始有一些素质类型的作业，但不少父母为了节约时间，会选择让孩子用现成的材料拼拼凑凑，或者一起给孩子"出谋划策"，更有甚者越俎代庖，交出了超出孩子能力范围的"专业级"作业，违背了教育原本的价值。案例21中的父母对家庭教育的理解更多是培养孩子成为一个有责任、有担当的社会个体；而案例23中的父母则看到了家庭教育中，父母也需要学习成长，这本身就是家庭教育中言传身教的内容。

四、儿童友好型家庭之儿童发展的路径

1. 树立科学健康观，教会儿童学会生存

世界卫生组织1989年重新定义了健康的概念，科学的健康观包括躯体健康、心理健康、社会适应良好和道德健康，从而形成生物—心理—社会的多维医学模式，既考虑到人的自然属性，又考虑到人的社会属性，从而明确了对儿童开展全面健康社会人的培养模式。

学会生存，敬畏生命。相信大部分的父母都是爱孩子的，也希望孩子健康快乐地成长。但因为教育竞争压力、父母的自身经历，抑或教育投入愈多期望产出越多等原因，父母在具体育儿的过程中，只关注当时当下的问题，例如学习成绩无法提升、孩子沉溺于网络游戏等。最关心成绩、经常询问的也是学习，导致孩子不太愿意跟父母交流沟通。当父母不懂得如何沟通、如何教育时，或采取了不适当的方式方法，很容易导致亲子冲突，有时还会发生一些极端的事件。如案例11中的父亲，在女儿未出现学习问题之前，他并未认识到

自身家庭教育的缺少；为学习发生激烈冲突后，才发现自己从未关注过孩子内心的想法和情感。只有孩子出现严重问题的时候，父母才会幡然醒悟，在生死面前、在孩子的健康面前，学习并不是第一位的。曾被誉为东方"神童"的魏永康在20岁之前，应该说是很多父母眼中羡慕的"别人家的孩子"，但他却被中科院劝退，因为他生活无法自理，不会照顾自己，也不懂得人情世故。他又用了十几年的时间，努力与脱节的社会建立联系，重新学习做一个普通的人，找一份普通的工作，成家立业。对他的母亲来说，昔日的"神童"成了普通人，虽然可惜，但至少孩子最后回到了正常的轨道上。父母自身需要清晰地认识到生命教育的重要性，不应一味地追求所谓的成功，而应了解并分析自己孩子的长处和不足，更好地选择未来发展的道路。

学会辨别判断，自我保护。教育是获取知识的一种方式，也是判断力的来源。我们的生活中将一次次地面对各种选择，也会遭遇到各种风险，如何学会抉择和应对，通过教育可以让我们知道更多，拓宽眼界。家庭教育中，作为父母和过来人，我们需要学会引导孩子辨别生活中的危险与是非，学会自我保护，学会辨析地做出正确的选择。孩子需要面对的世界可能比我们小时候更危险、更广阔。他们享受了现代科技带来的便捷与丰富，但同时面临着由其带来的风险。例如，父母需要教导孩子了解互联网的危险和潜在风险，不仅要学会保护人身安全，还要学会更广泛的智力和情感方面的自我保护。在孩子成为独立民事行为能力人之前，家庭教育需要教会孩子与其他人互动交往，无论他们来自身边现实世界还是虚拟的网络世界。

学会认识和处理情绪。情绪情感是正常的生理和心理的反馈机制，在应激状态下个体通过强烈的情感情绪宣泄，有助于身心状态的调整。孩子需要辨识自己不同的情绪状态，也要能够感受到他人的情绪情感变化；情绪情感并无好坏之分，但如何以适当的、符合社会习俗的方式来表达情绪就很重要；孩子可以感受和表现任何情绪情感，但要学着回应那些令其不舒服的感受。在孩子爆发各种情绪时，作为照料者应该帮助孩子辨识情绪以及造成情绪的可能原因。家庭教育中，不少父母也很难做到良好的情绪控制或表达。经常有新闻报道，父母辅导孩子作业时"鸡飞狗跳"，气得牙痒痒、心慌慌。其实，父母也知道应该寻找到孩子作业问题的根源，好好跟孩子沟通。但现实是父母的耐性也是有限的，自己难免也会心烦意乱，有时难以控制住情绪。有意识的父母会通过深呼吸、调整好情绪后再辅导孩子，或者觉察到自己的负面情绪影响到孩子教育时,跟孩子道歉,表明情绪的根源不在孩子身上,或者在一方情绪失控前,由另一方来辅导或处理孩子的问题。父母要以身作则,管理好自己的情绪,同时言传身教,教会孩子对自己的行为和情绪负责。

2. 悦纳自己和他人,学会生活

"古之君子,学以为己。"我国古代教育或学习目的强调追求个人的道德生命的完美,儒家重视"学",并不局限于知识的学习,更强调成人、成德、成就知行一致的人格。这与世界各国对未来人才的需求是相似的。我们需要把孩子培养成为一个完善的人,一个在体力、智力、情绪、伦理各方面综合发展的个体,能够兼具自身发展与社会责任、奉献精神的个体。家庭教育除了补充学校学习之外,还承担着更多育儿树人的责任。

学会感知,享受生活。受儒家文化的影响,辛勤劳动在我国是美德,所以中国人普遍任劳任怨,很少有个人闲暇时间,祖父母辈可能还会觉得闲暇娱乐是懒惰的表现。因此,在中国的文化中,忙于工作、加班加点,在家人看来是努力上进的表现。有些时候,家人都没有能坐下来闲聊的时间。家庭教育中,也经常会碰到孩子一方或双方的父母忙于工作,很少有时间和精力过问孩子的日常,等有空问了,可能最关心的还是成绩。但生活是什么?家庭生活又意味着什么?孩子最期待的是父母陪伴着自己,一起玩耍,一起度过美好的家庭休闲时间。随着生活水平的提高,家庭休闲生活也逐渐为我国家庭所接纳,节假日内的亲子游、家庭聚会等也逐渐普及。但总体而言,我们对家庭休闲生活的价值认识不太到位。孩子们更期望父母能够更多地陪伴与亲子互动,但父母忙于工作,孩子们的课外时间被作业、辅导班、兴趣班等占满,预留一点时间,则可能被电子产品占据。虽然电子产品的世界很精彩,但现实的世界、家庭的生活才是带给孩子温暖的日常,也是孩子从中可以学习的资源,从而有利于他们在不久的将来营造自己温暖的家庭生活。

立德树人,学会为人。随着学校教育偏向知识传授,家庭教育中育人的责任就凸显出来。在访谈过程中,学校老师表示现在的父母都对孩子有着高期望,家长的影响甚过老师。例如有的父母比较功利,将成人的一套处事原则教给了孩子,孩子在竞选的过程中有拉帮结派的现象,少了孩子应有的讲求正直、公平的品质。也有的孩子在学校中被老师发现明显撒谎,老师与其母亲交流后才知道,父亲比较强势,在孩子小时候发过一次发脾气,将孩子半夜从床上拉起教训了一顿后,孩子就非常害怕父亲,不敢告知。我国的传统文化中非常强调个人的品行,而孩子的品行很大程度上受到最亲近的家人,尤其是父母的影响。父母的格局有多大,孩子的格局就能有多大。习近平总书记在强调家风时,说的是"小家",但着眼的是"大家"。我国古代也宣扬"先天下之忧而忧,后天下之乐而乐"的强烈的社会责任感,为国为民为天下的集体主义思想。人是社会性的动物,在生活中,我们需要处理好各种人情往来,需要维系好家庭中最亲密的人的关系。我们肯定希望自己的孩子能够是贴心小棉袄、爱心小暖男,能够学会孝顺长辈、赡养父母、关心家人,将来也能够养育子女等,因为这才是家的意义和价值。

3. 跳出狭隘的学习概念,学会学习

学会学习中最基本也是最重要的一点就是,学生需要成为主动的学习者,主动去获取知识,只有激发了内在的主动学习才会有强烈的愿望去获得新知。学习的过程是个体对知识重新建构的过程,不是简单的记录,而是好奇提问、探索探究的过程。

知之者不如好之者,好之者不如乐之者。关于学习,几千年来,人类的学习过程在每个人身上重复。学习的秘密先贤智者早有总结,就看我们是否能够做到,能否体会到。"知之"是对知识的知道和了解。"好之"是对知识、学问学习的兴趣和喜爱。"乐之"是个体进入快乐的学习境界,感受到学习带来的无尽快乐,他们会废寝忘食,对学习过程中的顿悟欣喜若狂。最后成为智者、成名成家的人,大都是主动的学习者,都是求知若渴的。现在的很多孩子都疲于应对"知之",因为需要应对太多的知识点、考试,忙于记忆和反馈,除了学校的学习,还要应付课外的各类补习,除了本阶段的学习知识,还要提前学习更多的知识……父母提前做好规划,督促孩子不停地学习,还要不停地告诫孩子"学海无涯苦作舟""头悬梁,锥刺股"。在孩子还没有体会到学习快乐之前,就已经将"学习是痛苦"的认知传递给了孩子,并让孩子一直处在"要我学"的阶段中。

我们处在知识爆炸的时代。随着人类文明的发展和科技的进步,每一个学科领域都在不断地精细化发展,少有科学家们致力于探索、突破现有的基础理论架构。现代已经很少能够出现像季羡林一样的博学大家,横跨多个领域成为东方学大师、语言学家、文学家、国学家、佛学家、史学家。我们的教育中,培养的专业领域似乎越来越细致。从专业的角度来说,父母肯定希望自己的孩子在某个领域可以出类拔萃,成为"学有所长,术有专攻"的专业人才,具备面对挑战的能力。《光明日报》曾刊文《专才培养，博更需专》，在该文中，王泽山院士表示自己是因为能力范围有限，选择专才发展道路，而钟南山院士则考虑患者迫切需求，提出当代医学应考虑专才培养，以缩短成才时间，提出医学分领域分专业培养各类专才人才，再以团队合作的方式解决医学人才专而不博的问题[34]。这是为了解决当前的供需不足的问题。但我们需清醒地认识到，过于细分的医疗救治模式，导致的是病患需要在不同的科室间挂号转诊以摸清自己的病症，有些时候还需要自行探索可能是什么疾病。《裴子言医·序》中言"学不贯今古，识不通天人，才不近仙，心不近佛者，宁耕田织布取衣食耳，断不可作医以误世！"这句话对医生的学识、道德、技术等都提出了很高的要求。受到病患欢迎和信赖的应该是博学而又具有人道主义精神的医生。学需有所长，但更需要思辨以解决问题、具有公民意识的人才。

　　未来的行业发展到底怎样，大家都很难预估。有一点可以肯定，虽然专业化发展是目前科学领域的分化趋势，但学科交叉、理论突破、科技创新将是科学发展的必然趋势。这也是为什么世界各国、各区域提出的未来人才素养中，并未将具备专业技能作为必备要素，而是更多偏重创造能力、人文素养、学习能力等。曾有教授指出，他最怕给中国的研究生讲课，因为主要就是他在讲，学生很少提问也很少辩论，而给外国学生讲课时，经常有人会打断提问，并延伸到课堂以外的内容上。这可能是我们从小到大，已经习惯了教授式的模式，学习就是老师在讲台前讲，而学生是在下面听。我们的大部分教学内容，有着清晰的理论框架和知识体系，极少学生会提出疑问或个人见解。越来越多的大学教育中，强调通识教育，并允许学生根据自己的兴趣和能力进行专业间的转换，目的是激发学生对不同方面的好奇心和兴趣，培养学生更广泛的兴趣爱好，再选择自己特别感兴趣的领域进行专业研究与发展，学有所长，触类旁通。

　　畅销书作家大卫·爱泼斯坦在《成长的边界》中用成功人士的成长案例剖析了过度专业化的弊端。他发现那些从小帮助孩子选定了前程的父母，培养出来的并不是出类拔萃的孩子。而那些没有跑赢起跑线的人，则靠着热爱的内部驱动力和认知上的优势大器晚成。通才和专才，很难说哪一种更好。家庭教育中，我们需要认清的是知识和技能的区别。我们需要把注意力放在培养孩子的技能和能力上，而不是知识上。知识信息的爆炸意味着知识的保质期正在缩短，我们需要不断地学习才能跟上知识更迭的速度。但技能的掌握是事半功倍的，开放式的，可以不断建构联结知识的能力。如果我们想要从事复杂棘手问题的工作,我们还不能只专注于一项技能,可能需要跨专业、多技能的学习。其中,自主学习的能力是最重要的。

保护好孩子的求知欲。"好奇心,即要求理解、认知和发现的欲望,仍然是人类本性中最大的驱策力之一。"[35]每个孩子都是从孩提时代的好奇宝宝成长而来,家庭教育能否鼓励并保持住孩子这个可贵的品质,将大大减轻家长在督促学习上的压力。培养孩子自主学习的能力。这种能力,作为父母也应要掌握。一则有助于言传身教;二则,也是解决"双减"政策之后,父母在较少培训机构资源的前提下,如何更好地引导孩子学习。

学会自主学习,寻找学习途径。首先,确定学习需求,可以是孩子的兴趣点,或是孩子的学业需求,也可以是父母在家庭教育中碰到的难题,或者父母想与孩子一起探究的内容。其次,参与寻找学习资源、人员或材料等,帮助了解现状、问题要点,以制定获得所需知识或技能的策略。之后可以评估分析学习效果。授人以鱼不如授人以渔。在培养自主学习的过程中,父母需要做到鼓励儿童自主学习,有时间精力的可以积极参与,激发兴趣,为孩子提供选项、资源和决策机会,学会利用互联网等资源,学会寻找资源、选择合适的内容,并根据学习归纳进行决策,定期与孩子一起沟通协商,做好规划和落实,总结反思,支持孩子成为主动的学习者。

4. 为人父母,以身示范

很多时候,很多父母都会将家庭教育的重点放在如何更好地教育和引导子女走向我们期望的"成功"之道,并将家庭教育的"成功"归因在孩子身上。固然,资质聪颖、自律争气的孩子是父母最为期待渴望的,但从概率统计上来看,这样的孩子大概率不会成长在环境恶劣、父母不学无术的家庭中。孟母三迁的故事在告诉我们家庭环境的重要性之外,更多值得父母学习的是孟母不断反思什么样的环境适合孩子学习成长——即"为人父母"的觉悟。虽然生育了子女,成为孩子的父母,但我们对"为人父母"的界定与内涵,不管是从历史文化的角度,还是从社会发展的视角,都远远超越"给予生命"的狭小范围。

孩子是父母的一面镜子。俗话说,"吃谁家的饭像谁家的人"。孩子从牙牙学语开始,他就在模仿和学习成人的言行。随着孩子慢慢成长,他的言行举止间折射出家中成人的影子。有意识的父母会注意自己的说话内容、说话方式,注意自己的举手投足,努力给孩子做好榜样,因为孩子的模仿能力不容小觑。

父母的言行可以是子女最好的教材,也可以是最糟糕的示范。如何选择取决于我们为人父母之后的自省与自律。有人说,为人父母是人生中的一种修行。许多家庭教育成功的父母,最大的感触不是自己把孩子教育得多么出色,而是感谢孩子让自己(父母)看到了自己的不足,让自己变得更好、更接近自己想要成为的自己。这就是家庭教育的魅力所在,教会孩子如何成家立业、如何传承发展。

第四节　新时代家庭建设高质量发展:儿童友好

怎样才算成功的家庭教育?每个人可能有不同的见解,每个父母都在不懈地努力,希望可以给孩子创造良好的环境,期待孩子能够走向他们期望的成功。但随着信息的爆炸,科技的进步,我们在培养孩子的过程中,越来越焦虑,也越来越没有方向。不少父母会觉得孩子的现状让自己看不到孩子的未来,也有父母对目前的状况、目前的教育不满,但又觉得自己改变不了什么,抑或不少父母在孩子身上砸下不菲的教育投入,给孩子补上各类技能,期待着自己的孩子比他人稍胜一筹,但内心也不知道这么多投入是否会有回报。心里没底,没有安全感,是现在家庭教育中父母普遍存在的问题。究其根源是多方面的。核心的问题是我们站在"百年未有之大变局"的转折点上,新的世界格局、新工业革命和新全球问题集聚,从农业、工业化时代教育体系中成长起来的父母会发现,科技的突飞猛进让手握现有知识储备的自己感受到了压力和挑战。成人的知识优越感在科技知识领域的日新月异面前变得不那么自信;教师、专家甚至某一行业的领军人物,逐渐地也不再拥有"真正权威"的光环;而行业间的大起大落,使从事随时可能被淘汰工种的成人,更是对未来的不确定充满着担忧。

在这样的时代背景下,家庭教育会焦虑是必然的也是必要的。适当的焦虑可以让我们更加专注,做事更有动力。但过度的焦虑或者躺平放任则会走向事物的相反面。我们需要厘清家庭教育中的变与不变,认识自己的孩子,认识时代的变化,跟孩子一起成长。

对温暖家庭的追求不会变。《全国家庭教育状况调查报告(2018)》中,学生认为的人生最重要事情的首位是"有温暖的家"[36]。这不仅仅是孩子的追求,其实也是我们绝大多数人的追求,只是当我们忙于眼前的工作、生计和学习,有时会忽略了维系身边的人和家庭生活。在焦虑的家庭教育中,我们父母往往过度关注了儿童的学习,而忽视了家庭教育对象——儿童本身,也忽略了家庭教育的载体——家庭生活和亲子互动。父母可以反向地思考,几十年之后,我们期望自己孩子的生活会是什么样子?目前的学习和教育最终的目的是什么?如果孩子处在我们目前的时代背景以及我们的生活状态中,他们应该具备怎样的能力?如果我们是孩子,我们希望有怎样的童年……哈佛大学一项75年的跟踪研究发现,亲密关系和爱是个体生活幸福、身心健康的关键[37]。而儿童时期的家庭环境是否幸福温暖对儿童成年之后的家庭生活有着深远影响[38]。童年期,尤其是童年早期,是孩子脑部、身心、情绪情感等发展最迅猛的时期。可以不夸张地说,幸福的童年可以给孩子的未来奠定良好的基础。

　　家庭教育的成功在亲子双方。在教育的过程中,作为老师或教练,他们更看重短期效应,能在最短的时间内获得最大的成功(有时忽略了个体差异和承受能力),不少培训机构或者学校会将某些优秀毕业生作为宣传人物,这无可厚非,因为不管是提供教育的一方,还是父母、孩子,都希望能够在有限的学习时间内获得成功。老师或者教练,他们已经承担起了短期内家庭对他们期望的责任。但作为父母,我们应该更看重长期效应,因为所有的老师都只负责孩子的一小段时光,而父母需要为孩子的人生负责。虽然现在提倡孩子成年之后,应该让其承担起自己的责任。但如果没有教育好,作为父母,我们仍需牵肠挂肚,有些时候还需要帮着收拾烂摊子。一位成功的老教师在古稀之年内疚自己的家庭教育有些失败。不是孩子不够优秀,相反孩子们都成家立业,出人头地了。但她感慨孩子们过度看重名利地位,失去了做人的礼义廉耻。她说工作太忙,忽略了对孩子道德伦理等的教育。在大是大非问题发生的时候,她才发现原来她并没有把正确的价值观念传递给孩子,而这在她看来是很重要的。她只能感慨,希望未来的道路上她的孩子不要走得太远太偏。生活中,从成功的高处跌落的案例很多。当时当下,受到光环效应的影响,我们往往羡慕成功案例背后的父母,他们的育子经验被视为典范。但当其孩子从神坛跌落,发生了不好的事情,不少人又会去质疑他们的家庭教育,归咎于家庭教育中曾经付出过很多的父母。事实是,没有一个教育方式是完美,因为家庭教育的互动过程中,涉及多个拥有独自意识的个体,有不同的想法、有冲突、有各自的坚持等都是必然的。重要的是,作为父母,需要意识到孩子的主体意识,能够给予接纳、认可、温情,经营好自己的人生,给孩子树立良好的榜样,而孩子在成长过程中能形成独立、有判断力、有定力的个体,即便父母能力有限,家庭起点不高,家庭教育的方式方法有时有些不当,但能够清楚地看到父母的努力,理解并包容,能够以自己的努力青出于蓝而胜于蓝。这就是令人羡慕的家庭教育。

家庭教育的好坏在孩子的评价。心理学上,我们经常会探讨原生家庭带给个体的创伤和影响。一些公众号推文将个体的很多问题完全归咎于原生家庭的影响,那就忽略或否定了个体自身的主观能动性。但这从另一个侧面说明,家庭生活和教育对个体的重要影响,尤其是对认知水平尚未成熟的儿童。每个孩子都是其原生家庭塑造出来,并随着成长不断自我内化、自我塑造。就像婚姻的冷暖只有当事人知道一样,家庭教育是否成功虽然可以从孩子的学业成就、孩子的言行举止等标准来外部评价,但家庭教育的好坏,更应该听听孩子的评价。不少父母会抱怨孩子不愿意跟自己说心里话;也有父母对孩子的反常行为或身心健康问题等无法理解,不能理解孩子在碰到问题时第一时间不是寻求父母的帮助……《全国家庭教育状况调查报告(2018)》中超过20%的家庭几乎没有亲子沟通,很多父母在亲子沟通中不注重方式方法,对孩子缺乏尊重[36]。好的家庭教育,能够让孩子在家人面前表现出各种真实的情绪,会寻求父母的包容与宽慰。好的家庭教育,是孩子受伤或遇到困难时,首先想到父母,知道家庭是最坚强的后盾。好的家庭教育,也会让孩子愿意跟父母沟通,表达自己的想法和情感,而这是目前很多家庭中最为关心的问题。家庭教育的好坏,家庭生活的幸福与否,孩子才有发言权。

家庭教育没有捷径但有路径。不少父母会问专家,是否有经典育儿图书可以推荐,最好能直接告诉自己具体做法,也有父母希望有神奇的教育方法可以轻松解决各类育儿问题。市面上有很多家庭教育的著作,有从负面案例入手分析失败的原因,也有从正向的案例,尤其是世界名校、著名人物等的成功案例来阐释独到的教育方法,有专业性很强的理论专著,告知儿童发展阶段特点,也有以纪实或故事那样娓娓道来育儿的酸甜苦辣。但我们会发现,没有一本书能够回答我们所有的育儿问题,即便可能有相关问题的研究论述,但在实践过程中,发现自己的孩子又会出现新的状况。这是因为,家庭教育没有捷径,我们面对的是一个个有着自我意识、在迅速成长中的甚至是在不断学习和变化的个体。相信不少父母深有体会,现在的孩子不好教,现在的孩子懂的很多。科技信息的迅猛发展，带给孩子更多获得信息知识的途径和学习成才的机会。而这也可以是现代父母借以学习的有效路径。我们可以通过互联网获得很多我们想要了解的信息，加之互动性、可视化的技术越发成熟，信息的获得将更高效、精准和无界化。不少80后、90后在育儿信息的获得中，互联网是首选，54.2%的受访幼儿父母关于儿童早期教育的知识来自网络[39]。此外，国家大力推行的公共文化服务体系和设施，以及在推广的家庭教育指导服务站点、公益机构、公益信息平台等，包括学校内的教师资源等，父母都可以充分利用，前提就是父母要有积极解决问题的意识，以及愿意不断学习成长的主动性。

父母应该成为自己孩子的育儿专家。育儿专家具备专业的知识，又因工作原因见识过各种案例，所以他们能够比较快速地看到一些家庭教育的问题所在。但是，育儿是一个动态的过程，儿童成长的环境又是一个复杂的系统。育儿专家即便能够找出问题所在，给到可行的建议，但是不是对症下药，还在于教育环境或行为能否改变，能不能起到作用还在于家庭教育能否落实到位。孩子成长的家庭环境、父母对孩子的影响是深远的。不少育儿专家在处理儿童个案的时候，大都会开展面向家庭，尤其是父母的教育干预。如果父母仔细思考，孩子问题的产生是否来源于家庭教育或家庭环境？亲子关系冲突是否来源于前期教养沟通方式的偏差？孩子学习习惯难以养成是否也源于父母自身难以坚持监督？先贤早就提出要因材施教的经典方法，但父母往往不敢做也做不到……父母可以是自己孩子的育儿专家，如果父母承担着主要的教养工作，最了解孩子的应该是父母；孩子的性格秉性，孩子的喜好憎恶，孩子的问题来源，亲子关系的僵局等，父母应该最为了解。为人父母可以是我们最具挑战性和最有价值的角色之一，只是不少父母会忽略或者并未意识到这一点。

相信孩子，家庭教育不需要全能型的父母。"双减"政策出台后，不少父母更加担忧。学校内的各种作业需要父母辅导，各种学科提高需要父母上心，还要做好饮食营养、身体健康、体育陪练、社会实践等各方面的后勤保障工作；不仅操心着现在的学业，还要顾虑着将来的就业，那不是逼着父母成为全能型的父母吗？我们似乎忘记了，孩子才是学习的主角。处在"百年未有之大变局"的青少年，他们同样拥有着物质丰富、知识丰富时代所提供的优势条件。从00后第一代真正的互联网原住民[40]之后，孩子的学习方式、学习渠道、学习速度已不再受到时间、空间等的限制，突破了学校教育的界限，亦将改变教师"教"

与孩子"学"之间的局限。作为父母,我们不需要成为所有学科的辅导老师,因为这不现实。我们需要做的是给到孩子学习的方法,给到孩子敢于求教的胆量。曾有大学生分享因为作业不会做,找到网络客服求助,没想到客服竟能一一解答,感叹网络里卧虎藏龙。因此,学习的方法很多,只要肯学。难就难在如何培养孩子渴望学习的兴趣,帮助孩子找到愿意不懈努力的精神方向。只有这些才能支撑孩子在艰苦又快乐的学习生涯中不放弃,也只有这些才能让孩子在未来的人生路上不会因为失败与挫折而一蹶不振。就像太过强势的父母,其子女往往比较懦弱一样,全能型的父母很容易造成孩子的能力不足。我们更应该给到方向与指引,给予孩子更多的时间和机会去接受他自己的生活历练。

儿童友好型城市规划建设变革的关键催化剂是市政府[41]。儿童友好型家庭建设的关键在父母。儿童,承载着核心家庭甚至主干家庭的希冀。为了儿童拥有美好的未来,先要营造良好的成长环境,培养健康的儿童。英国作家、社会评论家福斯特(Edward Morgan Forster)曾说孩子的全部生活都取决于他父母的理想典型。古语有云"父兮生我,母兮鞠我,抚我,畜我,长我,育我,顾我,复我。"只有爱和管教适当的家庭才能培养出尊重他人、有责任感的孩子。儿童友好型的家庭正是儿童期待的、新时代家庭建设高质量发展的可行路径。

参考文献

[1] 徐子雯. 基于"三代生存权"理论看儿童生存权与受教育权之间的融合[J]. 黑龙江工业学院学报(综合版),2018,18(1):106-110.

[2] 国家统计局. 第七次全国人口普查主要数据情况[EB/OL]. (2021-05-11)[2022-10-08]. http://www.stats.gov.cn/tjsj/zxfb/202105/t20210510_1817176.html.

[3] MATEJEVIĆ M, ĐORĐEVIĆ M. Parenting style in the context of the conflict between parental and business roles[J]. International journal of cognitive research in science, engineering and education, 2019, 7(1): 51-62.

[4] 邓林园,赵鑫钰,方晓义. 离婚对儿童青少年心理发展的影响:父母冲突的重要作用[J]. 心理发展与教育,2016,32(2):246-256.

[5] 邢朝国,刘璐. 初中生目睹父母家庭暴力与其行为问题的关系[J]. 中国学校卫生,2020,41(12):1840-1842,1847.

[6] LIPPARD E T C, NEMEROFF C B. The devastating clinical consequences of child abuse and neglect: increased disease vulnerability and poor treatment response in mood disorders[J]. The American journal of psychiatry, 2020, 177(1): 20-36.

[7] United Nations Children's Fund. Ending online child sexual exploitation and abuse: lessons learned and promising practices in low- and middle-income countries[R]. New York: UNICEF, 2021.

[8] 陈若葵. 隔代养育：如何让三代人共赢[N/OL]. 中国妇女报, 2021-08-02[2022-10-08]. http://paper.cnwomen.com.cn/html/2021-08/02/nw.D110000zgfnb_20210802_2-6.htm.

[9] 李佳丽, 何瑞珠. 家庭教育时间投入、经济投入和青少年发展：社会资本、文化资本和影子教育阐释[J]. 中国青年研究, 2019(8)：97-105.

[10] 李忠路, 邱泽奇. 家庭背景如何影响儿童学业成就？——义务教育阶段家庭社会经济地位影响差异分析[J]. 社会学研究, 2016, 31(4)：121-144.

[11] 崔盛, 宋房纺. 父母教育期望与教育投入的性别差异——基于中国教育追踪调查的实证研究[J]. 中国人民大学教育学刊, 2019(2)：154-168.

[12] 王瑶, 景维民, 张雪凯. 留守儿童获得了更多的家庭教育投入吗？——基于CEPS数据的实证分析[J]. 南方人口, 2019(6)：15-28.

[13] 关颖. 青年流动人口如何对下一代负责——天津市青年流动人口子女家庭教育状况调查[J]. 青年研究, 2002(5)：8-14.

[14] 李佳丽, 张民选. 收入不平等、教育竞争和家庭教育投入方式选择[J]. 教育研究, 2020, 41(8)：75-84.

[15] LAMB M E. Father-infant and mother-infant interaction in the first year of life[J]. Child development, 1977, 48(1)：167-181.

[16] GARFIELD C F, ISACCO A. Fathers and the well-child visit[J]. Pediatrics, 2006, 117(4)：637-645.

[17] MARSIGLIO W, AMATO P, DAT R, et al. Scholarship on fatherhood in the 1990s and beyond[J]. Journal of marriage and the family. 2000, 62(4)：1173-1191.

[18] PRUETT K D. Fatherneed: why father care is as essential as mother care for your child[M]. New York: Free Press, 2000.

[19] 刘畅, 伍新春, 邹盛奇. 父母协同教养及其对儿童发展的影响[J]. 北京师范大学学报（社会科学版）, 2017(4)：20.

[20] 徐富海. 中国儿童保护强制报告制度：政策实践与未来选择[J]. 社会保障评论, 2021, 5(3)：95-109.

[21] ABDULLAH A, CUDJOE E, FREDERICO M. Barriers to children's participation in child protection practice: the views and experiences of practitioners in Ghana[J]. Children Australia, 2018, 43(4)：267-275.

[22] JAMIESON L, RIZZINI I, COLLINS T M, et al. International perspectives on the participation of children and young people in the Global South[J/OL]. Third world thematics: a TWQ journal, 2022：1-19[2022-03-15]. https://doi.org/10.1080/23802014.2022.2050940.

[23] 马晓琴, 曾凡林, 陈建军. 儿童参与权和童年社会学[J]. 当代青年研究, 2006(11)：47-51.

[24] 韩伏彬. 新千年美国高校"直升机父母"过度参与行为探析[J]. 外国教育研究, 2008(6)：29-31.

[25] 联合国教科文组织国际教育发展委员会编著. 学会生存——教育世界的今天和明天[M]. 华东师范大学比较教育研究所, 译. 北京: 教育科技出版社, 1996: 195.
[26] European Commission. Key competences for lifelong learning[EB/OL]. (2019-07-08)[2022-10-08]. https://op.europa.eu/en/publication-detail/-/publication/297a33c8-a1f3-11e9-9d01-01aa75ed71a1/language-en.
[27] BattleForKids. Frameworks for 21st century learning[EB/OL]. [2022-10-08]. https://battelleforkids.org/networks/p21/frameworks-resources.
[28] Ministry of Education, Singapore. 21st Century Competencies[EB/OL]. (2021-10-18)[2022-10-08]. https://www.moe.gov.sg/education-in-sg/21st-century-competencies.
[29] Finnish National Agency for Education. Education in Finland[EB/OL]. [2022-10-08]. https://www.oph.fi/sites/default/files/documents/education-in-finland-2020_1.pdf.
[30] 人民网.《中国学生发展核心素养》发布[EB/OL]. (2016-09-14)[2022-10-08]. http://edu.people.com.cn/n1/2016/0914/c1053-28714231.html.
[31] 厉育纲. 关于我国家庭教育学科体系构建与发展的思考[J]. 北京青年政治学院学报, 2005(1): 67.
[32] 赵忠心. 家庭教育学[M]. 北京: 人民教育出版社, 1994: 5.
[33] 中国大百科全书总编辑委员会《社会学》编辑委员会. 中国大百科全书: 社会学[M]. 北京: 中国大百科全书出版社, 1991: 104.
[34] 刘云, 刘渝峡. 专才培养, 博更需专[N/OL]. 光明日报, 2017-07-03(13)[2022-10-08]. https://epaper.gmw.cn/gmrb/html/2017-07/04/nw.D110000gmrb_20170704_3-13.htm.
[35] 联合国教科文组织国际教育发展委员会编著. 学会生存——教育世界的今天和明天[M]. 华东师范大学比较教育研究所, 译. 北京: 教育科技出版社, 1996: 10.
[36] 中国基础教育质量监测协同创新中心.《全国家庭教育状况调查报告(2018)》权威发布[EB/OL]. (2018-09-26)[2022-10-08]. https://cicabeq.bnu.edu.cn/zljc/jcjgbg/84e865474fd642b3b7397ecb8f6c6c66.htm.
[37] 范伦特. 自我的智慧: 哈佛大学格兰特幸福公式研究[M]. 张洁, 宋欣欣, 童俊, 译. 北京: 世界图书出版公司北京公司, 2016.
[38] WALDINGER R J, SCHULZ M S. The long reach of nurturing family environments: links with midlife emotion-regulatory styles and late-life security in intimate relationships[J]. Psychological science, 2016, 27(11): 1443-1450.
[39] 李静. 过半受访父母育儿知识靠网络[EB/OL]. (2017-05-19)[2022-10-08]. http://www.cssn.cn/jyx/jyx_jyjj/201705/t20170519_3524224.shtml.
[40] 新东方家庭教育. 杨雄: 00后才是真正第一代的网络原住民[EB/OL]. (2020-11-07)[2022-10-08]. https://new.qq.com/rain/a/20201107A035NA00#p=1.
[41] GILL T. Building cities fit for children: case studies of child-friendly urban planning and design in Europe and Canada[R]. London: Winston Churchill Memorial Trust, 2017: 29.

附录

附录1 家庭儿童友好度自评量表(儿童视角)

维度	项目	非常不同意	不太同意	比较同意	非常同意
心理支持与沟通陪伴	父母能从我的角度看问题	1	2	3	4
	父母会抽时间陪我聊天或聆听我的心事	1	2	3	4
	我可以跟父母自由表达自己的想法	1	2	3	4
	我能跟父母分享我的感受	1	2	3	4
	若父母有错,他们会向我道歉	1	2	3	4
	父母能够懂我,理解我	1	2	3	4
	父母主动关心我的感受	1	2	3	4
	需要时,我能从父母那里获得情感上的帮助和支持	1	2	3	4
	我经常与父母一起消磨时光	1	2	3	4
	父母对我说鼓励、安慰、欣赏或亲切的话	1	2	3	4
	父母接纳我的意见	1	2	3	4
照料养育与积极管教	父母的管教对我是有益的	1	2	3	4
	父母能满足我的生活需要	1	2	3	4
	父母赏罚分明	1	2	3	4
	我的父母是值得信赖的	1	2	3	4

维度	项　目	非常不同意	不太同意	比较同意	非常同意
照料养育与积极管教	父母能给予我保护和安全感	1	2	3	4
	父母会以我的利益为先（为我考虑）	1	2	3	4
	我受到父母悉心的照顾	1	2	3	4
	父母能共同分担家中的事务，如家务、子女教育等	1	2	3	4
平等参与	我可以参与商讨家里的事情	1	2	3	4
	我可以在一些事情上自己做决定	1	2	3	4
	我可以参与决定一些家庭事务	1	2	3	4
	我可以参与规划/计划自己的未来	1	2	3	4
	我知道家里发生的重要事情	1	2	3	4
无暴力忽视	父母有使用武力，如砸东西、打闹	4	3	2	1
	我家中有打骂的情况发生	4	3	2	1
	父母对我的态度比较粗暴	4	3	2	1
	我的需求经常被忽视	4	3	2	1

注：该问卷可由孩子自行打分统计，得分越高，说明孩子对家庭的友好感受度越好；父母可以了解到孩子觉得父母哪些方面尚做得不够。

附录 2 儿童友好型家庭指标体系(专家视角)

一级指标	二级指标	序号	三级指标	自测
家庭环境	1. 养育能力	1	有稳定收入保障儿童生活和发展所需	
		2	儿童有相对独立自主的生活空间	
		3	获得适当的医疗照顾	
		4	提供健康、营养均衡的饮食	
		5	培养规律的生活作息,保证足够睡眠	
		6	有适当的户外活动与锻炼的时间	
		7	父母成为儿童的稳定照料者	
	2. 保护环境	8	保护儿童不受身心虐待	
		9	预防儿童发生常见意外伤害	
		10	尊重儿童的隐私权	
		11	有适龄的自我保护知识和技能教育	
		12	培养儿童抗击挫折的能力	
	3. 家庭氛围	13	有明确的家庭规则	
		14	家庭角色分工明确,界限清晰	
		15	家人间沟通良好	

续 表

一级指标	二级指标	序号	三级指标	自测
家庭环境	3. 家庭氛围	16	父母有良好的情绪管理能力	
		17	父母关系和睦	
	4. 社会资源	18	有需要时从亲戚朋友获得必要的帮助	
		19	有需要时从邻居邻里获得帮助	
		20	社区对家庭友善,有需要时提供支持	
		21	与学校关系良好,获得必要的支持	
儿童—环境互动	1. 可达性	22	儿童的合理需求可以获得满足	
		23	儿童可以获得助其发展的信息	
		24	儿童有经常与父母直接互动的时间	
	2. 互动性	25	经常对儿童表达关爱,给予积极评价	
		26	能察觉到儿童的感受,并积极回应	
		27	鼓励儿童尝试,允许犯错	
	3. 参与性	28	鼓励儿童做力所能及的事情	
		29	儿童有与自己年龄相适应的选择权	
		30	儿童可以参与商讨家庭事务	
		31	鼓励儿童发展自己的兴趣	
		32	鼓励儿童的独特性与个性化发展	
	4. 融合性	33	鼓励儿童结交朋友	
		34	鼓励儿童参与学校内的各种活动	
		35	鼓励儿童积极参与社区活动	
		36	教导儿童良好的社会行为、遵纪守法	
		37	鼓励儿童热爱国家和民族	

续　表

一级指标	二级指标	序号	三　级　指　标	自测
儿童状态	1. 儿童发展	38	身体健康	
		39	情绪稳定	
		40	正确认识、悦纳自我	
		41	社会适应良好	
		42	同伴关系良好	

注：父母可以根据自己家庭内的情况进行自测，表现良好可以打"☆"，表现一般可以打"〇"，表现不佳可以打"△"，以了解在家庭环境营造、家庭亲子互动以及儿童发展状态中的优势与不足。

附录3 儿童家庭风险因素排查表(负向视角)

儿童风险因素	1. 疾病	□重病	□心理疾病	□长期慢性病	□其他_____
	2. 残疾	□躯体残疾 □多重残疾	□智力残疾 □其他_____	□精神残疾	□学习障碍
	3. 被不当监护	□被躯体虐待 职或不当	□被精神虐待 □其他_____	□被性侵害	□被忽视/监护失
	4. 其他问题	□有品行问题 □无户籍	□有暴力倾向 □其他_____	□有药物依赖等问题	
家庭风险因素	1. 家庭结构	□单亲 □其他_____	□重组	□隔代	□无人监护
	2. 家庭关系	□关系混乱	□冲突严重	□其他_____	
	3. 创伤性危机	□家人离世 □其他_____	□家人离家	□入狱服刑	
	4. 家庭困境	□低保 □单亲、监护困难	□非自愿性失业或反复失业 □隔代监护困难	□高债务风险 □其他_____	
	5. 居住环境	□无家可归	□临时住所	□居住条件有安全隐患	
	6. 家人疾病	□重疾 □其他_____	□精神/心理疾病	□残疾	
	7. 家人特定问题	□酗酒 □沉迷网络/游戏	□药物滥用 □其他_____	□赌博	

续　表

家庭风险因素	8. 家人危害倾向	□暴力　　　　□自杀　　　　□自残 □其他 ＿＿＿＿＿＿
	9. 持性资源	□无亲戚朋友愿意援助　　□无社区邻里愿意援助 □因各种原因无法申领救助

后　记

多年从事儿童家庭教育相关的研究与宣传推广工作，与身边众多的儿童工作者共事，会深深感觉到家庭教育是一项看似简单又并不简单的工作。从目前父母的受教育水平整体提升到信息化时代的知识爆炸，如果从信息获悉的渠道来论，现在的家庭教育应该来说有着得天独厚的条件。只要父母有心，是可以从网络、书本、学校、社区甚至周围的邻里朋友处获得众多信息，关于家庭教育，人人都能够说上一箩筐道理。但现实是，家庭教育似乎并没有变得简单，反而问题频发乃至发生恶性案件，最终国家出台了《家庭教育促进法》，为家庭教育指明了方向。

本书的成稿过程是一个曲折漫长的过程，个人也一直在反思一个问题，是什么让我们的家庭教育很受重视，但似乎家家都有一本难念的经。这与社会环境有关，也与宣传舆论有关，但归根到底，与微观环境的家庭自身有关。家庭虽然是私域空间，但每个人都逃不开社会经济文化大背景的影响。在与家长的接触中，不少父母都会询问如何开展家庭教育，都希望专家们能给到家庭教育的良方良策，尤其是育儿过程中正好处于问题矛盾凸显的时刻，家长更期望能够有立竿见影的方法。现实是，家庭教育即生活。我们在与孩子的互动中，就已经开始施加教育、指导和潜移默化的影响，而我们的家长往往忽视了这一点。孩子问题是父母问题的映射。家庭教育的过程在家庭，家庭教育问题解决的路径还在家庭。家庭建设和家庭教育过程中，父母需要清晰地记住几点。首先不要小看父母自身对孩子的影响力，就像孩子所说，父母对自己没有要求，却寄希望于孩子能够脱颖而出、一骑绝尘。如果想要孩子成为优秀的个体，作为父母也需要反思自己是否也在不断进步。其次，知识理论是死的，教育是活的。与家长聊家庭教育，大家第一反应是，你是专业的，而我们不是，所以需要讨教专家如何育儿。但教育问题，与人相关的工作，往往很少有一招制胜、立马见效的方法。即便是专家，面对不同的儿童个体或家庭问题，也是需要去反思、调整如何指导。关于亲子关系、家庭矛盾、育儿瓶颈等私域内的问题，更是需要父母的参与。第三，不要忽视或轻视儿童的能力。从学习能力上来说，孩子的学习速度与效率显然快于成人，经常有父母感慨，与孩子一起学习某样技能或者电子产品，孩子明显比自己掌握得快很多。抱着开放的心态与孩子共同学习成长，我们会对孩子报以更多信任。第四，把孩子当成一个独立主体来看待，给予权利的同时也需要其承担相应的责任。现代家庭关系中，呼吁儿童享有与成人同样的权利，但有权就有责，权责要对等。在爱与规则、权责对等的家庭环境中成长的儿童个体会发展得更全面。

大道至简，以道御术。我们如何对待和教育我们的儿童反映了我们的社会价值观。如果我们能够遵循《儿童权利公约》的基本原则，能够与儿童平等交流互动，亲子关系、家庭教育或许并不会特别困难，当然前提是自身需要明晰家庭教育的核心目标，培养一个健康发展的社会化儿童。

本书的研究基于儿童友好城市环境的创设，从儿童权利与儿童保护的视角来探讨家庭教育困境的原因，与儿童一起探讨适宜儿童健康成长所需的家庭环境。对儿童友好型家庭的研究相对较少。有关这一方面的资料搜集，我要特别感谢香港理工大学的陈高凌（Ko Ling Chan）教授毫无保留地分享了他前期的研究资料。

研究过程中，我得到了很多支持。特别感谢上海大学人才学院胡申生教授多次紧盯"要拿出指标体系"，最终得以形成本书的核心。感谢上海社会科学院社会学所原所长杨雄研究员、复旦大学社会发展与公共政策学院赵芳教授和华东师范大学教育学部特殊教育系曾凡林副教授的全程指导以及上海市教育科学研究院家庭教育研究与指导中心主任郁琴芳老师在完稿后的有力帮助。此外，本研究还得到上海市妇女儿童发展研究中心（原上海市科学育儿基地）专家委员会几十位专家的积极参与与支持。

此外，本书的课题项目以及图书出版等都得到了笔者单位的全力支持。项目推进过程也离不开中心同事一起的努力，更离不开各区妇联组织以及参与课题的儿童家庭。

本书秉承家庭教育的关键在父母之理念，强调家庭教育中对儿童权利的认知与理念转变,将有效改善家庭环境。同时,家庭建设中,不要忽视儿童主体的参与。当儿童参与家庭生活时,我国注重家庭、注重家教、注重家风的良好优良传统即在传承发展中。

何彩平

2022 年 8 月 30 日